Proyecto de la OCDE y del G-20 sobre la Erosión de la Base Imponible y el Traslado de Beneficios

Garantizar que los resultados de los precios de transferencia estén en línea con la creación de valor, Acciones 8 a 10 – Informes finales 2015

OCDE
MEJORES POLÍTICAS PARA UNA VIDA MEJOR

Tanto este documento como cualquier mapa que se incluya en él no conllevan perjuicio alguno respecto al estatus o la soberanía de cualquier territorio, a la delimitación de fronteras y límites internacionales, ni al nombre de cualquier territorio, ciudad o área.

Por favor, cite esta publicación de la siguiente manera:
OCDE (2016), *Garantizar que los resultados de los precios de transferencia estén en línea con la creación de valor, Acciones 8 a 10 – Informes finales 2015*, Proyecto de la OCDE y del G-20 sobre la Erosión de la Base Imponible y el Traslado de Beneficios, Éditions OCDE, Paris.
http://dx.doi.org/10.1787/9789264258280-es

La presente traducción al español del Informe Final de las Acciones BEPS 8-10 "Garantizar que los resultados de los precios de transferencia estén en línea con la creación de valor" posee carácter provisional al encontrarse actualmente en fase de verificación. En caso de inconsistencias o divergencias entre la presente traducción y la versión original en inglés, prevalecerá esta última.

ISBN 978-92-64-25827-3 (impresa)
ISBN 978-92-64-25828-0 (PDF)

Serie: Proyecto de la OCDE y del G-20 sobre la Erosión de la Base Imponible y el Traslado de Beneficios
ISSN 2415-6094 (impresa)
ISSN 2415-6108 (en linea)

Fotografías: Portada © ninog – Fotolia.com

Las erratas de las publicaciones de la OCDE se encuentran en línea en: *www.oecd.org/about/publishing/corrigenda.htm*.

Prefacio

Los problemas de fiscalidad internacional nunca habían ocupado un lugar tan prioritario en las agendas políticas como hoy en día. La integración de las economías y los mercados nacionales se ha intensificado de manera sustancial en los últimos años colocando, así, contra las cuerdas al sistema fiscal internacional, diseñado hace más de un siglo. Las normas actuales han dejado al descubierto una serie de puntos débiles que generan oportunidades para la erosión de las bases imponibles y el traslado de beneficios (BEPS, por sus siglas en inglés), lo que exige decisiones drásticas y determinación por parte de los responsables políticos con miras a restablecer la confianza en el sistema tributario internacional y asegurarse de que los beneficios tributen allí donde se desarrollen efectivamente las actividades económicas y se genere valor.

En septiembre de 2013, a raíz de la publicación del informe titulado *Lucha contra la erosión de la base imponible y el traslado de beneficios* en febrero de 2013, los países de la OCDE y del G-20 avalaron y adoptaron un Plan de Acción conformado por 15 líneas de actuación o «acciones» para dar respuesta a los problemas BEPS. Dicho Plan de acción y las 15 medidas que lo conforman giran en torno a tres *pilares* fundamentales: dotar de coherencia a las normas de Derecho interno que afectan a las actividades transfronterizas; reforzar el *criterio de actividad sustancial* contemplado por las normas internacionales en vigor y, por último, mejorar la transparencia y la seguridad jurídica.

Desde entonces, todos los países de la OCDE y del G-20 han trabajado de manera conjunta y en condiciones de igualdad, habiendo igualmente manifestado su postura y aportado sus puntos de vista la Comisión Europea a lo largo de todo el proceso atinente al Proyecto BEPS. Los países en desarrollo han participado extensa y activamente a través de diversos y diferentes mecanismos, incluida la participación directa en el Comité de Asuntos Fiscales (CAF). Adicionalmente, organismos fiscales regionales como el Foro Africano de Administración Tributaria (ATAF, por sus siglas en inglés), el Centro de Encuentros y Estudios de Dirigentes de Administraciones Fiscales (CREDAF, por sus siglas en francés) y el Centro Interamericano de Administraciones Tributarias (CIAT) se unieron a organizaciones internacionales tales como el Fondo Monetario Internacional (FMI), el Banco Mundial o Naciones Unidas (ONU) para contribuir a la labor desarrollada. Fruto de la consulta minuciosa a las partes interesadas, el Proyecto BEPS recibió en total más de 1 400 páginas de comentarios procedentes de organizaciones sectoriales y asociaciones empresariales, asesores, organizaciones no gubernamentales (ONG), docentes y otros representantes del sector académico, al igual que también se celebraron 14 consultas públicas retransmitidas en directo a través de la web, junto con la difusión de sesiones en forma de *webcasts,* a través de las cuales la Secretaría de la OCDE informaba periódicamente a los seguidores y respondía a preguntas.

La compleción de los informes correspondientes a las 15 medidas del *Plan de acción BEPS* ha requerido dos años de trabajo. Todos los resultados plasmados en los distintos informes, incluidos los apuntados en los informes provisionales presentados en 2014, han adquirido carácter definitivo y se han unificado dando lugar a un paquete de medidas integral. El Paquete de medidas BEPS representa la primera renovación sustancial de las normas y estándares fiscales internacionales en casi un siglo. Una vez las nuevas medidas comiencen a aplicarse, se espera conseguir que los beneficios se declaren allí donde se desarrollen las actividades económicas que los generan y se crea valor. Todas aquellas estrategias de planificación fiscal con fines claramente elusivos cimentadas sobre normas obsoletas o sustentadas por medidas internas mal coordinadas quedarán sin efecto.

En consecuencia, la implementación resulta clave en esta fase. El paquete de medidas BEPS se diseñó precisamente para ser implementado mediante cambios en la legislación y prácticas nacionales y en aplicación de las disposiciones contempladas en los convenios fiscales, existiendo negociaciones actualmente en curso para desarrollar un instrumento multilateral que se prevé concluyan en 2016. Asimismo, los países de la OCDE y del G-20 han acordado seguir trabajando conjuntamente a fin de garantizar la implementación sistemática y coordinada de las recomendaciones en materia de BEPS. La globalización exige soluciones comunes, así como también es preciso entablar un diálogo a escala mundial que trascienda los países de la OCDE y del G-20. A tal fin, los países de la OCDE y del G-20 diseñarán y propondrán en 2016 un marco inclusivo de seguimiento, contando para ello con la participación de todos los países interesados en condiciones de igualdad.

A priori, una mejor comprensión acerca de la aplicación práctica de las recomendaciones en materia de BEPS podría disipar equívocos y dirimir controversias entre los distintos gobiernos, por lo que un mayor énfasis en temas como la implementación y administración tributaria debería resultar mutuamente beneficioso para administraciones públicas y empresas. Por último, las mejoras propuestas en materia de recopilación y análisis de datos permitirán llevar a cabo una evaluación permanente del impacto en términos cuantitativos no sólo del fenómeno BEPS, sino también de las medidas antielusivas desarrolladas en el marco del Proyecto BEPS.

Índice

Siglas y abreviaturas

ARC	Acuerdo de reparto de costes
BEPS	Erosión de la base imponible y traslado de beneficios
CFC	Sociedad extranjera controlada
CMPC	Coste promedio ponderado de capital
G-20	Grupo de los veinte
IDV	Intangibles de difícil valoración
I+D	Investigación y desarrollo
OCDE	Organización para la Cooperación y el Desarrollo Económicos
ONU	Organización de las Naciones Unidas

Tabla de equivalencias

La presente traducción al español del Informe Final de las Acciones BEPS 8-10 "Garantizar que los resultados de los precios de transferencia estén en línea con la creación de valor" incorpora la siguiente tabla de equivalencias entre la terminología empleada en la versión original en inglés y los términos equivalentes que pueden ser empleados en español. Esta tabla no es exhaustiva.

Término empleado en la versión original en inglés	Términos equivalentes que pueden ser empleados en español
Actual returns	Retornos actuales, rendimientos reales
Associated enterprises	Empresas vinculadas, empresas controladas
Buy-in payment	Pago de adhesión, pago de adquisición por adhesión
Buy-out payment	Pago de salida, pago de adquisición por salida
Comparable Uncontrolled Price	Precio libre comparable, precio comparable no controlado
Consistent	Consistente, coherente
Controlled transaction	Operación vinculada, operación controlada
Cost contribution agreement	Acuerdo de reparto de costes, acuerdo de reparto de costos
Cost plus method	Método, del coste incrementado, método del costo incrementado, método del costo adicionado
Cost pools	Base de costos colectivos, costes agregados
Debt factoring	Acuerdo de gestión de cobros, acuerdo de factoraje
Fee	suma, tarifa
Global trading	intercambio mundial
Income	Ingresos, rentas
Local file	Documentación local, reporte local
Marketing	Mercadotecnia, comercialización
Mark-up	Recargo, mark-up
Master file	Documentación del grupo, reporte maestro
Pass-through costs	Costes repercutidos sin nunguna parte de beneficio, costos traspasables
Profits	Beneficios, utilidades
Recognition of the accurately delineated transaction	Reconocimiento de la operación definida con precisión, reconocimiento de la operación delineada con precisión, reconocimiento de la operación delineada con exactitud
Relevant	Relevante, pertinente
Reporting requirements	Requisitos de reporteo o rendición de cuentas, obligación de información
Returns	Rendimiento, retorno
Returns to funding	Rendimiento de la financiación, retorno del fondeo
Royalty	Regalía, canon

Término empleado en la versión original en inglés	Términos equivalentes que pueden ser empleados en español
Sham	Simulación, farsa
Substantial discretion	Considerable discrecionalidad, discreción
Trade intangibles	Intangibles de comercialización, intangibles de comercio
Transactional net margin method	Método del margen neto operacional, método del margen neto de la transacción
Transactional profit split method	Método de la distribución del resultado, método transaccional de partición de utilidades
Valuation	valoración, valuación
Valuation techniques	Técnicas de valoración, técnicas de valuación
Working capital	Capital circulante, capital de trabajo

Resumen ejecutivo

Los intercambios comerciales intragrupo se han intensificado de manera significativa durante las últimas décadas, acompañados en todo momento de una rápida globalización de la actividad económica. Las normas de determinación de precios de transferencia, utilizadas a efectos tributarios, tienen por objeto establecer las condiciones, incluido el precio, aplicables a las transacciones efectuadas en el seno de una empresa multinacional y que determinan el reparto y asignación de beneficios a las empresas del grupo ubicadas en distintos países. La incidencia de dichas normas en empresas y administraciones tributarias se ha incrementado a medida que han aumentado el volumen y valor de los intercambios intragrupo. Como ya señalase el Plan de Acción BEPS, los estándares internacionales vigentes en materia de precios de transferencia pueden ser objeto de una aplicación errónea a fin de obtener unos resultados en los que la atribución de beneficios no esté alineada con la actividad económica que los genera. El trabajo realizado en el marco de las Acciones 8 a 10 del Plan de Acción BEPS ha tratado de dar respuesta a este problema a fin de garantizar que los resultados de los precios de transferencia estén en línea con la creación de valor.

Los países adoptan aplican el *principio de plena competencia* como piedra angular de las normas para la determinación de los precios de transferencia. Dicho principio está recogido en los convenios y se halla formulado en el apartado 1 del artículo 9 de los Modelos de Convenio de la OCDE y de las Naciones Unidas (MC OCDE y MC ONU, respectivamente). Las *Directrices de la OCDE aplicables en materia de precios de transferencia a empresas multinacionales y administraciones tributarias* (en lo sucesivo, «Directrices sobre precios de transferencia»), representan la interpretación común de numerosos países del principio de plena competencia. Las Directrices sobre precios de transferencia fueron publicadas por primera vez en el informe de 1979 titulado «Precios de Transferencia y Empresas Multinacionales», que fue posteriormente revisado y nuevamente publicado en 1995 como las Directrices que conocemos, y que fueron actualizadas nuevamente actualizadas en 2010. El *principio de plena competencia* exige que el precio fijado para aquellas operaciones realizadas entre empresas asociadas sea el mismo que si se tratase de operaciones entre empresas independientes en condiciones y circunstancias económicas comparables. Si las condiciones de la transacción difieren de las que rigen entre entidades independientes en circunstancias comparables, habrá de ajustarse el cálculo de los beneficios con fines tributarios. Dicho principio ha demostrado su ser útil como un estándar práctico y equilibrado para las administraciones tributarias y los contribuyentes para determinar los precios de transferencia entre empresas vinculadas, sino también para evitar la doble imposición. No obstante, debido a la aparente importancia otorgada a la asignación de funciones, activos y riesgos, las directrices existentes sobre la aplicación del principio han sido igualmente objeto de manipulación, generando así resultados distorsionados que no se corresponden con el valor creado por la actividad económica realizada por las empresas dentro del grupo multinacional. En consecuencia, el Plan de acción BEPS instó a aclarar y consolidar las bases de la aplicación práctica del *principio de plena competencia*, al tiempo que contemplaba la posibilidad de introducir medidas especiales tanto dentro como fuera del principio de libre competencia, en caso de persistir los riesgos inherentes a los precios de transferencia una vez aclaradas y consolidadas dichas bases.

El trabajo en materia de precios de transferencia llaveado a cabo en el marco del Plan de Acción BEPS se centra en tres áreas clave. El trabajo resultante de la Acción 8 analiza los aspectos de precios de transferencia relativos a las operaciones de intangibles, ya que la errónea distribución de los beneficios generados por activos de gran valor resulta en la erosión de la base imponible y al traslado de beneficios. El trabajo realizado en el marco de la Acción 9 trata la asignación contractual de riesgos económicos y la consiguiente atribución de ingresos a la(s) entidad(es) que asume(n) dichos riesgos, pudiendo no corresponderse dichos rendimientos con las actividades efectivamente desarrolladas. Asimismo, se aborda la tasa de retorno de la inversión realizada por una empresa del grupo multinacional con gran capital social y número de activos cuyos beneficios no corresponden al nivel de actividad realizado por la compañía que efectúa la inversión. El trabajo incardinado en la Acción 10 se centra en áreas que presentan riesgos significativos, como el alcance de la recalificación de las rentas derivadas de operaciones que resultan irracionales desde una perspectiva comercial para las distintas empresas involucradas, el uso de los métodos de determinación de los precios de transferencia que da lugar al diferimiento de las rentas procedentes de las principales actividades económicas del grupo multinacional, y la necesidad de neutralizar el uso de ciertos tipos de pagos entre empresas pertenecientes a dicho grupo (como por ejemplo, los costes de gestión o los gastos de administración de la casa central) que erosionan la base imponible ante la falta de coherencia y compatibilidad con la creación de valor.

El presente informe contiene la revisión de las directrices, dando respuesta a todas estas cuestiones y asegurando que las normas de determinación de los precios de transferencia atribuye los beneficios de explotación a las actividades económicas que los generan. Ésta es la premisa aceptada por los países participantes en el Proyecto BEPS de la OCDE/G20. En cuanto a los países firmantes de las *Directrices sobre Precios de Transferencia*, el informe expone las orientaciones formuladas en forma de modificaciones a las *Directrices sobre Precios de Transferencia* y refleja, asimismo, cómo se incorporarán dichos cambios a las Directrices[1].

Para lograr este objetivo, las directrices revisadas exigen la cuidadosa delineación de la transacción real entre entidades vinculadas analizando, a tal fin, las relaciones contractuales entre las partes y sometiendo a examen la conducta de las mismas. En su caso, la conducta complementará o reemplazará los términos contractuales cuando estos estén incompletos o resulten incompatibles con la conducta de las partes. Junto con la correcta aplicación de los métodos de valoración de los precios de transferencia para evitar la asignación de beneficios en emplazamientos que no contribuyen a la generación de dichos beneficios, esto determinará la atribución de beneficios a las empresas que lleven a cabo las actividades empresariales correspondientes. Cuando la transacción entre empresas vinculadas carezca de racionalidad comercial, las directrices permitir la ignorar los acuerdos a efectos de precios de transferencia.

Asimismo, las directrices revisadas incluyen dos aclaraciones importantes en relación con los riesgos y los intangibles.

El término «riesgo» se define como el efecto de la incertidumbre en la consecución de los objetivos del negocio. En todas las actividades de una empresa, en cada medida adoptada para explotar las oportunidades, en cada vez que una empresa gasta dinero o genera beneficios, existe incertidumbre y se asumen riesgos. Ninguna empresa con ánimo de lucro asume riesgos asociados a oportunidades comerciales sin esperar a cambio rendimientos positivos. Esta noción económica, en virtud de la cual cuanto mayor sea el riesgo asumido más elevada será la rentabilidad esperada, ha llevado a los grupos multinacionales a adoptar estrategias de planificación fiscal consistentes en la reasignación contractual de riesgos, en ocasiones sin variar las actividades comerciales. Para dar respuesta a este problema, el informe determina que los riesgos asumidos contractualmente por una parte que no tiene la capacidad, en la práctica, de ejercer un control específico y significativo sobre los riesgos, o que carece de capacidad financiera para asumir tales riesgos, serán atribuidos a la parte que ejerza efectivamente dicho control y que disponga de capacidad financiera suficiente para asumir los riesgos en cuestión.

Por lo que respecta a los intangibles, las directrices establecen claramente que la titularidad jurídica de los intangibles no genera necesariamente, por sí sola, el derecho a percibir la totalidad (ni tan siquiera una parte) de los beneficios emanados de la explotación de los mismos. Las entidades del grupo que desarrollen funciones importantes, aporten gran parte de los activos y controlen los riesgos económicamente relevantes, de acuerdo con la delineación de la transacción efectivamente realizada, tendrán derecho a una remuneración proporcional al valor de sus contribuciones. Estas pautas específicas garantizarán que el análisis de precios de transferencia no se vea afectado por posibles asimetrías de información entre la administración tributaria competente y el contribuyente en lo que respecta a intangibles difíciles de valoración, o bien por el uso de acuerdos contractuales especiales, tales como los acuerdos de reparto de costes.

Las directrices abordan también la situación en la que una empresa del grupo con elevado capital proporciona financiación pero realiza una escasa actividad. Si dicha entidad vinculada carece, en realidad, de la capacidad necesaria para controlar los riesgos financieros conexos a dicha inversión de capital (debido, por ejemplo, a que se limita a proporcionar dinero cuando se le solicita, sin evaluar si la parte receptora es o no solvente), no se le asignarán los beneficios derivados de los riesgos financieros, teniendo derecho a percibir estrictamente al rendimiento exento de riesgo correspondiente a los fondos aportados, o incluso menos cuando, por ejemplo, la transacción carezca de racionalidad comercial, en cuyo caso las directrices contemplan la posibilidad de ignorar la operación.

Por último, las directrices establecen que los métodos de precios de transferencia asignarán beneficios a las actividades económicas importantes. En adelante, no podrán asignarse los beneficios sinérgicos derivados de las actividades del grupo a aquellos de sus miembros que no contribuyan a la generación de tales beneficios. Así, por ejemplo, los descuentos obtenidos por el volumen de bienes solicitados por una serie de empresas del grupo habrán de aplicarse a dichas empresas. El informe encomienda, asimismo, a llevar a cabo a lo largo de 2016 trabajo en relación al método de división de beneficios que está previsto que concluya durante el primer semestre de 2017, y cuyos resultados habrán de plasmarse en directrices exhaustivas sobre cómo aplicar de manera útil y correcta este método para alinear los resultados en materia de precios de transferencia con la creación de valor, incluso ante la existencia de cadenas de valor mundiales.

Las directrices están vinculadas en su conjunto y de forma global a otras acciones del Proyecto BEPS. Como ya hemos señalado anteriormente, dichas directrices son la garantía de que aquellas entidades con gran número de activos sin ninguna otra actividad económica relevante (como son las denominadas *cash boxes*) no tienen derecho a percibir beneficios extraordinarios, sino tan sólo y estrictamente el rendimiento exento de riesgo de los fondos aportados. Por otra parte, si se califica dichos rendimientos como intereses y/o pagos económicamente equivalentes, esos beneficios marginales se verán afectados igualmente por las normas sobre deducibilidad de los intereses a las que se refiere la Acción 4. Adicionalmente, las directrices sobre el uso abusivo de los convenios fiscales atinentes a la Acción 6 dificultarán enormemente la posibilidad de diferir pagos al país del que es residente fiscal una determinada *cash box* con el fin de sustraerse a la retención en la fuente. Asimismo, es más que plausible que toda entidad *cash box* con un nivel de actividad mínimo o sin actividad económica alguna constituya el objetivo de las normas CFC de transparencia fiscal internacional (Acción 3). Habida cuenta de todo lo expuesto, el papel jugado por las *cash boxes* en la erosión de la base imponible y el traslado de beneficios se verá seriamente comprometido a la luz del enfoque integral apuntado por el Plan de Acción BEPS.

Este enfoque integral para hacer frente a posibles conductas BEPS está respaldado por las obligaciones en materia de transparencia que se enmarcan en la Acción 13. El análisis de los precios de transferencia depende del acceso a la información pertinente. A su vez, el acceso a la documentación sobre precios de transferencia a la que se refiere la Acción 13 permitirá, en la práctica, aplicar las directrices presentes en este informe remitiéndose a la información pertinente sobre operaciones globales y locales incluida en los archivos maestro y local. Por su parte, el informe país por país permitirá realizar una mejor evaluación de los riesgos al proporcionar información sobre el reparto global de los ingresos, beneficios, impuestos y actividad económica del grupo multinacional en cuestión.

Además de mejorar el acceso a la información necesaria en materia de precios de transferencia articulado conforme a lo dispuesto en la Acción 13, el presente informe contiene también directrices relativas a las transacciones con materias primas y de servicios intragrupo de bajo valor añadido. En la medida en que la erosión de la base imponible y el traslado de beneficios plantean desafíos adicionales en materia de precios de transferencia en los países en desarrollo, y habida cuenta de que dichos países han identificado estos dos ámbitos como áreas críticas, las presentes directrices se complementarán con el trabajo adicional encomendados por el Grupo de Trabajo sobre Desarrollo del G20, identificando mejores prácticas y proporcionando conocimiento y herramientas que puedan adoptar los países en desarrollo tanto para determinar el precio de las operaciones con materias primas o productos básicos a efectos de precios de transferencia como para impedir la erosión de sus bases imponibles a través de tipos comunes de pagos que erosionan la base imponible.

Los precios de transferencia requieren un análisis fáctico y circunstancial y pueden encerrar interpretaciones subjetivas de dichos hechos y circunstancias. Para dar respuesta al riesgo de situaciones de doble imposición, los trabajos desarrollados en el marco de la Acción 14 para mejorar la eficacia de los mecanismos de resolución de conflictos contemplan un nuevo *estándar mínimo* relativo al acceso al procedimiento amistoso previsto en el artículo 25 MC OCDE en todos los casos de precios de transferencia. Asimismo, los 20 países que se han comprometido a adoptar el arbitraje vinculante obligatorio en el contexto de la Acción 14 han indicado que garantizarán el acceso a procedimientos arbitrales en todos aquellos casos concernientes a precios de transferencia con el fin de eliminar la doble imposición.

El trabajo realizado bajo el mandato de las Acciones 8 a 10 del Plan de Acción BEPS servirá para alinear mejor los resultados de los precios de transferencia con la creación de valor dentro grupo multinacional. Asimismo, el carácter global del Plan de Acción BEPS actuará en detrimento del papel desempeñado por entidades con una cuantía de capital importante pero con escasa actividad empresarial en la erosión de la base imponible y el traslado de beneficios. En consecuencia, se han alcanzado las metas que se había prefijado el Plan de Acción BEPS en relación con el desarrollo de normas para la determinación de los precios de transferencia sin necesidad de adoptar medidas especiales fuera del *principio de plena competencia.* Se llevarán a cabo trabajo adicional sobre métodos de reparto de beneficios y operaciones financieras. El informe pone igualmente un especial énfasis en las exigencias de los países en desarrollo. Las nuevas directrices se complementarán con los resultados del trabajo encomendado por el Grupo de Trabajo sobre Desarrollo del G20 y ulteriores informes de seguimiento de la OCDE sobre el impacto de BEPS en los países en desarrollo. Por último, la interacción con la Acción 14 sobre resolución de conflictos servirá para asegurarse de que las medidas adoptadas en materia de precios de transferencia de este informe no generan situaciones de doble imposición.

PAUTAS PARA LA APLICACIÓN DEL PRINCIPIO DE PLENA COMPETENCIA

Revisiones a la sección D del Capítulo I de las Directrices sobre precios de transferencia

Resumen

Las pautas que se recogen en este capítulo del presente informe responden al mandato establecido en las Acciones 8-10 del Plan de Acción BEPS que exigen el desarrollo de normas de precios de transferencia que generen resultados de precios de transferencia acordes con la creación de valor. Más concretamente, las Acciones 9 y 10 exigen el desarrollo de:

(i) "reglas que prevengan la erosión de la base imponible y el traslado de beneficios por medio de la transferencia de riesgos entre, o la asignación excesiva de capital a, miembros del grupo. Ello implicará la adopción de normas sobre precios de transferencia o de medidas especiales que aseguren que una entidad no acumulará beneficios inadecuados únicamente por haber asumido contractualmente riesgos o haber aportado capital. Las normas a desarrollar requerirán también la alineación de resultados con la creación de valor."

(ii) "reglas que prevengan la erosión de la base imponible y el traslado de beneficios por medio de la participación en transacciones que no ocurrirían, o que ocurrirían sólo muy raramente, entre terceros. Ello implicará la adopción de normas sobre precios de transferencia o medidas especiales para: (i) clarificar las circunstancias en las que se pueden recalificar las transacciones."

Las pautas aseguran que:

- se identifiquen las operaciones empresariales efectivamente realizadas por empresas asociadas y que los precios de transferencia no se basen en acuerdos contractuales que no reflejen la realidad económica;
- se respeten los repartos contractuales de riesgos únicamente cuando estén respaldados por la toma real de decisiones;
- el capital que carezca de funcionalidad obtenga únicamente un rendimiento libre de riesgo por los fondos aportados, garantizando así pues que no se atribuirá ninguna prima de rendimiento a las entidades que actúen como *cash boxes* y carezcan de actividad sustancial;
- las administraciones fiscales puedan ignorar ciertas transacciones cuando se den circunstancias excepcionales de irracionalidad comercial.

En su conjunto, los cambios introducen aportaciones clave para alinear los resultados de precios de transferencia con las actividades de creación de valor realizadas por los miembros de un grupo internacional de empresas.

Con estas revisiones, las Directrices sobre precios de transferencia quedarán actualizadas de tal forma que contribuyentes y administraciones fiscales contarán con pautas que podrán seguir a la hora de analizar los precios de transferencia. Estas revisiones ponen énfasis en la importancia de definir con precisión la transacción efectiva entre las empresas asociadas complementando, en caso necesario, los términos de cualquier contrato con las evidencias que se desprendan del comportamiento en la práctica de las partes. La transacción no queda definida sólo por lo que se establece en un contrato.

La asunción de riesgos por parte de cualquier integrante de la operación puede incidir de forma significativa en el precio de la transacción de acuerdo con el principio de plena competencia. Las revisiones amplían las pautas para la identificación de riesgos específicos y su impacto, y proporcionan un marco analítico para determinar qué empresa asociada asume el riesgo a efectos de precios de transferencia. Para asumir un riesgo a efectos de precios de transferencia, la empresa asociada tiene que controlar el riesgo y tener la capacidad financiera para asumirlo.

Por último, las pautas ayudan a determinar con precisión las aportaciones realmente realizadas por toda empresa asociada que sólo proporcione capital. Cuando no ejerce el control de los riesgos de inversión que pueden dar lugar a primas de rendimiento, la empresa asociada que aporta capital no debería esperar obtener a cambio nada más que un rendimiento libre de riesgo.

Tomados en su conjunto, estos aspectos de las directrices revisadas garantizan que el análisis de precios de transferencia se base en una definición precisa de lo que las empresas asociadas realmente aportan a la transacción, y no en las condiciones contractuales, incluidas las referentes a la asunción de riesgos, que en la práctica no se cumplen. Las directrices sientan las bases para cualquier análisis de precios de transferencia, pero al mismo tiempo abordan algunos de los retos más importantes en cuanto a la erosión de la base imponible y el traslado de beneficios: la asignación de riesgos sobre el papel no traslada *per se* los beneficios.

Por lo general, los acuerdos alcanzados deben valorarse a un precio acorde con las pautas recogidas en los otros capítulos de las Directrices sobre precios de transferencia. No obstante, las revisiones del presente capítulo acentúan la necesidad de que las administraciones tributarias puedan ser capaces de omitir transacciones entre empresas asociadas cuando se den circunstancias excepcionales de irracionalidad comercial. Las pautas hacen hincapié en que el mero hecho de que no pueda observarse la operación entre partes independientes no significa que no deba reconocerse. Por el contrario, la cuestión clave es si la operación real tiene la lógica comercial que presentarían los acuerdos entre partes independientes en circunstancias económicas comparables.

En resumen, las revisiones responden al imperativo de prevenir el pago de rendimiento inadecuado por el capital y la distribución incorrecta de los riesgos mediante el fomento del rigor a la hora de determinar los acuerdos efectivamente vigentes entre las empresas asociadas de forma que la valoración tenga en cuenta la aportación real de esas partes, incluidos los riesgos efectivamente asumidos, y mediante la posibilidad de excluir operaciones que carezcan de sentido desde un punto de vista comercial.

Las disposiciones actuales de la Sección D del Capítulo I de las Directrices sobre Precios se suprimen en su totalidad y se sustituyen por el siguiente texto.

D.1. Identificación de las relaciones comerciales o financieras

1.33 Como se ha mencionado en el párrafo 1.6, el "análisis de comparabilidad" constituye el centro de la aplicación del principio de plena competencia, y se basa en una comparación de las condiciones de una operación vinculada con las condiciones de las operaciones que se habrían negociado si las partes hubieran sido independientes y hubieran realizado una operación comparable en circunstancias comparables. Hay dos aspectos clave en dicho análisis: el primero es identificar las relaciones comerciales o financieras entre las empresas asociadas, así como las condiciones y circunstancias relevantes desde un punto de vista económico que son inherentes a dichas relaciones para que la operación vinculada quede definida con precisión; el segundo aspecto es comparar las condiciones y circunstancias relevantes desde un punto de vista económico de la operación vinculada con las condiciones y circunstancias relevantes desde un punto de vista económico de operaciones comparables entre empresas independientes. En esta sección del Capítulo I se presentan pautas para identificar las relaciones comerciales o financieras entre empresas asociadas y definir con precisión la operación vinculada. Este primer aspecto del análisis es distinto del segundo, que es considerar el precio de esa operación vinculada en virtud del principio de plena competencia. En los Capítulos II y III se presentan pautas sobre el segundo aspecto del análisis. La información sobre la operación vinculada determinada en virtud de las pautas recogidas en esta sección es de especial relevancia para los pasos 2 y 3 del proceso típico de análisis de comparabilidad establecido en el párrafo 3.4.

1.34 El proceso típico de identificación de las relaciones comerciales o financieras entre empresas asociadas y de las condiciones y circunstancias relevantes desde un punto de vista económico inherentes a esas relaciones requiere entender en toda su extensión el sector económico en el que opera el grupo multinacional (como la minería, la industria farmacéutica, los artículos de lujo) y los factores que afectan a los resultados de cualquier negocio que opere en ese sector. Para llegar a ese tipo de entendimiento es preciso tener una visión general del grupo multinacional en concreto donde quede patente cómo responde el grupo multinacional a los factores que inciden en los resultados dentro del sector, entre los que se incluyen sus estrategias empresariales, los mercados, los productos, su cadena de suministro, y las funciones clave desempeñadas, principales activos utilizados y riesgos sustanciales asumidos. Es probable que esta información quede incluida en la documentación del grupo que se describe en el Capítulo V para respaldar el análisis de precios de transferencia por parte del contribuyente, y ofrece un contexto útil en el que pueden considerarse las relaciones comerciales o financieras entre los miembros del grupo multinacional.

1.35 El proceso se concentra entonces en identificar cómo opera cada empresa dentro del grupo multinacional, y aporta un análisis de lo que hace cada empresa del grupo multinacional (por ejemplo, una empresa produce, otra comercializa) e identifica sus relaciones comerciales o financieras con empresas asociadas en función de lo que reflejan las transacciones realizadas entre ellas. La definición precisa de la transacción o transacciones efectivamente llevadas a cabo entre las empresas asociadas exige un análisis de los atributos económicos fundamentales de la operación. Estas características económicamente relevantes son las condiciones de la operación y las circunstancias relevantes desde un punto de vista económico en las que se produce la operación. La aplicación del principio de plena competencia depende de que se determinen las condiciones que habrían sido acordadas por partes independientes en operaciones comparables y en circunstancias comparables. Antes de realizar ninguna comparación con operaciones no vinculadas, es vital por tanto identificar las características económicamente relevantes de las relaciones comerciales o financieras tal y como están expresadas en la operación vinculada.

1.36 Las características económicamente relevantes o los factores de comparabilidad que tienen que identificarse en las relaciones comerciales o financieras de las empresas asociadas para definir de forma precisa la operación pueden clasificarse a grandes rasgos en las siguientes categorías:

- Los términos contractuales de la operación (D.1.1).
- Las funciones desempeñadas por cada una de las partes de la operación definida, teniendo en cuenta los activos utilizados y los riesgos asumidos, incluyendo el modo en que esas funciones están relacionadas con la generación de valor en sentido más amplio por parte del grupo de empresas multinacionales al que pertenecen las partes, las circunstancias que enmarcan la operación y las prácticas del sector (D.1.2).
- Las características de los bienes transferidos o de los servicios prestados (D.1.3).
- Las circunstancias económicas de las partes y del mercado en el que operan (D.1.4).
- Las estrategias empresariales puestas en práctica por las partes (D.1.5).

Esta información sobre las características económicamente relevantes de la operación real deberían incluirse en la documentación local según se describe en el Capítulo V para respaldar el análisis de precios de transferencia por parte del contribuyente.

1.37 Las características económicamente relevantes o los factores de comparabilidad se utilizan de dos formas independientes, pero relacionadas, en un análisis de precios de transferencia. La primera fase hace referencia al proceso de definir con precisión la operación vinculada a efectos del presente capítulo y conlleva el establecimiento de las características de la operación, incluidos sus términos, las funciones desempeñadas, los activos utilizados y los riesgos asumidos por las empresas asociadas, la naturaleza de los productos transferidos o los servicios prestados, y las circunstancias de las empresas asociadas, de conformidad con las categorías establecidas en el párrafo anterior. El grado en que cada una de las características clasificadas anteriormente es económicamente relevante en una operación determinada depende del grado en que sería tenida en cuenta por empresas independientes a la hora de evaluar los términos de la misma operación si se fuera a producir entre ellas.

1.38 Al evaluar los términos de una operación potencial, las empresas independientes compararán la operación con el resto de opciones que realmente tienen a su disposición y sólo celebrarán la operación si no ven una alternativa que ofrezca una oportunidad mejor de alcanzar sus objetivos comerciales. En otras palabras, las empresas independientes sólo llevarían a cabo la operación si no prevén que tenga un resultado peor que su siguiente opción en la lista de opciones. Por ejemplo, no es probable que una empresa acepte un precio que un tercero independiente ofrezca por sus productos si sabe que otro cliente potencial está dispuesto a pagar más en condiciones similares, o a pagar lo mismo en condiciones más ventajosas. Las empresas independientes por lo general tendrán en cuenta cualquier diferencia económicamente relevante entre las opciones que realmente tienen a su disposición (como las diferencias en el nivel de riesgo) al valorar estas opciones. Por lo tanto, identificar las características económicamente relevantes de la operación es esencial para definir con precisión la operación y revelar el abanico de características consideradas por las partes para llegar a la conclusión de que la operación adoptada ofrece una oportunidad mejor para alcanzar los objetivos comerciales que las opciones alternativas realmente disponibles. Al efectuar dicha evaluación, puede ser necesario o útil evaluar la operación en el contexto de un acuerdo más amplio de operaciones, dado que evaluar las opciones realmente a disposición de terceros no se limita únicamente a esa operación, sino que puede enmarcarse en un acuerdo más amplio de operaciones económicamente ligadas.

1.39 La segunda fase en que se utilizan las características económicamente relevantes o factores de comparabilidad en un análisis de precios de transferencia guarda relación con el proceso descrito en el Capítulo III sobre las comparaciones entre las operaciones vinculadas y las operaciones no vinculadas con el fin de determinar el precio bajo el principio de plena competencia para la operación vinculada. Para efectuar estas comparaciones, los contribuyentes y las administraciones tributarias primero tienen que haber identificado las características económicamente relevantes de la operación vinculada. Como se expone en el Capítulo III, las diferencias en las características económicamente relevantes de las operaciones vinculadas y no vinculadas deben tenerse en cuenta a la hora de determinar si existe comparabilidad entre las situaciones que se están comparando y qué ajustes pueden ser necesarios para alcanzar la comparabilidad.

1.40 Todos los métodos que aplican el principio de plena competencia pueden ligarse al concepto de que las empresas independientes consideran las opciones que realmente tienen disponibles y, al compararlas, tienen en cuenta cualquier diferencia entre las opciones que pudiera afectar de forma significativa a su valor. Por ejemplo, antes de comprar un producto a un precio dado, cabe esperar que las empresas independientes consideren si podrían comprar un producto equivalente en términos y condiciones de otro modo comparables pero a un precio menor a un tercero. Por ello, como se comenta en el Capítulo II de la Parte II, el método del precio libre comparable compara una operación vinculada con una operación no vinculada similar para proporcionar una estimación directa del precio que las partes habrían acordado si hubieran recurrido directamente a un mercado alternativo para la operación vinculada. No obstante, el método se convierte en un sustituto menos fiable de las operaciones realizadas aplicando el principio de plena competencia si no son comparables todas las características de estas operaciones no vinculadas que afectan de forma significativa al precio aplicado entre empresas independientes. De igual modo, los métodos del precio de reventa y del coste incrementado comparan el margen de beneficio bruto obtenido en la operación vinculada con el margen de beneficio bruto obtenido en operaciones no vinculadas similares. La comparación proporciona una estimación del margen de beneficio bruto que una de las partes podría haber obtenido si hubiera realizado las mismas funciones para empresas independientes y, por tanto, ofrece una estimación del pago que la otra parte hubiera exigido, y que la primera habría estado dispuesta a pagar, en situación de plena competencia, por la realización de esas funciones. En el Capítulo II de la Parte III, se comentan otros métodos que se basan en comparaciones de los indicadores de beneficio netos (como el margen de operación) entre partes independientes y asociadas como medio de proporcionar una estimación de los beneficios que una empresa o cada una de las empresas asociadas podrían haber obtenido si hubieran actuado únicamente con empresas independientes y, por tanto, el pago que esas empresas habrían exigido en condiciones de plena competencia como retribución por el uso de sus recursos en la operación vinculada. Cuando existen diferencias entre las situaciones comparadas que podrían afectar de forma significativa a la comparación, deben realizarse ajustes de comparabilidad, en la medida de lo posible, para mejorar la fiabilidad de la comparación. Por esta razón, bajo ninguna circunstancia pueden servir el rendimiento promedio del sector sin ajustar para establecer los precios de plena competencia.

1.41 En la exposición que se realiza de cada uno de dichos métodos en el Capítulo II, se incluye un comentario sobre la importancia de estos factores para la aplicación de cada uno de los métodos de fijación de precios.

D.1.1. Términos contractuales de la operación

1.42 Una operación es la consecuencia o expresión de las relaciones comerciales o financieras entre las partes. Las operaciones vinculadas pueden haber sido formalizadas en contratos escritos que podrían reflejar la intención de las partes en el momento de su formalización en lo referente a aspectos de las operaciones cubiertos por el contrato, incluso en los casos típicos de reparto de responsabilidades, obligaciones y derechos, asunción de los riesgos identificados y acuerdos de fijación de precios. Cuando las empresas asociadas han formalizado una operación mediante acuerdo contractual por escrito, dichos acuerdos brindan un punto de partida para definir la operación entre ellas y ver cómo se planteaba distribuir las responsabilidades, los riesgos y los beneficios derivados de sus interacciones en el momento de su formalización. Las condiciones de una operación también pueden encontrarse en las comunicaciones mantenidas por las partes al margen de cualquier contrato escrito.

1.43 Sin embargo, es poco probable que los contratos escritos por sí solos proporcionen toda la información necesaria para llevar a cabo un análisis de precios de transferencia o proporcionen información sobre los términos relevantes del contrato con suficiente grado de detalle. Habrá que obtener más información teniendo en cuenta las evidencias de las relaciones comerciales o financieras puestas de manifiesto por las características económicamente relevantes de las otras cuatro categorías (véase el párrafo 1.36): las funciones realizadas por cada una de las partes de la operación, teniendo en cuenta los activos utilizados y los riesgos asumidos, así como las características de los bienes transferidos o los servicios prestados, las circunstancias económicas de las partes y del mercado en el que éstas operan, y las estrategias empresariales llevadas a cabo por ellas. En conjunto, el análisis de las características económicamente relevantes de las cinco categorías demuestran el comportamiento real de las empresas asociadas. Estas evidencias podrían aclarar aspectos de los acuerdos celebrados contractualmente por escrito al proporcionar información útil y consistente. Si el contrato no aborda ni implícita ni explícitamente (teniendo en cuenta los principios de interpretación de contratos aplicables) las características de la operación que son económicamente relevantes, cualquier información facilitada por el contrato debería ser complementada a efectos del análisis de precios de transferencia mediante lo puesto de manifiesto en la identificación de esas características.

1.44 El siguiente ejemplo ilustra el concepto de aclarar y complementar los términos contractuales escritos basándose en la identificación de las relaciones comerciales o financieras reales. La Sociedad P es la matriz de un grupo de empresas multinacionales situado en un País P. La Sociedad S, situada en el País S, es una participada al 100% de la Sociedad P y actúa como agente de los productos de la marca de la Sociedad P en el mercado del País S. En el contrato de agencia suscrito por la Sociedad P y la Sociedad S no se contemplan actividades de mercadotecnia ni publicidad en el País S que las partes deban realizar. El análisis de otras características económicas relevantes y, en concreto, de las funciones realizadas, determina que la Sociedad S lanzó una campaña publicitaria intensiva en el País S para dar a conocer la marca. Esta campaña representa una inversión considerable para la Sociedad S. Basándose en las evidencias puestas de manifiesto por el comportamiento de las partes, podría concluirse que es posible que el contrato escrito no refleje en toda su medida las relaciones comerciales o financieras entre las partes. Por consiguiente, el análisis no debería limitarse a los términos plasmados por escrito en el contrato, sino que deberían buscarse otras evidencias del comportamiento de las partes, lo que incluye los motivos por los que la Sociedad S llevó a cabo la campaña publicitaria.

1.45 Si las características de la operación que son económicamente relevantes no son consistentes con el contrato escrito firmado por las empresas asociadas, la operación real por lo general debería definirse a efectos del análisis de precios de transferencia de conformidad con las características de la operación que refleja el comportamiento de las partes.

1.46 En las operaciones entre empresas independientes, la divergencia de intereses entre las partes garantiza (i) que se establecen términos contractuales que reflejan los intereses de ambas partes, (ii) que las partes tratarán normalmente de que la otra cumpla los términos del contrato, y (iii) que sólo se obviarán o se modificarán los términos contractuales en general si ello redunda en beneficio de ambas partes. Tal divergencia de intereses puede no existir en el caso de empresas asociadas o puede estar gestionada de formas que son posibles debido a la relación de control y no única o principalmente por los acuerdos contractuales. Por ese motivo, es de particular importancia considerar las relaciones comerciales o financieras entre empresas asociadas para examinar si los acuerdos reflejados en la conducta real de las partes se ajusta sustancialmente a los términos de cualquier contrato suscrito, o si la conducta real de las empresas asociadas indica que los términos contractuales no han sido observados, no reflejan la totalidad de las operaciones, han sido incorrectamente descritos o etiquetados por las empresas, o son una simulación. Cuando la conducta no es del todo consistente con los términos contractuales económicamente relevantes, habrá que realizar nuevos análisis para identificar la operación real. Cuando existen diferencias significativas entre los términos contractuales y el comportamiento de las empresas asociadas en sus relaciones entre ellas, las funciones que realmente desempeñan, los activos que realmente utilizan y los riesgos que realmente asumen, en el contexto de los términos contractuales, constituyen la esencia de los hechos y deben determinar y definir de forma precisa la operación real.

1.47 Cuando existen dudas sobre qué operación ha sido acordada entre las empresas asociadas, es necesario tener en cuenta todas las evidencias relevantes a juzgar por las características económicamente relevantes de la operación. Para ello, conviene no olvidar que los términos de la operación entre las empresas puede haber cambiado con el tiempo. Cuando se ha producido una modificación en los términos de una operación, deben examinarse las circunstancias que rodean a esa modificación para determinar si la modificación indica que la transacción original ha sido sustituida por otra nueva en vigor desde la fecha de la modificación, o si la modificación refleja las intenciones de las partes en la operación inicial. Hay que prestar especial atención cuando parece que cualquier modificación puede deberse al hecho de conocer el resultado previsible de la operación. Las modificaciones en la supuesta asunción de un riesgo cuando se conocen los resultados del mismo no conllevan una asunción de riesgo pues ya no existe riesgo alguno, como se comenta en el párrafo 1.78.

1.48 El siguiente ejemplo ilustra el concepto de diferencias entre los términos contractuales suscritos y la conducta de las partes, siendo la conducta real de las partes la que define en última instancia la operación. La Sociedad S es una participada al 100% de la Sociedad P. Las partes han firmado un acuerdo por escrito por el que la Sociedad P otorga una licencia de derechos de propiedad intelectual a la Sociedad S para que ésta los utilice en su propio negocio; la Sociedad S acuerda retribuir a la Sociedad P por la licencia con una regalía. Las evidencias puestas de manifiesto por otras características económicamente relevantes y, en concreto, las funciones realizadas, establecen que la Sociedad P lleva a cabo negociaciones con clientes externos para conseguir ventas para la Sociedad S, presta soporte de servicio técnico de forma habitual para respaldar a la Sociedad S de forma que la Sociedad S pueda cumplir con las ventas contratadas con sus clientes, y presta regularmente personal para dar cumplimiento a los contratos de la Sociedad S con sus clientes. La mayoría de los clientes insiste en incluir a la Sociedad P como parte contratante junto a la Sociedad S, aunque los ingresos que generan los contratos son pagaderos a la Sociedad S. El análisis de las relaciones comerciales y financieras indica que la Sociedad S no es capaz de prestar los servicios contratados por los clientes sin un apoyo significativo de la Sociedad P y que no está desarrollando su propia capacidad. En virtud del contrato, la Sociedad P ha otorgado una licencia a la Sociedad S, pero de hecho controla el riesgo de negocio y la producción de la Sociedad S de forma que no ha transferido los riesgos y las funciones propias de un contrato de licencia, y que actúa no como licenciador sino como operador principal. La identificación de la operación real entre la Sociedad P y la Sociedad S no debe definirse únicamente por los términos del contrato firmado por escrito. Por el contrario, debe determinarse a partir de la conducta de las partes, lo que nos lleva a la conclusión de que realmente las funciones desempeñadas, los activos utilizados y los riesgos asumidos por las partes no coinciden con lo establecido en el contrato de licencia.

1.49 Cuando los términos no figuran por escrito, la operación real tendría que deducirse de la evidencia de la conducta real establecida mediante la identificación de las características económicamente relevantes de la operación. En algunas circunstancias, cabe la posibilidad de que el resultado efectivo de las relaciones comerciales o financieras no haya sido identificado como operación por el grupo de empresas multinacionales, aunque, no obstante, podría derivar en una transmisión de valor significativa, cuyos términos habría que deducir de la conducta de las partes. Por ejemplo, quizá se ha prestado asistencia técnica, se han creado sinergias por medio de actuaciones concertadas deliberadas (como se comenta en el punto D.8), o se han proporcionado conocimientos técnicos (*know-how*) a través de los empleados transferidos o de otro modo. Es posible que la multinacional no haya reconocido estas relaciones, que no se hayan reflejado en el precio de otras operaciones asociadas, que no las haya formalizado mediante contrato y puede que no aparezcan como anotación en los sistemas contables. Cuando no se han formalizado las operaciones, habría que deducir todos los aspectos a partir de las pruebas disponibles de la conducta de las partes, incluidas las funciones que realizan realmente, los activos que utilizan realmente y los riesgos que asumen realmente cada una de las partes.

1.50 El siguiente ejemplo ilustra el concepto de determinación de la operación real cuando la multinacional no ha identificado una operación. Al revisar las relaciones comerciales o financieras entre la Sociedad P y sus filiales, se observa que las filiales reciben servicios de un tercero contratado por la Sociedad P. La Sociedad P paga los servicios, las filiales no se los reembolsan ni directa ni indirectamente a través del precio de otra operación, y no existe un acuerdo de prestación de servicios entre la Sociedad P y las filiales. La conclusión es que, además de la prestación de servicios del tercero a las filiales, existen relaciones comerciales o financieras entre la Sociedad P y las filiales, que transfieren valor potencial de la Sociedad P a las filiales. El análisis tendría que determinar la naturaleza de dichas relaciones comerciales o financieras a partir de las características económicamente relevantes para determinar los términos y las condiciones de la operación identificada.

D.1.2. Análisis funcional

1.51 En las operaciones entre dos empresas independientes, la retribución suele reflejar las funciones que desempeña cada una (teniendo en cuenta los activos utilizados y los riesgos asumidos). Por lo tanto, para definir la operación y determinar la comparabilidad entre las operaciones o entidades vinculadas y las no vinculadas, es preciso realizar un análisis funcional. Este análisis funcional trata de identificar las actividades económicamente significativas y las responsabilidad asumidas, los activos utilizados o aportados, y los riesgos asumidos por las partes en las operaciones. El análisis se centra en lo que las partes hacen realmente y en las capacidades que aportan. Entre estas actividades y capacidades se incluirán la toma de decisiones, incluidas las decisiones sobre la estrategia y los riesgos del negocio. A estos efectos, puede ser útil entender la estructura y la organización del grupo multinacional y el modo en que influyen en el contexto en que éste opera. En particular, es importante entender cómo genera valor el grupo en su conjunto, las interdependencias de las funciones que desempeñan las empresas asociadas con el resto del grupo y la contribución de las empresas asociadas a esa creación de valor. También será importante determinar los derechos y las obligaciones legales de cada una de las partes en el desempeño de sus funciones. Mientras puede que una parte realice muchas funciones en relación con las de la otra parte de la operación, lo que importa es la relevancia económica de esas funciones en términos de frecuencia, naturaleza y valor con respecto a las partes de la operación.

1.52 Las contribuciones reales, capacidades y otras características de las partes pueden influir en las opciones que realmente tengan a su disposición. Por ejemplo, una empresa asociada presta servicios logísticos al grupo. La empresa logística tiene que explotar almacenes con capacidad adicional y en varias ubicaciones para poder operar en caso de interrupción del suministro en cualquier ubicación. No existe la posibilidad de incrementar la eficiencia por medio de la consolidación de ubicaciones y la reducción del exceso de capacidad. Así pues, sus funciones y activos pueden ser diferentes a los de una empresa logística independiente si dicho proveedor de servicios independiente no ofreciera las mismas capacidades para reducir el riesgo de interrupción del suministro.

1.53 Por lo tanto, el proceso de identificar las características económicamente relevantes de las relaciones comerciales o financieras debería incluir la consideración de las capacidades de las partes, del modo en que dichas capacidades afectan a las opciones realmente disponibles y de si se reflejan capacidades similares en acuerdos de plena competencia potencialmente comparables.

1.54 El análisis funcional debe considerar el tipo de activos utilizados, tales como instalaciones y equipos, la utilización de intangibles valiosos, activos financieros, etc., y la naturaleza de los mismos, por ejemplo su antigüedad, el valor de mercado, la ubicación, la existencia de derechos sobre la propiedad industrial, etc.

1.55 El análisis funcional puede mostrar que el grupo de empresas multinacionales ha fragmentado funciones sumamente integradas entre distintas sociedades del grupo. Pueden existir importantes interdependencias entre las actividades fragmentadas. Por ejemplo, la separación en diferentes personas jurídicas de las funciones de logística, almacenaje, comercialización y ventas puede exigir una notable coordinación para que las distintas actividades interactúen efectivamente. Es probable que las actividades comerciales tengan una gran dependencia con las de mercadotecnia, y que el cumplimiento de las ventas, incluido el impacto previsto de las actividades de comercialización, requiera la alineación con los procesos de almacenaje y la capacidad logística. Esa coordinación requerida podrán prestarla algunas o todas las empresas asociadas que llevan a cabo las actividades fragmentadas, por medio de otra función de coordinación separada, o por medio de una combinación de ambas. Puede que todas las partes contribuyan a la mitigación del riesgo, o pueden emprenderse actividades de mitigación de riesgos principalmente desde la función de coordinación. Por ello, a la hora de realizar un análisis funcional para identificar las relaciones comerciales o financieras en actividades fragmentadas, será importante determinar si esas actividades tienen una gran interdependencia entre ellas y, en caso afirmativo, la naturaleza de las interdependencias y el modo en que se coordina la actividad comercial a la que contribuyen las empresas asociadas.

D.1.2.1. Análisis de riesgos en relaciones comerciales o financieras[2]

1.56 El análisis funcional resultará incompleto, a menos que se consideren y se identifiquen los principales riesgos asumidos por cada parte, ya que la asunción efectiva de riesgos influye en los precios y demás condiciones de las operaciones entre empresas asociadas. Normalmente, en el mercado libre, la aceptación de un riesgo mayor se compensará con un aumento en el rendimiento que se espera obtener, aun cuando el rendimiento real aumentara o no dependiendo del grado en que se materialice efectivamente el riesgo. El nivel y la asunción de riesgo, por tanto, son características económicamente relevantes que pueden ser significativas para determinar el resultado de un análisis de precios de transferencia.

1.57 El riesgo es inherente a las actividades de negocio. Las empresas llevan a cabo actividades comerciales porque buscan oportunidades de obtener beneficios, pero esas oportunidades conllevan la incertidumbre de que los recursos necesarios para aprovechar las oportunidades sean mayores de lo esperado o no generen los resultados previstos. La identificación de riesgos va unida a la identificación de funciones y activos, y forma parte integrante del proceso de identificación de las relaciones comerciales o financieras entre empresas asociadas y de definir con precisión la operación u operaciones.

1.58 Asumir los riesgos que implica una oportunidad comercial afecta al beneficio potencial de esa oportunidad en el mercado libre, y el reparto de los riesgos asumidos entre las partes del acuerdo afecta a la distribución de los beneficios y las pérdidas resultantes de la operación en condiciones de plena competencia por medio de la fijación de los precios de la operación. Por lo tanto, al comparar operaciones vinculadas y no vinculadas y entre partes vinculadas e independientes, es necesario analizar qué riesgos se han asumido, qué funciones se han desempeñado que guardan relación o afectan a la asunción o al impacto de esos riesgos y qué parte o partes de la operación asumen esos riesgos.

1.59 En esta sección se ofrecen directrices sobre la naturaleza y las fuentes de riesgo que deben considerarse en un análisis de precios de transferencia con el fin de identificar los riesgos relevantes de forma específica. Además, en esta sección se incluyen directrices sobre la asunción de riesgos a tenor del principio de plena competencia. Las directrices detalladas que se recogen en esta sección sobre el análisis de riesgos en el marco de un análisis funcional abarcan las funciones, los activos y los riesgos, y no debe interpretarse que indican que los riesgos son más importantes que las funciones o los activos. La importancia de las funciones, los activos y los riesgos en una operación concreta tendrá que determinarse mediante un minucioso análisis funcional. Las directrices ampliadas sobre riesgos reflejan las dificultades prácticas que presentan los riesgos: en una operación puede que sea más difícil identificar los riesgos que las funciones o los activos, y determinar qué empresa asociada asume un riesgo concreto en una operación puede requerir un análisis minucioso.

1.60 Los pasos que hay que dar en el proceso que se expone en el resto de esta sección para analizar un riesgo en una operación vinculada, con el fin de definir de forma precisa la operación real en relación con dicho riesgo, pueden resumirse de la siguiente manera:

1) Identificar los riesgos económicamente significativos de forma específica (véase la Sección D.1.2.1.1).

2) Determinar cómo se asumen determinados riesgos de importancia económica de manera contractual en los términos de la operación (véase la Sección D.1.2.1.2).

3) Determinar por medio de un análisis funcional cómo operan las empresas asociadas que son parte de la operación en relación con la asunción y gestión de determinados riesgos de importancia económica y, en particular, qué empresa o empresas realizan

las funciones de control y mitigación de riesgos, qué empresa o empresas sufren las consecuencias positivas o negativas de los resultados de los riesgos, y qué empresa o empresas tienen la capacidad financiera para asumir el riesgo (véase la Sección D.1.2.1.3).

4) En los pasos 2-3 se habrá recabado información sobre la asunción y gestión de riesgos en la operación vinculada. El siguiente paso es interpretar la información y determinar si la asignación contractual del riesgo es consistente con la conducta de las empresas asociadas y el resto de detalles del caso analizando (i) si las empresas asociadas acatan los términos contractuales de acuerdo con los principios expuestos en la Sección D.1.1, y (ii) si la parte que asume el riesgo, según el análisis indicado en el apartado (i), ejerce el control sobre el riesgo y tiene la capacidad financiera para asumirlo (véase la Sección D.1.2.1.4).

5) Cuando la parte que asume el riesgo en los pasos 1-4(i) no controla el riesgo o no tiene capacidad financiera para asumirlo, aplique la pauta sobre asignación del riesgo (véase la Sección D.1.2.1.5).

6) A continuación, debe valorarse la operación real tal y como queda perfectamente definida tras considerar la evidencia de todas las características económicamente relevantes de la operación según se expone en las orientaciones recogidas en la Sección D.1, teniendo en cuenta las consecuencias económicas y de otra índole de la asunción del riesgo, adecuadamente asignado, y retribuyendo debidamente las funciones de gestión del riesgo (véase la Sección D.1.2.1.6).

1.61 En esta sección, se hace referencia a términos que precisan de una explicación y definición iniciales. El término "gestión del riesgo" se utiliza para referirse a la función de evaluar y responder a los riesgos que lleva aparejados la actividad comercial. La gestión del riesgo se compone de tres elementos: (i) la capacidad para tomar la decisión de asumir, dejar o declinar una oportunidad que conlleva riesgos, así como el desempeño efectivo de dicha función de toma de decisiones, (ii) la capacidad para tomar decisiones sobre la idoneidad y forma de responder a los riesgos que van aparejados a la oportunidad, así como el desempeño efectivo de dicha función de toma de decisiones, y (iii) la capacidad para mitigar el riesgo, que es la capacidad para tomar medidas que incidan en los desenlaces del riesgo, así como en el desempeño efectivo de dicha mitigación del riesgo.

1.62 Algunas funciones de gestión de riesgos sólo pueden ser llevadas a cabo por la parte que realiza las funciones y utiliza los activos para la creación y búsqueda de oportunidades comerciales, mientras que otras funciones de gestión de riesgos pueden ser llevadas a cabo por otra parte. No debería pensarse en la gestión de riesgos como algo que necesariamente conlleva una función separada, requiere una remuneración aparte, independiente del desarrollo de las actividades que optimizan los beneficios. Por ejemplo, la creación de intangibles por medio de actividades de desarrollo puede conllevar una mitigación de los riesgos relacionados con la realización de las actividades de desarrollo según las especificaciones de máxima calidad y menor plazo; los riesgos concretos podrían mitigarse mediante la puesta en marcha de la propia función de desarrollo. Por ejemplo, si el acuerdo contractual entre las empresas asociadas es un contrato de I+D que se respeta en cumplimiento de lo estipulado en esta sección, la retribución de las funciones de gestión de riesgos realizadas mediante la actividad de desarrollo quedarían incorporadas al pago de los servicios en condiciones de plena competencia. Ni el riesgo intangible en sí, ni los ingresos residuales asociados con el mismo, se asignarían al proveedor de servicios. Véase también el Ejemplo 1 en el párrafo 1.83.

1.63 La gestión del riesgo no equivale a la asunción del riesgo. Asumir un riesgo significa asumir sus consecuencias positivas y negativas, lo que significa que la parte que asume el riesgo asume también las consecuencias económicas y de otra índole que pudiera provocar ese riesgo en caso de materializarse. Puede que una parte que realice parcialmente funciones de gestión de riesgos no asuma el riesgo que constituye el objeto de su actividad de gestión, y que en su lugar haya sido contratada para llevar a cabo las funciones de mitigación de riesgos bajo la dirección de otra parte que es la que asume el riesgo. Por ejemplo, puede subcontratarse la mitigación del riesgo ordinario de retirada de producto a una parte que se hace cargo de la supervisión del control de calidad de un proceso de producción concreto de acuerdo con las especificaciones de otra parte que asume el riesgo.

1.64 La capacidad financiera para asumir el riesgo puede definirse como el acceso a fondos suficientes como para asumir el riesgo o dejarlo, para pagar las funciones de mitigación de riesgos y para hacer frente a las consecuencias que se producirán en caso de materializarse el riesgo. El acceso a financiación por parte de quien asume el riesgo tiene en consideración los activos disponibles y las opciones que, siendo realistas, tiene a su disposición para acceder a liquidez adicional, en caso necesario, para cubrir los costes que previsiblemente surgirán en caso de materializarse el riesgo. Esta evaluación debe realizarse suponiendo que la parte que asume el riesgo opera como parte independiente en las mismas circunstancias que la empresa asociada, según la definición precisa conforme a los principios incluidos en esta sección. Por ejemplo, la explotación de derechos en un activo que genera ingresos podría abrir posibilidades de financiación para esa parte. Cuando una parte que asume un riesgo recibe financiación de otras de empresas del grupo para satisfacer las necesidades financieras asociadas a ese riesgo, la parte que aporta la financiación puede estar asumiendo un riesgo financiero si bien no asume, por el mero hecho de aportar fondos, el riesgo concreto que da lugar a la necesidad de financiación adicional. Cuando no existe capacidad financiera para asumir un riesgo, la asignación del riesgo tiene que considerarse de acuerdo con lo expuesto en el paso 5.

1.65 El control sobre el riesgo conlleva los dos primeros elementos de la gestión del riesgo definidos en el párrafo 1.61, que son (i) la capacidad para tomar la decisión de asumir, dejar o declinar una oportunidad que conlleva un riesgo, así como el desempeño efectivo de dicha función de toma de decisiones, y (ii) la capacidad para tomar decisiones sobre la idoneidad y forma adecuada de responder al riesgo que lleva aparejado la oportunidad, así como el desempeño efectivo de dicha función de toma de decisiones. No es necesario que una parte lleve a cabo la mitigación en el día a día, como se describe en el subapartado (iii), para que exista control del riesgo. Dicha mitigación en el día a día puede haberse subcontratado, como se ilustra en el ejemplo del párrafo 1.63. No obstante, cuando se subcontratan las actividades de mitigación en el día a día, el control del riesgo exigirá la capacidad para determinar los objetivos de las actividades subcontratadas, decidir contratar al proveedor de las funciones de mitigación de riesgos, valorar si los objetivos se están cumpliendo adecuadamente y, en su caso, decidir adaptar o terminar el contrato con dicho proveedor, así como el desempeño de dicha valoración y toma de decisiones. De acuerdo con esta definición de control, una parte debe tener la capacidad y además llevar a cabo las funciones descritas anteriormente para que ejerza control de un riesgo.

1.66 La capacidad para desempeñar las funciones de toma de decisiones y poner en práctica de forma efectiva dichas funciones de toma de decisiones en relación con un riesgo concreto conlleva entender el riesgo basándose en un análisis relevante de la información necesaria para evaluar los efectos positivos y negativos que previsiblemente generará en términos de riesgo esa decisión y las consecuencias para el negocio de la empresa. Los responsables de la toma de decisiones deben tener competencia y experiencia en el área del riesgo concreto sobre el que se va a decidir y entender las repercusiones que tendrán sus decisiones en el negocio. También deben disponer de información relevante, ya sea porque la hayan recopilado ellos mismos o porque hayan ejercido su autoridad para especificar y obtener la información relevante para respaldar el proceso de toma de decisiones. Para ello, deben estar capacitados para determinar los objetivos de la recopilación y el análisis de la información, contratar a quienes vayan a encargarse de los mismos, valorar si se recopila la información adecuada y si los análisis son adecuados y, en caso necesario, decidir adaptar o terminar el contrato con esa parte, así como desempeñar dicha evaluación y toma de decisiones. Ni la mera formalización del resultado de la toma de decisiones en forma, por ejemplo, de reuniones organizadas para la aprobación formal de decisiones tomadas en otros lugares, actas de juntas del consejo y la firma de documentos sobre las decisiones, ni el establecimiento del entorno político relevante para el riesgo (véase el párrafo 1.76), representan el ejercicio de una función de toma de decisiones suficiente para demostrar el control sobre un riesgo.

1.67 No debe interpretarse necesariamente que las referencias al control de un riesgo significan que el propio riesgo pueda verse influido o que la incertidumbre pueda ser anulada. Es imposible influir en algunos riesgos, que representan una condición general de la actividad comercial que afecta a todas las empresas que desarrollan esa actividad. Por ejemplo, los riesgos asociados a las condiciones económicas generales o los ciclos de precios de las materias básicas suelen estar fuera del alcance de influencia de un grupo multinacional de empresas. En su lugar, el control del riesgo debe entenderse como la capacidad y autoridad para asumir el riesgo, decidir la idoneidad y forma de responder al riesgo, por ejemplo, mediante la sincronización de inversiones, la naturaleza de los programas de desarrollo, el diseño de estrategias de mercadotecnia o el establecimiento de niveles de producción.

1.68 La mitigación de riesgos se refiere a las medidas adoptadas con la expectativa de incidir en el desenlace de los riesgos. Estas medidas pueden incluir medidas de reducción de la incertidumbre o medidas de reducción de los efectos negativos en caso de producirse el riesgo. No debe interpretarse que para que exista control es preciso que se adopten medidas de mitigación, ya que en la evaluación de riesgos las empresas pueden decidir que la incertidumbre asociada a algunos de ellos, incluidos riesgos que puedan ser fundamentales para sus operaciones esenciales de negocio, después haber sido analizada, debería ser asumida y afrontada para crear y maximizar las oportunidades.

1.69 El concepto de control puede ilustrarse con los siguientes ejemplos. La Sociedad A nombra a un productor especializado, la Sociedad B, para que fabrique productos en su nombre. Los acuerdos contractuales indican que la Sociedad B se compromete a prestar servicios de producción, pero que las especificaciones de producto y los diseños serán suministrados por la Sociedad A, y que será la Sociedad A quien determine el calendario de producción, incluidos los volúmenes y las fechas de entrega de los productos. De las relaciones contractuales se deduce que la Sociedad A asume el riesgo de inventario y el riesgo de retirada de producto. La Sociedad A contrata a la Sociedad C para que realice controles de calidad periódicos del proceso de producción. La Sociedad A especifica los objetivos de las inspecciones de control de calidad y la información que la Sociedad C debe recopilar en su nombre. La Sociedad C rinde cuentas directamente a la Sociedad A. El análisis de las características económicamente relevantes muestra que la Sociedad A controla sus riesgos de retirada de producto e inventario mediante el ejercicio de su capacidad y autoridad para tomar una serie de decisiones sobre la idoneidad y el modo de asumir los riesgos y la forma de responder ante ellos. Además, esa Sociedad A tiene capacidad para evaluar y tomar decisiones sobre funciones de mitigación de riesgos y lleva cabo esas funciones de forma efectiva. Entre esas decisiones están las de determinar los objetivos de las actividades subcontratadas, la contratación del productor concreto y del tercero que realizará los controles de calidad, la evaluación de si se cumplen adecuadamente los objetivos y, en caso necesario, la de adaptar o terminar los contratos.

1.70 Supongamos que un inversor contrata a un gestor de fondos para invertir fondos por su cuenta.[3] Dependiendo del acuerdo entre el inversor y el gestor de fondos, éste último puede estar autorizado para realizar inversiones de cartera en nombre del inversor a diario de forma que se reflejen las preferencias de riesgo del inversor, aunque el riesgo de pérdida del valor de la inversión lo asume el inversor. En este ejemplo, el inversor controla sus riesgos a través de cuatro decisiones importantes: la decisión de su preferencia de riesgo y, por tanto, sobre la diversificación necesaria de los riesgos inherentes a las distintas inversiones que forman parte de la cartera, la decisión de contratar a ese gestor de fondos en concreto (o de terminar su contrato), la decisión del alcance de autoridad que confiere al gestor de fondos y los objetivos que le marca, y la decisión de la cuantía de inversión que pide que gestione al gestor de fondos. Por su parte, lo normal será que el gestor de fondos rinda cuentas al inversor periódicamente pues el inversor querrá evaluar el resultado de las actividades del gestor del fondo. En tal caso, el gestor de fondos está prestando un servicio y gestionando su riesgo de negocio desde su propia perspectiva (esto es, proteger su credibilidad). El riesgo operativo del gestor de fondos, incluida la posibilidad de perder un cliente, es distinto del riesgo de inversión del cliente. Esto ilustra el hecho de que un inversor que autoriza a otra persona para realizar actividades de mitigación de riesgos como las efectuadas por el gestor de fondos no transfiere necesariamente el control del riesgo de inversión a la persona que lleva a cabo estas decisiones en el día a día.

D.1.2.1.1. Paso 1: Identificación específica de los riesgos económicamente significativos

1.71 Existen muchas definiciones del riesgo, pero en el contexto de los precios de transferencia, es acertado considerar que el riesgo es el efecto de la incertidumbre sobre los objetivos del negocio. En todas las actividades de una empresa, cada medida adoptada para explotar las oportunidades, cada vez que una empresa gasta dinero o genera ingresos, existe incertidumbre y se asumen riesgos. Es probable que una sociedad dedique mucha atención a identificar las incertidumbres que encuentra a la hora de evaluar la idoneidad y la forma de aprovechar las oportunidades empresariales en vista de sus riesgos inherentes, y a la hora de desarrollar estrategias adecuadas de mitigación de riesgos que son importantes para los accionistas que buscan una tasa de rentabilidad determinada. El riesgo está asociado con las oportunidades y no tiene sólo connotaciones negativas: es inherente a la actividad comercial y las empresas elijen qué riesgos quieren asumir para tener la oportunidad de generar beneficios. Ninguna empresa con ánimo de lucro asume riesgos asociados con oportunidades comerciales sin esperar a cambio rendimientos positivos. El desenlace negativo del riesgo se produce cuando no se materializan los resultados positivos previstos. Por ejemplo, un producto puede no lograr atraer tanta demanda de consumo como se proyectó inicialmente. Sin embargo, un acontecimiento tal es la manifestación negativa de la incertidumbre que llevan asociadas las oportunidades comerciales. Es probable que las empresas dediquen gran atención a la identificación y gestión de riesgos económicamente significativos para maximizar los rendimientos positivos frente al riesgo. Esta atención puede incluir actividades en torno a la determinación de la estrategia de producto, al modo en que se diferencia el producto, al modo en que se identifican las tendencias cambiantes del mercado, al modo en que se prevén los cambios políticos y sociales, y al modo en que se crea la demanda. La importancia de un riesgo depende de la probabilidad y la envergadura de los posibles beneficios que se deriven de él. Por ejemplo, puede que un nuevo sabor de helado no sea el único producto de una empresa, los costes de desarrollar, introducir y comercializar el producto pueden haber sido marginales, puede que el éxito o fracaso del producto no genere importantes riesgos para la reputación mientras se sigan los protocolos de gestión empresarial, y puede que la toma de decisiones se haya llevado a cabo por delegación en la dirección local o regional que conoce los gustos locales. Sin embargo, la última tecnología punta o un tratamiento sanitario innovador pueden representar el principal o único producto, conllevar importantes decisiones estratégicas en distintas fases, requerir sustanciales coste de inversión, crear serias oportunidades de crearse una reputación o perderla, y exigir una gestión centralizada de igual interés para accionistas y otras partes interesadas.

1.72 Los riesgos pueden clasificarse de varias formas, pero un marco relevante en un análisis de precios de transferencia es considerar las fuentes de incertidumbre que generan el riesgo. La lista, meramente ilustrativa, de fuentes de riesgo que se incluye a continuación no pretende establecer una jerarquización del riesgo. Tampoco se incluye con la intención de establecer una categorización estricta del riesgo, dado que algunas categorías se solapan. Por el contrario, con ella se pretende facilitar un marco práctico para asegurar que todo análisis de precios de transferencia considera el abanico de riesgos que es probable que se desprenda de las relaciones comerciales o financieras de las empresas asociadas, y del contexto en que esas relaciones tienen lugar. Se hace referencia a los riesgos tanto exógenos como endógenos con el fin de ayudar a aclarar las fuentes de incertidumbre. A pesar de ello, no se debe inferir que los riesgos exógenos son menos relevantes porque no están generados directamente por las actividades. Por el contrario, es probable que la capacidad de una empresa para enfrentarse a los riesgos exógenos, responder a ellos y gestionarlos sea una condición imprescindible para que el negocio siga siendo competitivo. Y lo que es más importante, las pautas sobre el posible abanico de riesgos debería contribuir a identificar los riesgos significativos de forma específica. Los riesgos definidos de forma imprecisa o sin diferenciar no servirán para el propósito de un análisis de precios de transferencia que trate de definir la operación real y la asignación efectiva del riesgo entre las partes.

a) Riesgos estratégicos o riesgos de mercado. En gran medida, se trata de riesgos exógenos provocados por el entorno económico, acontecimientos políticos y regulatorios, la competencia, los avances tecnológicos, o los cambios sociales y ambientales. La evaluación de estas incertidumbres podría determinar los productos y los mercados en los que la sociedad decide centrarse, y las capacidades que requiere, incluida la inversión en activos tangibles e intangibles, así como en el talento de su capital humano. Las posibles consecuencias negativas son importantes, como también lo son las positivas si la empresa identifica correctamente el impacto de los riesgos externos, y diferencia sus productos, y asegura y sigue protegiendo su ventaja competitiva. Entre los ejemplos de este tipo de riesgo se incluyen las tendencias de mercado, los nuevos mercados geográficos y la concentración de inversión en desarrollo.

b) Riesgos de infraestructura u operativos. Es probable que estos riesgos incluyan las incertidumbres relacionadas con la ejecución de las actividades de la empresa y pueden incluir la efectividad de los procesos y las actividades de explotación. El impacto de estos riesgos depende mucho de la naturaleza de las actividades y las incertidumbres que la empresa decide asumir. En algunas circunstancias, las averías pueden tener un efecto devastador en las actividades o la reputación de la empresa y ponen en riesgo su existencia, mientras que la gestión satisfactoria de estos riesgos puede mejorar su reputación. En otras circunstancias, el hecho de no ser capaz de hacer llegar un producto al mercado a tiempo, satisfacer la demanda, cumplir las especificaciones o producir al máximo nivel, puede afectar a la posición competitiva y a la reputación, y dar ventaja a empresas que introduzcan productos competidores en el mercado con mayor rapidez, que exploten mejor los períodos de protección del mercado proporcionados, por ejemplo, mediante patentes, que gestionen mejor los riesgos de la cadena de suministro y el control de calidad. Algunos riesgos de infraestructura son exógenos y pueden afectar a las conexiones de transporte, situaciones políticas y sociales, leyes y reglamentos, mientras que otros son endógenos y pueden afectar a la capacidad y la disponibilidad de los activos, la capacidad de los empleados, el diseño y la ejecución de procesos, los acuerdos de externalización y los sistemas informáticos.

c) Riesgos financieros. Todos los riesgos pueden repercutir potencialmente en los resultados financieros de una empresa, pero existen riesgos financieros específicos relacionados con la capacidad de la empresa para gestionar la liquidez y los flujos de efectivo, la capacidad financiera y la solvencia. La incertidumbre puede ser exógena, por ejemplo por un choque económico o una crisis de crédito, pero también puede ser endógena en el caso de los controles, las decisiones de inversión, las condiciones de crédito, y las consecuencias de los riesgos de infraestructura y operativos.

d) Riesgos transaccionales. Es probable que incluyan los precios y las condiciones de pago en una operación comercial de suministro de activos, bienes o servicios.

e) Riesgos de accidente/daños. Es probable que incluyan acontecimientos externos negativos que podrían causar daños o pérdidas, como accidentes y catástrofes naturales. Estos riesgos a menudo pueden mitigarse mediante la contratación de pólizas de seguro, si bien los seguros pueden no cubrir el total de las pérdidas potenciales, sobre todo cuando el impacto en las actividades o en la reputación es significativo.

1.73 Determinar la importancia económica del riesgo y el modo en que podría afectar a la valorar de una operación entre empresas asociadas es parte del análisis funcional global del modo en que el grupo multinacional crea el valor, las actividades que le permiten mantener los beneficios y las características económicamente relevantes de la operación. El análisis del riesgo también contribuye a determinar la comparabilidad en virtud de las directrices recogidas en el Capítulo III. Cuando se identifican comparables potenciales, es relevante determinar si conllevan el mismo nivel de riesgos y gestión de riesgos. La importancia económica del riesgo puede ilustrarse a través de las dos situaciones siguientes.

1.74 En la primera situación, el grupo de empresas multinacionales distribuye gasóleo para calefacción a los consumidores. El análisis de las características económicamente relevantes establece que el producto carece de diferenciación, el mercado es competitivo, el tamaño de mercado es predecible y los operadores carecen de influencia suficiente como para fijar los precios. En tales circunstancias, la capacidad para influir en los márgenes puede ser limitada. Las condiciones de crédito logradas gracias a la gestión de la relación con los proveedores de petróleo financian el capital circulante y son cruciales para el margen del distribuidor. El efecto del riesgo en el coste del capital es, por tanto, significativo en el contexto de cómo se crea el valor para la función de distribución.

1.75 En la segunda situación, un distribuidor minorista multinacional de juguetes compra una amplia gama de productos a diversos fabricantes independientes. La mayoría de sus ventas se concentran en los dos últimos meses del año natural, y un riesgo importante es la dirección estratégica de la función de compras y el acierto al apostar por unas tendencias u otras, y determinar qué productos venderá y en qué volúmenes. Las tendencias y la demanda de productos puede variar de unos mercados a otros, por lo que se necesitan conocimientos expertos para evaluar las apuestas acertadas en el mercado local. El efecto del riesgo de compra puede verse magnificado si el distribuidor negocia un período de exclusividad para un producto dado con el fabricante independiente.

1.76 El control de un riesgo específico en una operación se centra en la toma de decisiones de las partes de la operación en relación con el riesgo específico que se deriva de la operación. Por no mencionar, por otra parte, que en un grupo multinacional puede que no haya otras partes involucradas en el establecimiento de políticas generales que sean relevantes para la asunción y el control de los riesgos específicos identificados en una operación, sin que dicho establecimiento de políticas en sí represente una toma de decisiones. El consejo y los comités ejecutivos del grupo, por ejemplo, podrán fijar el nivel de riesgo que el grupo en su conjunto está preparado para aceptar con el fin de alcanzar sus objetivos comerciales, y establecer el marco de control para la gestión y preparación de informes de riesgos en sus actividades. La dirección de línea de las divisiones de la empresa, las entidades operativas y los departamentos funcionales pueden identificar y evaluar los riesgos sopesando las oportunidades comerciales, e implantar controles y procesos adecuados para abordar los riesgos e influir en el desenlace de los riesgos derivados de las actividades diarias. Las oportunidades que aprovechan las entidades operativas exigen la gestión continua del riesgo de que los recursos dedicados a la oportunidad generen los resultados previstos. Por ejemplo, el riesgo de inventario de productos terminados en una operación de suministro entre dos empresas asociadas puede estar controlado por la parte con capacidad para determinar los volúmenes de producción y llevar a cabo esa toma de decisiones. El modo en que se hace frente al riesgo de inventario en la operación entre dos empresas asociadas puede estar sujeto del establecimiento de políticas en otra entidad del grupo multinacional sobre los niveles globales de capital circulante reservado a inventario o la coordinación de niveles adecuados de inventario mínimo en los distintos mercados para dar respuesta a los objetivos estratégicos. No obstante, no podemos considerar que la fijación de estas políticas globales son decisiones de asumir, dejar, declinar o mitigar el riesgo de inventario específico en el ejemplo de la operación de suministro de productos que se plantea en este párrafo.

D.1.2.1.2. Paso 2: Asunción contractual del riesgo

1.77 La identidad de la parte o partes que asumen el riesgo puede plasmarse por escrito en los contratos suscritos por las partes para una operación que conlleve estos riesgos. Un contrato por escrito suele indicar qué riesgos se pretende que asuma cada parte. Algunos riesgos pueden ser asumidos de forma explícita en los acuerdos contractuales. Por ejemplo, un distribuidor podría asumir contractualmente el riesgo de las cuentas por cobrar, el riesgo de inventario y los riesgos de crédito asociados con las ventas del distribuidor a clientes independientes. Otros riesgos se pueden asumir de forma implícita. Por ejemplo, los acuerdos contractuales que establecen una retribución no contingente para una de las partes asignan de forma implícita el resultado de algunos riesgos, incluidos los beneficios y las pérdidas imprevistas, a la otra parte.

1.78 Una asunción contractual del riesgo constituye un acuerdo a priori para hacerse cargo de la totalidad o una parte de los posibles coste asociados a la materialización a posteriori de los efectos negativos del riesgo, a cambio de la totalidad o una parte de las posibles ventajas asociadas con la materialización a posteriori de resultados positivos. Y lo que es más importante, la asunción contractual a priori del riesgo debería servir para evidenciar de forma clara el compromiso de asumir el riesgo antes de la materialización del desenlace del riesgo. Esta evidencia es una parte muy importante del análisis de riesgos a efectos de precios de transferencia para la administración tributaria en una relación comercial o financiera, ya que, en la práctica, una inspección fiscal puede producirse años después de que las empresas asociadas hayan tomado esas decisiones iniciales y una vez que ya se conocen los resultados. La supuesta asunción del riesgo por parte de las empresas asociadas cuando los resultados son ciertos no es, por definición, asumir un riesgo, pues ya no existe tal riesgo. De igual modo, la reasignación del riesgo que realice a posteriori una administración tributaria cuando los resultados son ciertos puede ser inadecuada, salvo si se basa en otras pautas contempladas en estas Directrices y, en particular, en la Sección D.1.2.1.

1.79 Desde un punto de vista económico, no hay diferencia entre asumir (o dejar) un riesgo a cambio de unos rendimientos nominales previstos mayores (o menores) mientras el valor neto presente de ambas opciones sea igual. Entre partes no vinculadas, por ejemplo, la venta de un activo que genera beneficios pero conlleva riesgos podría reflejar, en parte, una preferencia del vendedor por aceptar rendimientos nominales menores pero más ciertos y dejar pasar la posibilidad de obtener los rendimientos nominales mayores que previsiblemente podría generar el activo si, en lugar de venderlo, lo conservara y lo explotara. En un acuerdo de gestión de cobros sin recurso entre empresas independientes, por ejemplo, el vendedor descuenta el valor nominal de sus cuentas por cobrar a cambio de un pago fijo, aceptando así un menor rendimiento a cambio de una menor volatilidad y la desaparición del riesgo. Con frecuencia, el gestor será una entidad especializada que estará capacitada para decidir si asume el riesgo o no y el modo de responder a él, incluso diversificándolo, y con capacidades funcionales para mitigarlo y sacar provecho de la oportunidad. Ninguna de las partes espera que su situación empeore con la firma del acuerdo, esencialmente porque tienen distintas preferencias de riesgo como consecuencia de sus capacidades con respecto al riesgo en concreto. El gestor es más capaz de gestionar el riesgo que el vendedor y pueden acordarse condiciones aceptables para ambos.

1.80 Pese a todo, de esto no se puede desprender que cualquier intercambio contractual de beneficios potencialmente mayores y con mayor riesgo por otros menores y con menor riesgo entre empresas asociadas se ajuste automáticamente al principio de plena competencia. En el resto de pasos descritos en esta sección, se indica qué información es necesaria para determinar cómo operan las empresas asociadas en referencia a la asunción y gestión del riesgo que conduce a la definición precisa de la operación real en relación con el riesgo.

1.81 La asunción de riesgos puede tener un efecto significativo en la determinación de precios bajo el principio de plena competencia entre empresas asociadas, y no debería concluirse que sólo los acuerdos de precios adoptados en los acuerdos contractuales determinan qué parte asume el riesgo. Por ello, no se debe inferir del hecho de que el precio pagado entre empresas asociadas por bienes o servicios esté fijado en un nivel determinado, o por referencia a un margen concreto, que los riesgos son soportados por las empresas asociadas de una forma determinada. Por ejemplo, un fabricante podría alegar que está protegido del riesgo de fluctuación en los precios de las materias primas porque otra sociedad del grupo lo remunera aplicando un método que tiene en cuenta sus costes reales. De tal alegación se desprende que la otra sociedad del grupo soporta el riesgo. La forma de retribución no puede prescribir una asignación inadecuada del riesgo. Es la determinación de cómo gestionan y controlan las partes de forma efectiva los riesgos, según se establece en los pasos restantes del proceso de análisis de riesgos, la que determinará qué riesgos asume cada parte y, por consiguiente, prescribirá la selección del método de precios de transferencia más adecuado.

D.1.2.1.3. Paso 3: Análisis funcional en materia de riesgos

1.82 En este paso se analizan las funciones de las empresas asociadas que son parte de la operación en relación con los riesgos. El análisis ofrece información sobre cómo operan las empresas asociadas en relación con la asunción y gestión de determinados riesgos de importancia económica y, en particular, qué empresa o empresas realizan las funciones de control y mitigación de riesgos, qué empresa o empresas sufren las consecuencias positivas o negativas del desenlace de los riesgos, y qué empresa o empresas tienen la capacidad financiera para asumir el riesgo. Este paso se ilustra en los siguientes ejemplos, de los que se extraen conclusiones en los párrafos subsiguientes de la Sección D.1.2.

Ejemplo 1

1.83 La Sociedad A trata de aprovechar una oportunidad de desarrollo y contrata a una empresa especializada, la Sociedad B, para que realice parte de la investigación en su nombre. En el paso 1 se ha identificado que el riesgo de desarrollo es económicamente significativo en esta operación y en el paso 2 se ha establecido que, en virtud del contrato, la Sociedad A asume el riesgo de desarrollo. El análisis funcional realizado en el paso 3 muestra que la Sociedad A controla su riesgo de desarrollo mediante el ejercicio de su capacidad y autoridad para tomar una serie de decisiones sobre si asumir el riesgo de desarrollo y cómo hacerlo. Entre ellas se incluye la decisión de realizar parte del trabajo de desarrollo ella misma, la decisión de buscar ayuda especializada, la decisión de contratar a un investigador determinado, la decisión del tipo de investigación que debería realizarse y los objetivos de la misma, y la decisión de determinar el presupuesto asignado a la Sociedad B. La Sociedad A ha mitigado su riesgo adoptando medidas para subcontratar las actividades de desarrollo a la Sociedad B que asume la responsabilidad de realizar en el día a día la investigación bajo el control de la Sociedad A. La Sociedad B rinde cuentas a la Sociedad A en momentos clave previamente determinados y la Sociedad A evalúa la evolución del desarrollo y si se están cumpliendo sus objetivos continuos, y decide si está garantizada la continuidad de la inversión en el proyecto a la luz de esa evaluación. La Sociedad A tiene capacidad financiera para asumir el riesgo. La Sociedad B no tiene capacidad para evaluar el riesgo de desarrollo y no toma decisiones sobre las actividades de la Sociedad A. El riesgo de la Sociedad B es principalmente asegurar la realización de las actividades de desarrollo de forma competente, y ejerce su capacidad y autoridad para controlar ese riesgo tomando decisiones sobre los procesos, experiencia y activos que necesita. El riesgo que asume la Sociedad B es distinto del riesgo de desarrollo asumido contractualmente por la Sociedad A, que está controlado por la Sociedad A basándose en la evidencia del análisis funcional.

Ejemplo 2

1.84 La Sociedad B fabrica productos para la Sociedad A. En el paso 1, se han identificado como riesgos económicamente significativos de esta operación los riesgos de utilización de capacidad y de cadena de suministro y, en el paso 2, se ha establecido que, a tenor del contrato, es la Sociedad A quien asume estos riesgos. El análisis funcional realizado en el paso 3 pone de relieve que la Sociedad B construye y equipa su planta siguiendo las especificaciones de la Sociedad A, que fabrica los productos atendiendo a los requisitos técnicos y diseños facilitados por la Sociedad A, que los niveles de volumen los determina la Sociedad A y que es la Sociedad A quien gestiona la cadena de suministro, incluida la compra de componentes y materias primas. La Sociedad A también realiza periódicamente controles de calidad del proceso de producción. La Sociedad B construye la planta, contrata y forma al personal de producción competente, y determina el calendario de producción basándose en los niveles de volumen establecidos por la Sociedad A. Aunque la Sociedad B ha incurrido en costes fijos, no tiene capacidad para gestionar el riesgo asociado a la recuperación de esos costes determinando las unidades de producción entre las que se distribuyen esos costes fijos, ya que es la Sociedad A quien dictamina los volúmenes. La Sociedad A también decide costes significativos referentes a los componentes y las materias primas, y a la seguridad del suministro. Tras evaluar las evidencias, se llega a la conclusión de la que la Sociedad B presta servicios de producción. Los riesgos significativos que van aparejados a la generación de beneficios a partir de las actividades de producción están bajo el control de la Sociedad A. La Sociedad B controla el riesgo de no prestar los servicios de forma competente. Ambas sociedades tienen capacidad financiera para asumir sus respectivos riesgos.

Ejemplo 3

1.85 La Sociedad A ha adquirido la propiedad de un activo tangible y suscribe contratos para el uso del activo con clientes independientes. En el paso 1 se ha identificado como riesgo económicamente significativo el riesgo de utilización del activo tangible, esto es, el riesgo de que la demanda del activo sea insuficiente para cubrir los costes incurridos por la Sociedad A. En el paso 2, se establece que la Sociedad A tiene un contrato para la prestación de servicios con otra sociedad del grupo, la Sociedad C; el contrato no contempla la asunción del riesgo de utilización del activo tangible por parte del propietario, la Sociedad A. El análisis funcional del paso 3 pone de manifiesto que otra sociedad del grupo, la Sociedad B, decide que la inversión en el activo es adecuada a la luz de las oportunidades comerciales previstas identificadas y evaluadas por la Sociedad B y de su evaluación de la vida útil previsible del activo; la Sociedad B ofrece especificaciones para el activo y las características únicas que son necesarias para responder a las oportunidades comerciales, y gestiona la construcción del activo de conformidad con sus especificaciones y la adquisición del mismo por parte de la Sociedad A. La Sociedad C decide cómo utilizar el activo, comercializa las funcionalidades del activo a clientes independientes, negocia los contratos con ellos, asegura que el activo sea entregado a los terceros e instalado adecuadamente. Aunque es la propietaria legal del activo, la Sociedad A no controla el riesgo de inversión en el activo material, pues carece de capacidad para decidir si se invierte en ese activo y si se protege la inversión y cómo, incluida la posibilidad de enajenarlo. Aunque es la propietaria del activo, la Sociedad A no controla el riesgo de utilización, pues carece de capacidad para decidir si se explota el activo y cómo. Carece de capacidad para evaluar y decidir sobre las actividades de mitigación de riesgos que realizan las otras sociedades del grupo. Por el contrario, los riesgos asociados con la inversión en el activo y su explotación, la acentuación de los efectos positivos del riesgo y la mitigación de sus efectos negativos, están bajo el control de las otras sociedades del grupo. La Sociedad A no controla riesgos económicamente significativos asociados con la inversión en el activo y su explotación. La aportación funcional del propietario legal del activo se limita a proporcionar financiación por un importe equivalente al coste del activo. Sin embargo, el análisis funcional también pone de relieve que la Sociedad A carece de capacidad y autoridad para controlar el riesgo de inversión en un activo financiero. La Sociedad A no tiene capacidad para tomar la decisión de asumir o declinar la oportunidad financiera ni capacidad para tomar la decisión de responder a los riesgos asociados a la oportunidad financiera ni de qué modo hacerlo. La Sociedad A no realiza funciones para evaluar la oportunidad financiera, no determina la prima de riesgo adecuada ni otras cuestiones para establecer el precio adecuado de la oportunidad financiera, y no evalúa la protección adecuada de su inversión financiera. Tanto la Sociedad A como la B y la C tienen capacidad financiera para asumir sus respectivos riesgos.

D.1.2.1.4. Paso 4: Interpretación de los pasos 1-3

1.86 La ejecución de los pasos 1-3 conlleva la recopilación de información sobre la asunción y gestión de riesgos en la operación vinculada. El siguiente paso es interpretar la información recogida en los pasos 1-3 y determinar si la asignación contractual del riesgo es consistente con la conducta de las partes y el resto de detalles del caso analizando (i) si las empresas asociadas acatan los términos contractuales de acuerdo con los principios expuestos en la Sección D.1.1, y (ii) si la parte que asume el riesgo, según el análisis indicado en el apartado (i), ejerce el control del riesgo y tiene capacidad financiera para asumirlo.

1.87 La importancia del paso 4 dependerá de los hallazgos. En las circunstancias establecidas en los Ejemplos 1 y 2 anteriores, el paso puede ser directo. Cuando una parte que contractualmente asume un riesgo aplica esa asunción contractual del riesgo en su conducta, y controla el riesgo y además tiene capacidad financiera para asumirlo, no se precisa realizar ningún otro análisis más allá del paso 4(i) y (ii) para determinar la asunción del riesgo. En ambos ejemplos, las Sociedades A y B cumplen sus obligaciones contractuales y controlan los riesgos asumidos en la operación, basándose en su capacidad financiera. Como consecuencia del cumplimiento del paso 4(ii), no es necesario considerar el paso 5, por lo que pasamos al paso 6.

1.88 En consonancia con el debate sobre los términos contractuales (véase la Sección D.1.1), en el paso 4(i) debe considerarse si la conducta de las partes es consistente con la asunción de riesgos recogida en los contratos firmados, o si no se han respetado los términos contractuales o son incompletos. Cuando existen diferencias entre los términos contractuales en materia de riesgos y la conducta de las partes que son económicamente significativas y serían tenidas en cuenta por partes independientes a la hora de poner precio a la operación que realizan, la conducta de las partes en el contexto de la coherencia con los términos contractuales debería considerarse la mejor evidencia de la intención de las partes en lo que a la asunción de riesgos se refiere.

1.89 Tomemos como ejemplo a un fabricante, cuya moneda funcional es el dólar estadounidense, que vende productos a un distribuidor asociado en otro país, cuya moneda funcional es el euro, y en el contrato por escrito se estipula que el distribuidor asume todos los riesgos de cambio en relación con esta operación vinculada. No obstante, si el fabricante carga al distribuidor el precio de los artículos de forma prolongada en euros, la moneda del distribuidor, algunos aspectos de los términos del contrato firmado no reflejan las relaciones comerciales o financieras reales entre las partes. La asunción del riesgo en la operación debería determinarse atendiendo a la conducta real de las partes en el contexto de los términos contractuales, en lugar de hacerlo atendiendo a los aspectos de los términos del contrato firmado, que no se han aplicado en la práctica. Este principio se ilustra adicionalmente en el Ejemplo 7 del Anexo al Capítulo VI, donde existe coherencia entre la asunción contractual del riesgo y la conducta de las partes como evidencia la asunción de los costes derivados del desenlace negativo de ese riesgo.

1.90 En el paso 4(ii), debe determinarse si la parte que asume el riesgo en virtud del contrato, teniendo en cuenta si se han aplicado los términos contractuales en la conducta de las partes a tenor del paso 4(i), controla el riesgo y tiene capacidad financiera para asumirlo. Si se mantienen todas las circunstancias enunciadas en el Ejemplo 1, salvo el hecho de que el contrato entre la Sociedad A y la Sociedad B atribuye el riesgo de desarrollo a la Sociedad B, y si no hay evidencia que se desprenda de la conducta de las partes a tenor del paso 4(i) que sugiera que no se está respetando la asignación contractual del riesgo, entonces la Sociedad B contractualmente asume el riesgo de desarrollo, aunque lo cierto sigue siendo que la Sociedad B carece de capacidad para evaluar el riesgo de desarrollo y no decide sobre las actividades de la Sociedad A. La Sociedad B carece de función de toma de decisiones que le permita controlar el riesgo de desarrollo adoptando medidas que afecten a los efectos de dicho riesgo. Basándonos en la información facilitada en el Ejemplo 1, es la Sociedad A la que controla el riesgo de desarrollo. Al determinarse que la parte que asume el riesgo no es la parte que lo controla, hay que proseguir el análisis de acuerdo con el paso 5.

1.91 Si se mantienen las circunstancias del Ejemplo 2, salvo por el hecho de que, mientras el contrato especifica que la Sociedad A asume los riesgos de la cadena de suministro, la Sociedad A no reembolsa a la Sociedad B cuando incumple la obligación de asegurar que las piezas clave estén a tiempo, el análisis en virtud del paso 4(i) mostraría que la asunción contractual del riesgo no se ha respetado en la práctica en lo que respecta a los riesgos de la cadena de suministro, pues es la Sociedad B la que de hecho asume las consecuencias negativas de dichos riesgos. Basándonos en la información facilitada en el Ejemplo 2, la Sociedad B carece de control sobre los riesgos de la cadena de suministro, mientras que la Sociedad A sí que tiene ese control. Así pues, la parte que asume el riesgo según el análisis del paso 4(i) no ejerce el control de dicho riesgo, según el paso 4(ii), y se debe proseguir con el análisis según el paso 5.

1.92 En las circunstancias del Ejemplo 3, el análisis establecido en el paso 4(i) muestra que la asunción del riesgo de utilización por parte de la Sociedad A es consistente con sus acuerdos contractuales con la Sociedad C, pero según el paso 4(ii) resulta que la Sociedad A no controla los riesgos que asume en relación con la inversión y explotación del activo. La Sociedad A carece de función de toma de decisiones que le permita controlar sus riesgos adoptando medidas que afecten a los efectos de dichos riesgos. De conformidad con el paso 4(ii), la parte que asume el riesgo no lo controla, por lo que se debe proseguir con el análisis establecido en el paso 5.

1.93 En algunos casos, el análisis establecido en el paso 3 podría indicar que hay más de una empresa multinacional que controla un riesgo. No obstante, para que se considere que existe control del riesgo se requiere tanto capacidad como desempeño funcional. Por tanto, si son varias las partes con capacidad para controlar el riesgo, pero la entidad que contractualmente lo ha asumido (según el análisis del paso 4(i)) es la única que realmente ejerce el control por su capacidad y desempeño funcional, entonces la parte que contractualmente asume el riesgo también lo controla.

1.94 Asimismo, en algunos casos, puede haber más de una parte de la operación que controle un riesgo concreto. Cuando la empresa asociada que asume el riesgo (según el análisis del paso 4(i)) controla el riesgo de acuerdo con los requisitos establecidos en los párrafos 1.65-1.66, todo lo que queda por hacer en virtud del paso 4(ii) es considerar si la empresa tiene la capacidad financiera para asumir el riesgo. En caso afirmativo, el hecho de que otras empresas asociadas también puedan controlar ese mismo riesgo no afecta a la asunción del mismo por parte de la primera empresa, y no es necesario continuar con el análisis del paso 5.

1.95 Cuando dos o más partes de la operación asumen un riesgo específico (según el análisis del paso 4(i)), y además lo controlan de forma conjunta y ambas tienen capacidad financiera para asumir su parte del riesgo, entonces debe respetarse esa asunción de riesgo. Entre los ejemplos se incluiría la asunción contractual del riesgo de desarrollo en una operación en la que las partes acuerdan conjuntamente soportar los costes de creación de un nuevo producto.

1.96 Si se establece que la empresa asociada que asume el riesgo según el análisis del paso 4(i) no controla el riesgo o bien no tiene capacidad financiera para asumirlo, es necesario realizar el análisis que se describe en el paso 5.

1.97 A la luz de la posible complejidad que puede surgir en algunas circunstancias a la hora de determinar si una empresa asociada que asume un riesgo lo controla, la prueba del control debería considerarse satisfecha cuando puedan identificarse asunciones de riesgos comparables en operaciones no vinculadas comparables. Para que sean comparables, las características económicamente relevantes de las operaciones en las que se producen esas asunciones de riesgos tienen que ser comparables. Si se realiza tal comparación, es especialmente importante establecer que la empresa que asume el riesgo comparable en la operación independiente realice funciones de gestión de riesgos comparables, en lo que al control de ese riesgo se refiere, a las llevadas a cabo por la empresa asociada que asume el riesgo en la operación vinculada. El objeto de la comparación es establecer que una parte independiente que asume un riesgo comparable al asumido por la empresa asociada también realiza funciones de gestión de riesgos comparables a las que lleva a cabo la empresa asociada.

D.1.2.1.5. Paso 5: Asignación del riesgo

1.98 Si en el paso 4(ii) se establece que la empresa asociada que asume el riesgo de acuerdo con los pasos 1-4(i) no ejerce el control del mismo o carece de la capacidad financiera para asumirlo, entonces debe atribuirse el riesgo a la empresa que ejerza el control del mismo y tenga capacidad financiera para asumirlo. Si se identifican varias empresas asociadas que ejercen el control y además tienen capacidad financiera para asumir el riesgo, entonces el riesgo debe atribuirse a la empresa o grupo de empresas asociadas que mayor control ejerzan. Las otras partes que realicen actividades de control deben ser debidamente remuneradas, teniendo en cuenta la importancia de las actividades de control realizadas por cada una de ellas.

1.99 En circunstancias excepcionales, puede darse el caso de que no se pueda identificar a ninguna empresa asociada que controle el riesgo y tenga capacidad financiera para asumirlo. Dado que esta situación rara vez se presentará en operaciones entre partes independientes, habrá que realizar un rigoroso análisis de los hechos y las circunstancias del caso con el fin de identificar las causas y acciones latentes que han conducido a esta situación. Sobre la base de esta evaluación, la administración tributaria determinará qué ajustes hay que realizar para que la operación tenga un resultado de plena competencia. Puede que sea necesario practicar una evaluación de la lógica comercial de la operación según se describe en la Sección D.2.

D.1.2.1.6. Paso 6: Establecimiento del precio de la operación, teniendo en cuenta las consecuencias de la asignación del riesgo

1.100 Siguiendo las pautas contenidas en esta sección, el siguiente paso sería poner precio a la operación definida con precisión de conformidad con las herramientas y los métodos a disposición de los contribuyentes y las administraciones tributarias que se establecen en los siguientes capítulos de estas Directrices y teniendo en cuenta las consecuencias financieras y de otra índole de la asunción del riesgo, y la remuneración de la gestión del riesgo. La asunción de un riesgo debe compensarse de forma adecuada con un rendimiento anticipado y la mitigación del riesgo debe remunerarse debidamente. Así pues, un contribuyente que asume y además mitiga un riesgo tendrá derecho a una remuneración anticipada mayor que otro que sólo asuma o bien sólo mitigue el riesgo, sin realizar ambas funciones.

1.101 En las circunstancias del Ejemplo 1 en el párrafo 1.83, la Sociedad A asume y controla el riesgo de desarrollo y debería soportar las consecuencias económicas del fracaso y disfrutar de las consecuencias económicas del éxito. La Sociedad B debería ser remunerada adecuadamente por la prestación de sus servicios de desarrollo, que incluyen el riesgo de no lograr prestarlos de forma competente.

1.102 En las circunstancias del Ejemplo 2 en el párrafo 1.84, los riesgos significativos asociados con la generación de un rendimiento a partir de actividades de producción los controla la Sociedad A y, por tanto, las consecuencias positivas y negativas de esos riesgos deberían atribuirse a la Sociedad A. La Sociedad B controla el riesgo de no prestar los servicios de forma competente, y su remuneración debe tener en cuenta ese riesgo, así como los costes de financiación de la adquisición de la planta de producción por su parte. Como los riesgos relacionados con la utilización de capacidad del activo los controla la Sociedad A, a ella debe atribuirse el riesgo de infrautilización. Esto significa que las consecuencias económicas relacionadas con la materialización de ese riesgo, incluida la imposibilidad de cubrir los costes fijos, amortizaciones o costes de cierre, deberían atribuirse a la Sociedad A.

1.103 Las consecuencias de la asignación del riesgo en el Ejemplo 3 en el párrafo 1.85 dependen del análisis de funciones realizado en el paso 3. La Sociedad A no controla los riesgos económicamente significativos asociados con la inversión en el activo y su explotación, y esos riesgos deberían estar en consonancia con el control de los mismos por parte de las Sociedades B y C. La contribución funcional de la Sociedad A se limita a la aportación de financiación por un importe equivalente al coste del activo que permite la creación y explotación del activo por parte de las Sociedades B y C. Sin embargo, el análisis funcional también pone en evidencia que la Sociedad A carece de capacidad y autoridad para controlar el riesgo de inversión en el activo financiero. La Sociedad A no tiene capacidad para decidir si asume o declina la oportunidad financiera, ni capacidad para decidir si responde a los riesgos asociados a la oportunidad financiera ni de qué modo hacerlo. La Sociedad A no realiza funciones para evaluar la oportunidad financiera, no determina la prima de riesgo adecuada ni otras cuestiones para establecer el precio adecuado de la oportunidad financiera, y no evalúa la protección adecuada de su inversión financiera. En las circunstancias del Ejemplo 3, la Sociedad A no tendría derecho a nada más que un rendimiento libre de riesgo[4] como medida adecuada de los beneficios que tendría derecho a percibir, dado que carece de capacidad para controlar el riesgo asociado con la inversión en un activo financiero de mayor riesgo. El riesgo se atribuirá a la empresa que tenga el control y la capacidad financiera para asumir el riesgo asociado al activo financiero. En las circunstancias del ejemplo, sería la Sociedad B. La Sociedad A no controla el riesgo de inversión que conlleva una prima de riesgo potencial. Puede que sea necesario realizar una evaluación de la lógica comercial de la operación en los términos descritos en la Sección D.2 teniendo en cuenta todos los hechos y las circunstancias de la operación.

1.104 Las directrices sobre la relación entre la asunción del riesgo en relación con la aportación de financiación y las actividades operativas a las que se destina la financiación se recogen en los párrafos 6.60-6.64. Los conceptos que se reflejan en estos párrafos son igualmente aplicables a las inversiones en activos que no son intangibles.

1.105 Además, cualquier parte tendrá que ser remunerada adecuadamente por sus funciones de control en materia de riesgos. Por lo general, la remuneración se derivará de las consecuencias de la asignación del riesgo, por lo que permitirá disfrutar las consecuencias positivas y soportar las consecuencias negativas. Cuando una parte contribuya al control del riesgo, pero no lo asuma, será adecuado que exista una remuneración en forma de participación en las posibles consecuencias positivas o negativas, de forma proporcional a la contribución al control.

1.106 La diferencia entre el rendimiento a priori y a posteriori que se comenta en particular en la Sección D del Capítulo VI surge, en gran parte, de los riesgos asociados a la incertidumbre de los resultados empresariales futuros. Como se comenta en el párrafo 1.78, la asunción contractual a priori del riesgo debería servir para evidenciar de forma clara el compromiso de asumir el riesgo antes de la materialización del desenlace del riesgo. Una vez realizados los pasos que se exponen en esta sección, el análisis de precios de transferencia establecerá la definición precisa de la operación con respecto al riesgo, incluido el riesgo asociado a un rendimiento no previsto. Una parte que, en virtud de estos pasos, no asume el riesgo, ni contribuye al control de ese riesgo, no tendrá derecho a los beneficios imprevistos (ni será obligado a soportar las pérdidas imprevistas) que se deriven de ese riesgo. En las circunstancias del Ejemplo 3 (véase el párrafo 1.85), esto significaría que ni los beneficios imprevistas ni las pérdidas imprevistas se atribuirán a la Sociedad A. En consecuencia, si el activo del Ejemplo 3 se destruyera de forma imprevista, generando una pérdida imprevista, esa pérdida se atribuiría, a efectos de precios de transferencia, a la sociedad o sociedades que controlan el riesgo de inversión, contribuye al control de ese riesgo y tiene la capacidad financiera para asumirlo, y que tendría derecho a los beneficios o pérdidas imprevistos con respecto al activo. Esa sociedad o sociedades tendrían que compensar a la Sociedad A por el rendimiento que le correspondiera según se describe en el párrafo 1.103.

D.1.3. Características de los bienes o servicios

1.107 Las diferencias en las características específicas de los bienes o servicios explican a menudo, al menos parcialmente, las diferencias en su valor en el mercado libre. En consecuencia, la comparación de estas características puede ser útil para definir la operación y determinar la comparabilidad de las operaciones vinculadas y no vinculadas. Entre las características cuya consideración puede resultar útil se encuentran: en el caso de transmisiones de bienes tangibles, sus características físicas, sus cualidades y su fiabilidad, así como la disponibilidad y el volumen de la oferta; en el caso de la prestación de servicios, la naturaleza y el alcance de los servicios; y en el caso de los activos intangibles, la forma de operación (por ejemplo, la concesión de una licencia o su venta), el tipo de activo (por ejemplo, patente, marca registrada o conocimientos prácticos —*know-how*—), la duración y el grado de protección, y los beneficios previstos derivados de la utilización del bien. En los párrafos 6.116-6.127, se comentan más detenidamente algunas de las características específicas de los activos intangibles que pueden ser importantes en un análisis de comparabilidad en relación con las transmisiones de activos intangibles o derechos en activos intangibles.

1.108 Dependiendo del método de precios de transferencia aplicado, debe concedérsele mayor o menor importancia a este factor. Entre los métodos descritos en el Capítulo II de estas Directrices, la exigencia de comparabilidad de los bienes o servicios es más estricta para el método del precio libre comparable. Conforme a este método, toda diferencia significativa en las características de los bienes o servicios puede afectar al precio por lo que exige la consideración de un ajuste (véase en concreto el párrafo 2.15). En la aplicación de los métodos del precio de reventa y del coste incrementado, algunas diferencias en las características de los bienes o servicios tienen menos probabilidades de afectar de forma sustancial al margen de beneficio bruto o al margen del coste incrementado (véanse en concreto los párrafos 2.23 y 2.41). Las diferencias en las características de los bienes o servicios tienen también menos incidencia en el caso de los métodos basados en el beneficio que en el de los métodos tradicionales (véase en concreto el párrafo 2.69). Esto no significa, no obstante, que pueda ignorarse la cuestión de la comparabilidad de las características de los bienes o servicios al aplicar estos métodos, porque puede ocurrir que las diferencias en los productos conlleven o sean el resultado del desarrollo de las funciones, el uso de los activos o la asunción de riesgos por la parte objeto de análisis. Véanse los párrafos 3.18-3.19 donde se trata el concepto de parte analizada.

1.109 Se ha observado en la práctica que el análisis de comparabilidad para los métodos basados en los indicadores de beneficio netos o brutos suele hacer más hincapié en las similitudes de las funciones que en las de los productos. Dependiendo de los hechos y circunstancias del caso, puede aceptarse la ampliación del ámbito de comparabilidad para incluir operaciones no vinculadas relacionadas con productos diferentes, pero en las que se desarrollan funciones similares. No obstante, la aceptación de este criterio depende del efecto que provoquen las diferencias en la fiabilidad de la comparación y de si se dispone o no de más datos fiables. Antes de ampliar la búsqueda para incluir un mayor número de operaciones no vinculadas potencialmente comparables por razón del desarrollo de funciones similares, debe considerarse si es probable que tales operaciones constituyan comparables fiables para la operación vinculada.

D.1.4. Circunstancias económicas

1.110 Los precios de plena competencia pueden variar entre mercados diferentes incluso para operaciones referidas a unos mismos bienes o servicios; por tanto, para lograr la comparabilidad se requiere que los mercados en que operan las empresas independientes y las asociadas no presenten diferencias que incidan significativamente en los precios, o que se puedan realizar los ajustes apropiados. Como primer paso, resulta esencial identificar el mercado o los mercados considerando los bienes y servicios alternativos disponibles. Las circunstancias económicas que pueden ser relevantes para determinar la comparabilidad de los mercados son: su localización geográfica; su dimensión; el grado de competencia y la posición competitiva relativa de compradores y vendedores; la disponibilidad (el riesgo) de bienes y servicios alternativos; los niveles de oferta y demanda en el mercado en su totalidad, así como en determinadas zonas, si son relevantes; el poder adquisitivo de los consumidores, la naturaleza y alcance de la reglamentación del mercado; los costes de producción, incluyendo los costes de la tierra, del trabajo y del capital; los costes de transporte; el nivel de mercado (por ejemplo, venta al por menor o al por mayor); la fecha y el momento de la operación, etc. Los hechos y circunstancias del caso concreto determinarán si las diferencias en las circunstancias económicas inciden significativamente sobre el precio, y si pueden realizarse ajustes razonablemente precisos para eliminar los efectos de tales diferencias. En la Sección D.6 de este Capítulo se recogen pautas más detalladas sobre la importancia del análisis de comparabilidad de las características de los mercados locales, sobre todo de las características de los mercados locales que generan economías de localización.

1.111 La existencia de un ciclo (económico, comercial o del producto) es una las circunstancias económicas que debería identificarse. Véase el párrafo 3.77 en relación con el uso de datos plurianuales en los que se observan ciclos.

1.112 El mercado geográfico es otra circunstancia económica que debería identificarse. La identificación del mercado relevante es una cuestión de hecho. Para un cierto número de sectores, los grandes mercados regionales que incluyen a más de un país pueden resultar razonablemente homogéneos, mientras que para otros, las diferencias entre los mercados nacionales (e incluso dentro de un único mercado nacional) son muy significativas.

1.113 En los casos en los que un grupo multinacional realice operaciones vinculadas similares en diversos países y las situaciones económicas de estos países sean efectivamente homogéneas, puede resultar apropiado que este grupo multinacional recurra a un análisis de comparabilidad multi-país a fin de justificar su política en materia de precios de transferencia en ese grupo de países. Sin embargo, existen también numerosas situaciones en las que un grupo multinacional ofrece gamas de productos o de servicios significativamente distintos en cada uno de esos países, o desarrolla funciones también significativamente distintas en cada uno de ellos (utilizando activos y asumiendo riesgos significativamente distintos), o situaciones en las que las estrategias empresariales o las circunstancias económicas son significativamente distintas. En estos casos, el criterio multi-país puede reducir la fiabilidad del análisis.

D.1.5. Estrategias empresariales

1.114 También es necesario examinar las estrategias empresariales al definir la operación y determinar la comparabilidad a efectos de precios de transferencia. Las estrategias empresariales atienden un gran número de aspectos propios de la empresa, como pueden ser la innovación y el desarrollo de nuevos productos, el grado de diversificación, la aversión al riesgo, el análisis de los cambios políticos, la incidencia de las leyes laborales vigentes y en proyecto, la duración de los acuerdos, así como cualesquiera otros factores que influyen en la gestión cotidiana de la empresa. Puede ser necesario tener en cuenta estas estrategias empresariales al determinar la comparabilidad entre operaciones vinculadas y no vinculadas, y entre empresas asociadas e independientes.

1.115 Entre las estrategias empresariales también pueden incluirse las modalidades de penetración de mercados. Un contribuyente que intenta penetrar en un mercado, o incrementar su cuota de participación en el mismo, podría facturar temporalmente sus productos con precios inferiores a los cobrados por cualquier otro producto comparable en el mismo mercado. Más aun, cualquier contribuyente que pretenda entrar en un mercado o aumentar (o proteger) su cuota de participación en el mismo podría, temporalmente, incurrir en costes mayores (por ejemplo, debido a costes de inicio de la actividad o al aumento de su presupuesto para comercialización) obteniendo por tanto unos niveles de beneficio inferiores a los de otros contribuyentes que operan en el mismo mercado.

1.116 El marco temporal puede crear problemas concretos a las administraciones tributarias a la hora de valorar si el contribuyente sigue una estrategia empresarial que le diferencia respecto de otras empresas potencialmente comparables. Algunas de estas estrategias, como las que se refieren a la penetración en mercados, o al aumento de cuotas de participación en el mismo, implican la reducción de los beneficios actuales del contribuyente en previsión del aumento de beneficios en el futuro. Si en el futuro no se logra ese incremento en los beneficios porque el contribuyente no siguió la estrategia empresarial propuesta, para lograr un resultado acertado en este sentido habría que realizar un ajuste de los precios de transferencia. Sin embargo, es posible que ciertos imperativos legales impidan a las administraciones tributarias proceder a una nueva comprobación de los períodos impositivos anteriores. Al menos en parte por esta razón, las administraciones tributarias tal vez quieran someter la cuestión de las estrategias empresariales a un examen particular.

1.117 A la hora de valorar si un contribuyente sigue una estrategia empresarial por la que temporalmente obtiene beneficios menores en espera de mejores resultados a largo plazo, deben considerarse diversos factores. Las administraciones tributarias deben examinar el comportamiento de las partes para determinar si es consecuente con la estrategia empresarial declarada. Por ejemplo, si un fabricante factura a su distribuidor asociado un precio inferior al normal de mercado como parte de su estrategia de penetración en el mismo, el ahorro de costes del distribuidor debería reflejarse en el precio facturado a sus propios clientes o en la incursión en mayores costes destinados a la introducción en el mercado. La estrategia de penetración en el mercado de un grupo multinacional pueden llevarla a la práctica el fabricante o el distribuidor, que actúa con independencia del fabricante (pudiendo cualquiera de ellos soportar el coste), o ambos actuando de forma coordinada. Además, una estrategia de penetración de mercado o de aumento de la cuota de participación en el mismo va acompañada, con frecuencia, de intensos esfuerzos de mercadotecnia y publicidad. Otro factor que debe considerarse es si la naturaleza de las relaciones entre las partes en la operación vinculada es consistente con la situación del contribuyente que soporta los costes de la estrategia empresarial. Por ejemplo, en condiciones de plena competencia, una sociedad que actúa únicamente como agente de ventas, con poca o ninguna responsabilidad sobre su evolución en el mercado a largo plazo, normalmente no soportaría los costes de las estrategias utilizadas para introducirse en él. Cuando una sociedad emprenda actividades de desarrollo de mercado asumiendo el riesgo, y aumente el valor de un producto a través de una marca o un nombre comercial, o incremente el fondo de comercio asociado a ese producto, esta circunstancia deberá reflejarse en el análisis de funciones realizado a los efectos de determinar la comparabilidad.

1.118 Otro aspecto que habría que considerar es si existe una expectativa razonable de obtener unos ingresos suficientes que justifiquen los costes incurridos con dicha estrategia empresarial en un plazo que sería aceptable en una operación en plena competencia. Se admite que una estrategia empresarial dirigida a la introducción en un mercado puede ser infructuosa sin que este fracaso deba conducir a que se ignore a los efectos de la determinación del precio de transferencia. Sin embargo, cabe dudar de la condición de plena competencia de la estrategia si dicho resultado esperado no es factible en el momento en que se realiza la operación, o si la estrategia empresarial alegada es un fracaso y, a pesar de ello, sigue utilizándose más allá de lo que una empresa independiente aceptaría, en cuyo caso sería oportuno ajustar los precios de transferencia. Las administraciones tributarias tal vez deseen considerar las estrategias empresariales practicadas en el país en que se desarrollan para determinar el plazo que sería aceptable para una empresa independiente. Sin embargo, la consideración más importante, en definitiva, es si sería razonable esperar que la estrategia en cuestión resulte rentable en un futuro previsible (aun reconociendo que la estrategia pudiera fracasar) y si un tercero que operase en condiciones de plena competencia hubiera estado dispuesto a renunciar a una determinada rentabilidad durante un período similar en las mismas circunstancias económicas y condiciones de competencia.

D.2. Reconocimiento de la operación definida con precisión

1.119 Tras las pautas recogidas en la sección anterior, el análisis de precios de transferencia habrá identificado la sustancia de las relaciones comerciales o financieras entre las partes y habrá definido con precisión la operación real mediante el análisis de los atributos económicos fundamentales.

1.120 Al realizar el análisis, se podrá haber deducido la operación real entre las partes de los contratos firmados y de su conducta. Se podrán haber aclarado y complementado las condiciones formales reconocidas en los contratos con el análisis de la conducta de las partes y del resto de atributos económicos fundamentales de la operación (véase la Sección D.1.1). Cuando los atributos económicos fundamentales de la operación no coincidan con los contratos firmados, habrá que definir la operación real a partir de lo que se desprende del comportamiento de las partes. Tendrán que examinarse la asunción contractual del riesgo y la conducta efectiva frente a la misma teniendo en cuenta el control del riesgo (según se define en los párrafos 1.65-1.69) y la capacidad financiera para asumirlo (según se define en el párrafo 1.64) y, por consiguiente, los riesgos asumidos contractualmente podrán atribuirse en función de la conducta de las partes y otros hechos según los pasos 4 y 5 del proceso de análisis del riesgo en una operación vinculada, como se expone en las Secciones D.1.2.1.4 y D.1.2.1.5. Por todo ello, el análisis habrá establecido la sustancia de hecho de las relaciones comerciales o financieras entre las partes y habrá definido la operación real con precisión.

1.121 Debe ponerse el máximo empeño en determinar los precios de la operación real tal y como ha sido definida con precisión al tenor del principio de plena competencia. Las distintas herramientas y metodologías que obran a disposición de administraciones tributarias y contribuyentes para ello se enuncian en los siguientes capítulos de estas Directrices. Las administraciones tributarias no deberían ignorar la operación real o sustituirla por otras, salvo que apliquen las circunstancias excepcionales que se describen en los siguientes párrafos 1.122-1.125.

1.122 En esta sección se describen las circunstancias en las que la operación entre las partes tal y como ha sido definida con precisión puede ser ignorada a efectos de precios de transferencia. Dado que el rechazo puede ser controvertido y motivo de doble imposición, se debería hacer todo lo posible por determinar la naturaleza real de la operación y aplicar precios de plena competencia a la operación definida con precisión, y para asegurar que no se utiliza el rechazo simplemente por la dificultad que conlleva calcular tales precios. Cuando puede observarse la misma operación entre partes independientes en circunstancias comparables (es decir, cuando todas las características económicamente relevantes son las mismas que aquellas en las que se produce la operación analizada, salvo por el hecho de que las partes son empresas asociadas), el rechazo no sería aplicable. Y lo que es más importante, el mero hecho de que no pueda verse la operación entre partes independientes no significa que no deba reconocerse. Las empresas asociadas pueden celebrar una variedad de acuerdos mucho más amplia que las que son independientes y pueden realizar operaciones de índole específica que no se dan, o sólo se dan muy rara vez, entre partes independientes, y lo hacen por sólidos motivos empresariales. La operación definida con precisión puede ignorarse y, en su caso, sustituirse por otra operación alternativa cuando los acuerdos alcanzados en relación con la operación, considerados en su totalidad, difieren de los que habrían adoptado empresas independientes comportándose con lógica comercial en circunstancias comparables, impidiendo así que se determine un precio aceptable para ambas partes teniendo en cuenta las perspectivas y las opciones realmente disponibles de cada una de ellas en el momento de celebrarse la operación. Otro punto que también es importante considerar es si la posición del grupo de empresas multinacionales en su conjunto es peor antes de impuestos, ya que esto podría indicar que la operación considerada en su totalidad carece de la lógica comercial propia de los acuerdos entre partes independientes.

1.123 La cuestión clave en el análisis es si la operación real tiene la lógica comercial de los acuerdos que firmarían partes independientes en circunstancias económicas comparables, no si puede observarse esa misma operación entre partes independientes. El rechazo de una operación que posee la lógica comercial de un acuerdo de plena competencia no se atiene a la correcta aplicación del principio de plena competencia. Reestructurar operaciones empresariales legítimas sería un ejercicio totalmente arbitrario cuya falta de equidad podría agravarse con la doble imposición creada allí donde la otra administración tributaria no compartiera la misma postura en cuanto al modo en que debería estar estructurada la operación. Cabe destacar una vez más que el mero hecho de que no pueda verse la operación entre partes independientes no significa que carezca de las características de un acuerdo de plena competencia.

1.124 La estructura sustitutiva de la adoptada por el contribuyente a efectos de precios de transferencia debería comportarse del modo más parecido posible a la realidad comercial de la transacción y, al mismo tiempo, alcanzar el resultado previsto dentro de la lógica comercial, permitiéndoles acordar un precio aceptable para ambas en el momento de suscribir el acuerdo.

1.125 El criterio para el rechazo puede ilustrarse con los siguientes ejemplos.

Ejemplo 1

1.126 La Sociedad S1 se dedica a un negocio de fabricación que conlleva un alto nivel de existencias y una inversión sustancial en planta y maquinaria. Posee un inmueble comercial situado en una zona propensa a inundaciones frecuentes en los últimos años. Las aseguradoras independientes perciben gran incertidumbre en relación con la exposición a grandes siniestros, lo que conduce a que no exista un mercado activo para el aseguramiento de inmuebles en la zona. La Sociedad S2, una empresa asociada, ofrece un seguro a la Sociedad S1, que paga una prima anual que representa el 80% del valor de los inventarios, los bienes y el contenido. En este ejemplo, la Sociedad S1 ha suscrito una operación que carece de lógica comercial ya que no hay un mercado para ese seguro dada la probabilidad de que se produzcan importantes siniestros, y ni la reubicación ni el aseguramiento pueden ser alternativas realistas más atractivas. Como la operación carece de lógica comercial, no hay un precio aceptable ni para la Sociedad S1 ni para la Sociedad S2 desde su punto de vista individual.

1.127 En virtud de las pautas recogidas en esta sección, la operación debería rechazarse. Se considera que la Sociedad S1 no ha adquirido un seguro y sus beneficios no se reducen por el pago a la Sociedad S2, y además la Sociedad S2 no ha emitido una póliza de seguro, por lo que no puede ser responsable en caso de siniestro.

Ejemplo 2

1.128 La Sociedad S1 realiza actividades de desarrollo para crear intangibles que utiliza para crear nuevos productos que puede fabricar y vender. Acuerda transmitir a una empresa asociada, la Sociedad S2, derechos ilimitados en todos los intangibles que puedan surgir en el futuro de su trabajo durante un período de veinte años por un pago global. El acuerdo carece de lógica comercial para cualquiera de las partes, ya que ni la Sociedad S1 ni la Sociedad S2 tienen una forma fiable de determinar si el pago refleja un valor adecuado, por una parte porque no existe certeza con respecto al abanico de actividades de desarrollo que la Sociedad S1 podría llevar a cabo durante ese período y, por otra, porque valorar los efectos potenciales sería pura especulación. Según las pautas expuestas en esta sección, la estructura del acuerdo adoptado por el contribuyente, incluido el medio de pago, deberían modificarse a efectos del análisis de precios de transferencia. La estructura sustitutiva debería guiarse por los atributos de importancia económica, incluidas las funciones desempeñadas, los activos utilizados y los riesgos asumidos, de las relaciones comerciales o financieras de las empresas asociadas. Esos hechos reducirían el abanico de posibles estructuras sustitutivas a la estructura más consistente con los hechos del caso (por ejemplo, dependiendo de esos hechos el acuerdo podría reestructurarse como la provisión de financiación por parte de la Sociedad S2, o como la prestación de servicios de investigación por parte de la Sociedad S1, o, si pueden identificarse intangibles específicos, como licencia con condiciones de pago contingente para el desarrollo de esos intangibles específicos, teniendo en cuenta las pautas sobre intangibles de difícil valoración, si procede).

D.3. Pérdidas

1.129 Cuando una empresa asociada incurre en pérdidas constantemente mientras que el grupo multinacional en su conjunto es rentable, cabe plantearse realizar un examen especial en lo relativo a la determinación de los precios de transferencia. Naturalmente, las empresas asociadas, lo mismo que las empresas independientes, pueden sufrir pérdidas reales, ya sea debido a altos costes de inicio de actividad, a circunstancias económicas desfavorables, a ineficiencias o a otras razones comerciales legítimas. Sin embargo, una empresa independiente no estaría dispuesta a soportar pérdidas indefinidamente. Una empresa independiente que incurriera en pérdidas recurrentes cesaría en algún momento sus actividades. Por el contrario, una empresa asociada que arroja pérdidas puede continuar su actividad si esta beneficia al grupo multinacional en su conjunto.

1.130 El hecho de que una empresa que incurra en pérdidas realice negocios con otros miembros rentables de su grupo multinacional podría sugerir a los contribuyentes o a las administraciones tributarias la necesidad de examinar los precios de transferencia. Puede ser que la empresa con pérdidas no esté siendo retribuida adecuadamente por el grupo multinacional del que forma parte teniendo en cuenta los beneficios derivados de sus actividades. Por ejemplo, un grupo multinacional puede necesitar la producción de toda una línea de productos o servicios si quiere seguir siendo competitiva y obtener un beneficio global, pero puede ocurrir que alguna línea concreta de productos sea habitualmente deficitaria. Un miembro del grupo multinacional podría tener pérdidas continuas porque produce todos los productos deficitarios, mientras que otros miembros del mismo fabrican los productos generadores de beneficios. Una empresa independiente prestaría dicho servicio sólo si estuviera retribuida adecuadamente. En consecuencia, una forma de afrontar este problema de determinación de precios de transferencia consistiría en considerar que la empresa deficitaria recibe la misma remuneración por servicios que la que obtendría una empresa independiente conforme al principio de plena competencia.

1.131 Un factor que hay que considerar en el análisis de las pérdidas es la diferencia que puede existir entre las estrategias empresariales de los distintos grupos multinacionales por varias razones de orden histórico, económico y cultural. Puede ser que las pérdidas recurrentes durante un período razonable estén justificadas, en algunos casos, por el desarrollo de una estrategia empresarial consistente en fijar precios especialmente bajos para lograr la penetración en el mercado. Por ejemplo, un productor podrá bajar los precios de sus productos, incluso hasta el punto de incurrir en pérdidas temporalmente, para poder entrar en nuevos mercados, incrementar su cuota en mercados ya existentes, introducir nuevos productos o servicios, o desalentar a posibles competidores. Aun así, unos precios especialmente bajos sólo serían soportables durante un período limitado, con el objetivo concreto de mejorar los resultados a largo plazo. Si la estrategia de precios se prolonga más allá de un período razonable, resultaría procedente un ajuste de precios de transferencia, en particular cuando los datos comparables de varios años muestran que se ha incurrido en pérdidas durante un período más largo del que soportan las empresas independientes comparables. Más aun, las administraciones tributarias no deberían aceptar precios especialmente bajos (por ejemplo, determinaciones de precios iguales al coste marginal en una situación de capacidad de producción infrautilizada) como precios de plena competencia, salvo que pudiera esperarse que empresas independientes hubieran determinado sus precios de forma comparable.

D.4. Efecto de políticas gubernamentales

1.132 Hay algunas situaciones en las que los contribuyentes considerarán que el precio de plena competencia debe ajustarse a fin de reflejar ciertas intervenciones estatales, como puedan ser los controles de precios (incluidos los recortes en los precios), controles de tasas de interés, en los pagos de servicios u honorarios de dirección, en los pagos en concepto de regalías, subsidios a determinados sectores, controles de cambio, derechos *anti-dumping* o políticas de los tipos de cambio. Como regla general, estas intervenciones de los poderes públicos deben tratarse como factores del mercado de un determinado país y, en condiciones normales, se tendrán en cuenta en la determinación de los precios de transferencia del contribuyente en ese mercado. Lo que hay que dilucidar, a la luz de esos factores, es si las operaciones emprendidas por las empresas asociadas son consistentes con las efectuadas entre empresas independientes.

1.133 Se plantea la cuestión de determinar el momento en el que un control en los precios afecta al precio de un producto o servicio. Con frecuencia, la incidencia directa se producirá en el precio final para el consumidor pero, aun así, puede producirse algún efecto en los precios pagados en fases anteriores durante el suministro de productos al mercado. En la práctica puede ocurrir que las multinacionales no realicen ajustes en sus precios de transferencia que reflejen la existencia de esos controles, dejando que sea el vendedor final quien padezca las consecuencias de las posible reducciones de beneficios, o que carguen precios que de alguna manera permitan distribuir esa carga entre el vendedor final y el proveedor intermediario. Debe considerarse si un proveedor independiente hubiera compartido o no los costes derivados de un control de precios y si una empresa independiente hubiera buscado una línea de productos alternativa u otras oportunidades empresariales. En este sentido, no parece posible que una empresa independiente estuviera preparada para producir, distribuir o proveer de otra forma productos o servicios en condiciones tales que no le hubieran reportado beneficios. Sin embargo, es obvio que un país con controles en los precios debe tener en cuenta que esos controles afectarán a los beneficios que pueden obtener las empresas que venden bienes sujetos a ellos.

1.134 Se plantea un problema peculiar cuando un país impide o "bloquea" el pago de un importe debido por una empresa asociada a otra o que, en un acuerdo en condiciones de plena competencia, hubiera facturado una empresa asociada a otra. Por ejemplo, los controles de cambio pueden impedir efectivamente que una empresa asociada transmita pagos de intereses al exterior, derivados de un préstamo concedido por otra empresa asociada situada en otro país. Esta circunstancia puede valorarse de manera diferente en los dos países involucrados: el del prestatario puede considerar o no que los intereses no transmitidos se han pagado, y el del prestamista puede considerar o no que éste los haya recibido. Como regla general, cuando la intervención de los poderes públicos se aplica por igual a operaciones entre empresas asociadas y entre empresas independientes (tanto de hecho como de derecho), la cuestión, cuando surge entre empresas asociadas, debe abordarse de la misma manera a efectos fiscales que cuando se plantea respecto de operaciones entre empresas independientes. En el caso de que la intervención pública se aplique sólo a operaciones entre empresas asociadas, no hay una solución sencilla. Quizás una forma de afrontar el problema sea aplicar el principio de plena competencia considerando la intervención como un factor que afecta a las condiciones de la operación. Los convenios internacionales podrían abordar expresamente las soluciones a disposición de los co-signatarios del convenio cuando se den estas circunstancias.

1.135 Este análisis plantea como dificultad el que, con frecuencia, las empresas independientes no concertarían operaciones en las que los pagos estuvieran bloqueados.

Ocasionalmente, una empresa independiente puede verse envuelta en una operación de tal naturaleza, posiblemente porque la intervención estatal se imponga tras la concertación del acuerdo. Pero parece poco probable que una empresa independiente desee someterse a tan alto riesgo de impago de productos suministrados, o de servicios prestados, suscribiendo un acuerdo cuando ya existan rígidas medidas de intervención gubernamental, salvo que los beneficios previstos o la remuneración que espera recibir la empresa independiente de la estrategia empresarial propuesta sean suficientes para generar un rendimiento aceptable, a pesar de la existencia de la intervención estatal que pueda afectar a los pagos.

1.136 Dado que las empresas independientes no concertarían operaciones sujetas a intervenciones estatales, no se sabe con certeza cómo debería aplicarse el principio de plena competencia. Una posibilidad es tratar el pago como si hubiera sido efectuado entre las empresas asociadas, suponiendo que una empresa independiente en circunstancias similares hubiera insistido en que el pago se efectuase por otros medios. Desde esta perspectiva, se trataría a la parte a la que se le debe el pago que está bloqueado como si estuviera prestando un servicio al grupo multinacional. Otra opción, posible en algunos países, sería diferir tanto la renta como los gastos relevantes del contribuyente. Dicho de otro modo, la parte a la que se debe el pago bloqueado no podrá deducir gastos, como los costes financieros adicionales, hasta que no se realice el pago bloqueado. La preocupación de las administraciones tributarias en estas situaciones radica básicamente en sus respectivas bases imponibles. Si una empresa asociada reclama una deducción en el cálculo del impuesto por un ingreso bloqueado, entonces debe contabilizarse la renta correspondiente en la otra parte. En cualquier caso, no se debería permitir que un contribuyente tratara los pagos bloqueados debidos por una empresa asociada de forma diferente que los pagos bloqueados debidos por una empresa independiente.

D.5. Utilización del valor de aduanas

1.137 Con carácter general, el principio de plena competencia se aplica por muchas administraciones de aduanas como principio para comparar el valor atribuible a bienes importados por empresas asociadas, que puede estar afectado por la relación especial existente entre ellas, y el valor de bienes similares importados por empresas independientes. Los métodos de valoración a los efectos de aduanas pueden no coincidir con los métodos de determinación de precios de transferencia de la OCDE. Una vez aclarado esto, los valores de aduana pueden resultar útiles a las administraciones tributarias en la evaluación de la condición de plena competencia del precio de transferencia de la operación vinculada, y viceversa. En particular, las autoridades aduaneras dispondrán de documentación contemporánea relativa a la operación, que puede ser relevante en el examen de los precios de transferencia, especialmente si la ha elaborado el contribuyente, a la vez que las autoridades fiscales pueden disponer de información detallada sobre las circunstancias de la operación.

1.138 Los contribuyentes pueden tener motivaciones contrarias al fijar los valores a efectos aduaneros y fiscales. En general, un contribuyente que importa bienes puede estar interesado en fijar un precio bajo para la operación a fin de que los derechos de aduana también lo sean (las mismas consideraciones podrían surgir respecto de los impuestos sobre el valor añadido, los impuestos sobre ventas y los impuestos especiales). Sin embargo, a efectos fiscales, el pago de un precio más alto por los mismos bienes incrementaría los gastos deducibles en el país de importación (si bien esto podría aumentar igualmente el volumen de ventas del vendedor en el país de exportación). La cooperación entre administraciones tributarias y aduaneras dentro de un país para evaluar los precios de transferencia es cada vez más frecuente, y debería ayudar a reducir el número de casos en los que la valoración en aduana no es aceptable a efectos fiscales o viceversa. Sería particularmente provechosa una mayor cooperación en el área del intercambio de información, y no debería ser difícil de conseguir en aquellos países en los que han integrado la administración de los impuestos sobre la renta y de los derechos de aduana. Los países que tienen administraciones separadas podrían considerar la modificación de las normas relativas al intercambio de información, de tal manera que esta pueda fluir con mayor facilidad entre las distintas administraciones.

D.6. Economías de localización y otras características de los mercados locales

1.139 En los párrafos 1.110, 1.112 y 6.120 se indica que las características de los mercados geográficos en los que se realizan las operaciones de negocio pueden afectar a la comparabilidad y a los precios de plena competencia. Pueden surgir dificultades al evaluar las diferencias entre los mercados geográficos y de determinar los ajustes de comparabilidad. Estas dificultades pueden referirse a la consideración de las economías de costes atribuibles a operar en un mercado concreto. Estas economías a menudo se denominan economías de localización. En otras situaciones, pueden surgir cuestiones de comparabilidad relacionadas con la consideración de las ventajas y los inconvenientes del mercado local que podrían no estar relacionadas directamente con las economías de localización.

D.6.1. Economías de localización

1.140 En los párrafos 9.148-9.153 se aborda el tratamiento de las economías de localización en el contexto de una reestructuración de negocios. Los principios que se describen en esos párrafos serán aplicables en términos generales a todas las situaciones en las que se presenten economías de localización, no sólo en el caso de una reestructuración de negocios.

1.141 De conformidad con las pautas recogidas en los párrafos 9.148-9.153, al determinar el modo en que se distribuyen las economías de localización entre dos o más empresas asociadas, es necesario considerar (i) si existen economías de localización, (ii) el importe de cualquier economía de localización, (iii) la medida en que dichas economías de localización son mantenidas por uno o varios miembros del grupo de empresas multinacionales o son repercutidas a clientes o proveedores independientes, y (iv) cuando las economías de localización no se repercuten íntegramente a clientes o proveedores independientes, el modo en que las empresas independientes que operan en circunstancias similares asignarían cualquier economía de localización neta mantenida.

1.142 Cuando el análisis funcional muestra que existen economías de localización que no se repercuten a los clientes o proveedores, y cuando pueden identificarse entidades y operaciones comparables en el mercado local, esos comparables del mercado local serán la indicación más fiable sobre cómo deberían asignarse las economías netas de localización entre dos o más empresas asociadas. Así, cuando existen comparables fiables en el mercado local y pueden utilizarse para identificar los precios de plena competencia, no debería ser preciso realizar ajustes de comparabilidad específicos.

1.143 Cuando no existen comparables fiables en el mercado local, la determinación de la existencia y asignación de las economías de localización entre los miembros de un grupo de empresas multinacionales, así como cualquier ajuste de comparabilidad necesario para tener en cuenta las economías de localización, debería basarse en un análisis de todos los hechos y las circunstancias relevantes, lo que incluye las funciones desempeñadas, los riesgos asumidos y los activos utilizados de las empresas asociadas en cuestión, según se describe en los párrafos 9.148-9.153.

D.6.2. Otras características de los mercados locales

1.144 Las características del mercado en el que tienen lugar las operaciones empresariales pueden incidir en el precio de plena competencia con respecto a las operaciones entre empresas asociadas. Mientras algunas características pueden dar lugar a economías de localización, otras pueden generar problemas de comparabilidad no directamente relacionados con tales economías. Por ejemplo, el análisis funcional y de comparabilidad realizado en relación con un aspecto concreto puede sugerir que las características en cuestión del mercado geográfico en el que se fabrican o se venden los productos, el poder adquisitivo y las preferencias de producto de las familias en ese mercado, ya esté en expansión o en recesión, el grado de competencia del mercado y otros factores similares afectan a los precios y permiten la materialización de márgenes en el mercado. De forma análoga, el análisis funcional y de comparabilidad realizado en relación con un aspecto concreto puede sugerir que la disponibilidad relativa de una infraestructura nacional local, la disponibilidad relativa de un colectivo de trabajadores formados o preparados, la proximidad con mercados rentables y otras características similares en un mercado geográfico en el que se opera generan ventajas o desventajas en el mercado que deberían tenerse en consideración. Deberían practicarse ajustes de comparabilidad oportunos para dar cuenta de estos factores cuando puedan identificarse ajustes fiables que mejoren la comparabilidad.

1.145 Al valorar si se precisan ajustes de comparabilidad para esas características del mercado, el enfoque más fiable será referirse a los datos de operaciones no vinculadas comparables en ese mercado geográfico entre empresas independientes que realicen funciones similares, asumiendo riesgos similares y utilizando activos similares. Estas operaciones se llevan a cabo en las mismas condiciones de mercado que la operación vinculada y, en consecuencia, cuando pueden identificarse operaciones comparables en el mercado local, no debería ser necesario practicar ajustes específicos para características del mercado local.

1.146 Cuando no pueden identificarse comparables razonablemente fiables en el mercado local, debería contemplarse realizar los oportunos ajustes de comparabilidad para las características del mercado local con respecto a todos los hechos y las circunstancias relevantes. Como con las economías de localización, cada vez que no se puedan identificar comparables fiables en el mercado local, hay que considerar (i) si existe una ventaja o desventaja de mercado, (ii) el importe de cualquier aumento o disminución en los ingresos, costes o beneficios, frente a los de los comparables identificados de otros mercados, que sea atribuible a la ventaja o desventaja del mercado local, (iii) el grado de repercusión de los beneficios o las cargas de las características del mercado local a los consumidores o proveedores independientes, y (iv) cuando existan beneficios o cargas atribuibles a características del mercado local y no se repercutan íntegramente a los clientes o proveedores independientes, el modo en que empresas independientes que operaran en circunstancias similares asignarían esos beneficios o cargas netas entre ellas.

1.147 La necesidad de realizar ajustes de comparabilidad con respecto a las características del mercado local cuando no se pueden identificar comparables razonablemente fiables en el mercado local puede surgir en diferentes contextos. En algunas circunstancias, las ventajas o desventajas de mercado puede afectar a los precios de plena competencia de los artículos transferidos o los servicios prestados entre las empresas asociadas.

1.148 En otras circunstancias, una reestructuración de negocios o la transferencia de intangibles entre empresas asociadas posibilitarían que una parte de la operación obtuviera el beneficio de una ventaja en el mercado local o tuviera que asumir la carga de una desventaja en el mercado local de una forma que no hubiera sido posible si no hubiera existido la reestructuración de negocios o la transferencia de intangibles. En tales circunstancias, la previsible existencia de ventajas y desventajas en el mercado local podría afectar a los precios de plena competencia pagados en relación con la reestructuración de negocios o la transferencia de intangibles.

1.149 Al realizar el análisis de precios de transferencia, es importante distinguir entre características del mercado local, que no son intangibles, y cualquier derecho contractual, licencia pública o conocimientos técnicos (*know-how*) necesarios para explotar ese mercado, que pueden ser intangibles. Dependiendo de las circunstancias, estos tipos de intangibles podrán tener un valor sustancial que debería ser tenido en cuenta en el análisis de precios de transferencia tal y como se describe en el Capítulo VI, incluidas las pautas para la remuneración a las entidades por sus funciones, activos y riesgos asociados en el desarrollo de intangibles que se recogen en el Capítulo VI. Sección B. En algunas circunstancias, los derechos contractuales y las licencias gubernamentales pueden limitar el acceso de la competencia a un mercado dado, por lo que podrían afectar al modo de compartir las consecuencias económicas de las características de los mercados locales las partes de una operación determinada. En otras circunstancias, los derechos contractuales o las licencias gubernamentales para acceder a un mercado pueden estar al alcance de muchos o todos los posibles nuevos competidores con escasa restricción.

1.150 Por ejemplo, un país puede exigir la obtención de una licencia regulatoria como requisito previo al desarrollo de actividades de gestión de inversiones en el país y puede restringir el número de empresas extranjeras al que concede esas licencias. El análisis funcional y de comparabilidad puede indicar que para obtener esa licencia hay que demostrar a las autoridades públicas oportunas que el proveedor de servicios cuenta con los niveles de experiencia y capital necesarios para desarrollar esa actividad de forma respetable. También es posible que el mercado al que corresponde esa licencia tenga características únicas. Por ejemplo, podría ser un mercado en el que la estructura de los planes de pensiones y seguros den lugar a grandes concentraciones de efectivo, a la necesidad de diversificar las inversiones internacionalmente y, como consecuencia, a una elevada demanda de servicios de gestión de inversiones de alta calidad y conocimientos de los mercados financieros internacionales que tornen muy lucrativa la prestación de dichos servicios. El análisis de comparabilidad también puede sugerir que esas características del mercado local pueden incidir en el precio que puede aplicarse a determinados tipos de servicios de gestión de inversiones y en los márgenes de beneficio que podrían derivarse de la prestación de dichos servicios. En estas circunstancias, el intangible en cuestión (es decir, la licencia regulatoria para prestar servicios de gestión de inversiones) podría permitir a la parte o partes que la obtuvieran conseguir una parte mayor de los beneficios de operar en el mercado local, incluidos los beneficios que se desprenden de características únicas de ese mercado, que la que conseguirían de no existir ese requisito de obtener la licencia. Sin embargo, al valorar la repercusión de la licencia regulatoria, sería importante en un caso concreto estudiar la contribución tanto de los miembros locales del grupo en el mercado local como de otros miembros del grupo fuera del mercado local a la provisión de las capacidades necesarias para obtener la licencia, como se describe en el Capítulo VI. B.

1.151 En otras circunstancias, el análisis funcional y de comparabilidad podría sugerir que la obtención de una licencia gubernamental es necesaria como requisito previo a la prestación de un servicio concreto en un mercado geográfico. Sin embargo, puede darse el caso de que esas licencias sean fáciles de obtener para cualquier operador cualificado que las solicite y no tengan un efecto restrictivo en el número de competidores en el mercado. En este caso, el requisito de la obtención de la licencia no supondría una barrera importante al acceso al mercado, y tener esa licencia no tendría un efecto apreciable en el modo de distribuirse entre empresas independientes los beneficios de operar en el mercado local.

D.7. Plantilla de trabajadores reunida

1.152 Algunas empresas son exitosas en reunir a un grupo de empleados con cualificación y experiencia únicas. La existencia de este grupo de empleados puede incidir en los precios de plena competencia de los servicios que preste o en la eficiencia con que la empresa presta los servicios o produce los bienes. Por lo general, estos factores deberían tenerse en cuenta en un análisis de comparabilidad de precios de transferencia. Cuando es posible determinar las ventajas o los inconvenientes de contar con una plantilla de trabajadores de estas características frente a la plantilla de las empresas que realizan operaciones potencialmente comparables, deberían practicarse ajustes de comparabilidad para reflejar el efecto de la plantilla reunida en los precios de plena competencia de los bienes o servicios.

1.153 En algunas reestructuraciones de negocios y operaciones similares, puede darse el caso de que se transfiera la plantilla reunida de una empresa asociada a otra en el marco de la operación. En tal caso, es muy posible que transferir la plantilla reunida junto con otros activos del negocio ahorre al adquirente el tiempo y el gasto de contratar y formar a una nueva plantilla de trabajadores. Dependiendo de los métodos de precios de transferencia utilizados para evaluar la operación en su globalidad, puede ser adecuado en estos casos reflejar ese ahorro de tiempo y gasto mediante ajustes de comparabilidad a los precios de plena competencia de otro modo aplicados con respecto a los activos transferidos. En otros casos, la transferencia de la plantilla reunida podría provocar limitaciones en la flexibilidad del adquirente a la hora de estructurar sus actividades empresariales y crear pasivos potenciales si se prescinde de los trabajadores. En estos casos, quizá sea conveniente que la contraprestación de la reestructuración refleje los pasivos y las limitaciones potenciales en el futuro.

1.154 Con el siguiente párrafo no se pretende sugerir que, como regla general, deba existir una contraprestación cuando se transfieran o se trasladen empleados concretos entre miembros de un grupo de empresas multinacionales. En mucho casos, la transferencia de empleados concretos entre empresas asociadas no precisará de una contraprestación. Cuando se trasladan empleados (es decir, siguen en la nómina del transmitente pero trabajan para el adquirente), en muchos casos la contraprestación de plena competencia adecuada de los servicios de los empleados trasladados en cuestión será el único pago exigido.

1.155 Cabe señalar, no obstante, que en algunos casos, transferir o trasladar a uno o varios empleados puede provocar, dependiendo de los hechos y circunstancias, la transmisión de valiosos conocimientos técnicos u otros intangibles de una empresa asociada a otra. Por ejemplo, un empleado de la Sociedad A trasladado a la Sociedad B puede conocer una fórmula secreta perteneciente a la Sociedad A y puede ponerla a disposición de la Sociedad B para que ésta la utilice en sus actividades comerciales. De igual modo, los empleados de la Sociedad A trasladados a la Sociedad B para ayudar en la puesta en funcionamiento de una fábrica podrían poner conocimientos técnicos pertenecientes a la Sociedad A a disposición de la Sociedad B para que ésta los aplique a sus actividades comerciales. Cuando esta transmisión de conocimientos técnicos u otros intangibles se deriva de la transferencia o el traslado de empleados, debe analizarse por separado a tenor de las disposiciones del Capítulo VI y debe pagarse un precio adecuado por el derecho de uso de los intangibles.

1.156 En adición, también debería señalarse que el acceso a una plantilla reunida de trabajadores con capacidades y experiencia concretas podría, en algunos casos, realzar el valor de los intangibles u otros activos transferidos, aún cuando no se transfieran los empleados que componen la plantilla. El ejemplo 23 del Anexo al Capítulo VI ilustra un patrón de hechos en el que la interacción entre intangibles y acceso a una plantilla reunida puede ser importante en un análisis de precios de transferencia.

D.8. Sinergias del grupo de empresas multinacionales

1.157 También pueden surgir problemas de comparabilidad, y la necesidad de practicar ajustes de comparabilidad, por la existencia de sinergias en el grupo de empresas multinacionales. En algunas circunstancias, los grupos de empresas multinacionales y las empresas asociadas que componen esos grupos podrían beneficiarse de las interacciones o sinergias entre los miembros del grupo de un modo que generalmente no podrían hacerlo empresas independientes en situaciones parecidas. Estas sinergias de grupo pueden aparecer, por ejemplo, como consecuencia de la combinación del poder adquisitivo o las economías de escala, la combinación e integración de los sistemas informáticos y de comunicaciones, la gestión integrada, la eliminación de duplicidades, una mayor capacidad de endeudamiento y muchos otros factores similares. Estas sinergias de grupo a menudo son favorables para el grupo en su conjunto, por lo que pueden acrecentar los beneficios agregados obtenidos por los miembros del grupo, dependiendo de si se materializan efectivamente las economías de costes previstas y de las condiciones competitivas. Otras veces estas sinergias pueden ser negativas, como cuando el tamaño y el alcance de las actividades corporativas generan barreras burocráticas a las que no tienen que enfrentarse empresas más pequeñas o más sencillas, o cuando una parte del negocio se ve obligado a trabajar con sistemas informáticos o de comunicaciones que no son los más eficientes para su actividad por normas establecidas a nivel del grupo de empresas multinacionales.

1.158 En el párrafo 7.13 de estas Directrices se sugiere que no se debería considerar que una empresa asociada recibe un servicio intragrupo o está obligada a efectuar ningún pago cuando obtiene beneficios incidentales atribuibles únicamente al hecho de formar parte de un grupo de empresas multinacionales. En este contexto, el término incidental se refiere a beneficios que surgen únicamente por el hecho de pertenecer al grupo y sin que se tomen medidas o se realicen operaciones concertadas deliberadas que lleven a esos beneficios. El término incidental no se refiere a la cuantía de dichos beneficios ni sugiere que los mismos deban ser menores o relativamente insignificantes. En línea con esta visión general de las ventajas incidentales de la pertenencia al grupo, cuando las ganancias o cargas sinérgicas de la pertenencia al grupo surgen meramente como consecuencia de la pertenencia al grupo de empresas multinacionales y sin que existan medidas concertadas deliberadas de los miembros del grupo o sin la prestación de ningún servicio u otra función de los miembros del grupo, esas ganancias sinérgicas de la pertenencia al grupo no requieren una contraprestación por separado o asignación específica entre los miembros del grupo de empresas multinacionales.

1.159 De todos modos, en algunos casos las ganancias y cargas sinérgicas de la pertenencia al grupo pueden deberse a medidas concertadas deliberadas del grupo y pueden dar lugar a que un grupo de empresas multinacionales tenga una ventaja o desventaja estructural significativa, claramente identificable, en el mercado con respecto al resto de operadores del mercado que no forman parte de un grupo de empresas multinacionales y que realizan operaciones comparables. Sólo puede decirse si existe tal ventaja o desventaja estructural, cuál puede ser la naturaleza y el origen de la ganancia o carga sinérgica, y si la ganancia o carga sinérgica se deriva de medidas concertadas deliberadas del grupo por medio de un riguroso análisis funcional y de comparabilidad.[5]

1.160 Por ejemplo, si un grupo toma medidas asertivas para centralizar las compras en una única sociedad del grupo para aprovechar descuentos por volumen, y esa entidad revende los artículos al resto de miembros del grupo, existe una medida concertada deliberada del grupo para aprovechar el poder adquisitivo del grupo. De igual modo, si un gestor de compras central de la matriz o un centro de gestión regional presta un servicio negociando un descuento para el grupo con un proveedor a condición de alcanzar niveles de compra mínimos para todo el grupo, y los miembros del grupo compran después a ese proveedor beneficiándose del descuento, se ha producido una medida concertada deliberada de grupo pese a que no se realicen operaciones específicas de compra o venta entre otros miembros del grupo. En cambio, cuando un proveedor ofrece unilateralmente a un miembro del grupo un precio favorable con la esperanza de atraer negocio del resto del grupo, no existe una medida concertada deliberada del grupo.

1.161 Cuando las sinergias corporativas resultantes de las medidas concertadas deliberadas del grupo generan para un miembro del grupo de empresas multinacionales ganancias o cargas significativas que no son habituales en empresas independientes comparables, es necesario determinar (i) la naturaleza de la ventaja o desventaja, (ii) el importe de la ganancia o carga generada, y (iii) cómo debe repartirse esa ganancia o carga entre los miembros del grupo de empresas multinacionales.

1.162 Si existen importantes sinergias de grupo y pueden atribuirse a medidas concertadas deliberadas de grupo, las ganancias de dichas sinergias por lo general deberían ser compartidas entre los miembros del grupo de forma proporcional a su contribución a la creación de la sinergia. Por ejemplo, cuando los miembros del grupo toman medidas concertadas deliberadas para consolidar las actividades de compra con el fin de aprovechar las economías de escala resultantes de la compra en grandes volúmenes, los beneficios de esas sinergias de compra a gran escala, en caso de quedar alguno una vez remunerada adecuadamente la parte coordinadora de las actividades de compra, por lo general deberían repartirse entre los miembros del grupo de forma proporcional a sus volúmenes de compra.

1.163 Puede que se requieran ajustes de comparabilidad para dar cuenta de las sinergias de grupo.

Ejemplo 1

1.164 P es la matriz de un grupo de empresas multinacionales que opera en el sector de los servicios financieros. La solidez del balance consolidado del grupo hace posible que P mantenga una calificación crediticia de AAA de forma permanente. S forma parte del grupo de empresas multinacionales, se dedica a la prestación del mismo tipo de servicios financieros que otros miembros del grupo y lo hace a gran escala en un mercado importante. Sin embargo, de forma individual, la solidez del balance de S sólo le permitiría tener una calificación crediticia de Baa. Ahora bien, gracias a que S pertenece al grupo de P, grandes prestamistas independientes están dispuestos a prestar fondos a S a los tipos de interés que aplicarían a prestatarios independientes con una calificación crediticia de A, es decir, a un tipo de interés menor al que le aplicarían si S fuera una entidad independiente con ese mismo balance, pero mayor al que le aplicarían a la matriz del grupo de empresas multinacionales.

1.165 Supongamos que S pide prestados 50 millones de euros a un prestatario independiente al tipo de interés de mercado para prestatarios con una calificación crediticia de A. Supongamos también que S pide prestados simultáneamente otros 50 millones de euros a T, otra filial de P, con idénticas características que el prestamista independiente, en los mismos términos y condiciones y al mismo tipo de interés que le aplica el prestamista independiente (es decir, un tipo de interés primado por la existencia de una calificación crediticia de A). Supongamos por último que el prestamista independiente, al fijar sus términos y condiciones, conocía el resto de empréstitos de S incluido el préstamo simultáneo solicitado por S a T.

1.166 En estas circunstancias, el tipo de interés aplicado al préstamo de T a S es un tipo de interés de plena competencia porque (i) es el mismo que un prestamista independiente aplica a S en una operación comparable, y (ii) no se requiere ningún pago o ajuste de comparabilidad por el beneficio de la sinergia de grupo que permite a S conseguir un préstamo de empresas independientes a un tipo de interés inferior al que habría conseguido de no formar parte del grupo porque la ventaja sinérgica de poder conseguir el préstamo se deriva de la mera pertenencia de S al grupo y no de ninguna medida concertada deliberada de los miembros del grupo de empresas multinacionales.

Ejemplo 2[6]

1.167 Los hechos sobre la situación crediticia y la facultad de endeudamiento de S son idénticos a los definidos en el ejemplo anterior. S toma prestados 50 millones de euros del Banco A. El análisis funcional sugiere que el Banco A habría prestado esos fondos a S al tipo de interés aplicable a los prestatarios con calificación A sin solicitar ninguna garantía formal. Sin embargo, P accede a garantizar el préstamo del Banco A con el fin de inducir al Banco A a conceder el préstamo al tipo de interés aplicable a los prestamistas con calificación AAA. En estas circunstancias, S tendría que pagar una comisión de garantía a P por proporcionar la garantía expresa. Para calcular la comisión de garantía en condiciones de plena competencia, la comisión debería reflejar la ventaja que supone elevar la calificación crediticia de S de A a AAA, y no la ventaja de elevar la calificación crediticia de S de Baa a AAA. La mejora de la calificación crediticia de S de Baa a A se debe a la sinergia del grupo derivada únicamente de la asociación pasiva al grupo, que no requeriría una contraprestación de acuerdo con lo expuesto en esta sección. La mejora de la calificación crediticia de S de A a AAA se debe a una medida concertada deliberada, concretamente a la provisión de una garantía por parte de P, por lo que debería dar lugar a una contraprestación.

Ejemplo 3

1.168 Supongamos que se asigna a la Sociedad A el papel de gestor central de compras en nombre de todo el grupo. Compra a proveedores independientes y revende a empresas asociadas. La Sociedad A, basándose únicamente en el poder de negociación que le confiere el poder adquisitivo de todo el grupo, consigue negociar con un proveedor un descuento en el precio de unos dispositivos de 200 dólares a 110 dólares. En estas circunstancias, el precio de plena competencia para la reventa de los dispositivos por parte de la Sociedad A al resto de miembros del grupo no sería ni se aproximaría a 200 dólares. Por el contrario, el precio de plena competencia remuneraría a la Sociedad A por sus servicios de coordinación de la actividad de compras. Si el análisis funcional y de comparabilidad sugiere en este caso que, en operaciones no vinculadas comparables con un volumen de compras comparable, por los servicios de coordinación comparables se ha pagado una retribución basada en los costes incurridos por la Sociedad A más un margen y equivalente en total a 6 dólares por dispositivo, el precio de reventa de los dispositivos entre la Sociedad A y el resto de sociedades del grupo se situaría en torno a 116 dólares. En estas circunstancias, cada miembro del grupo obtendría unos beneficios atribuibles al poder adquisitivo del grupo de unos 84 dólares por dispositivo. Además, la Sociedad A ganaría 6 dólares por cada dispositivo comprado por los miembros del grupo por los servicios prestados.

Ejemplo 4

1.169 Supongamos otro caso idéntico al descrito en el Ejemplo 3, con la excepción de que en lugar de comprar y vender efectivamente los dispositivos, la Sociedad A negocia el descuento en nombre del grupo y son los miembros del grupo los que posteriormente compran los dispositivos directamente al proveedor independiente. En este caso, supongamos que el análisis de comparabilidad sugiere que la Sociedad A tendría derecho a una remuneración de 5 dólares por dispositivo por los servicios de coordinación que ha prestado en nombre del resto de miembros del grupo. (En este Ejemplo 4 posiblemente se toma una contraprestación menor que en el Ejemplo 3 para reflejar el menor nivel de riesgo que asume la entidad que presta el servicio, dado que no asume la propiedad de los dispositivos ni tiene que mantenerlos como existencias.) Los miembros del grupo que compren los dispositivos se beneficiarán del descuento de grupo en la compra que corresponda a sus compras individuales, una vez pagada la contraprestación por el servicio.

Ejemplo 5

1.170 Supongamos que un grupo multinacional tiene sede en el País A, y filiales de producción en el País B y en el País C. El País B tiene un tipo impositivo del 30%, mientras que el tipo impositivo del País C es del 10%. El grupo también mantiene un centro de servicios compartidos en el País D. Supongamos que las filiales de producción del País B y del País C necesitan cada una 5 000 dispositivos fabricados por un proveedor independiente como materia prima para su proceso de producción. Supongamos también que la sociedad que presta los servicios compartidos en el País D recibe una retribución por todas sus actividades del resto de empresas del grupo, entre ellas las filiales de producción del País B y del País C, determinada por el método del coste incrementado que, a efectos de este ejemplo, se supone que es la contraprestación de plena competencia por el nivel y la naturaleza de los servicios que presta.

1.171 El proveedor independiente vende los dispositivos a 10 dólares la unidad y tiene una política de descuentos por volumen del 5% sobre el precio para las compras de dispositivos que superen las 7 500 unidades. Un empleado de compras del centro de servicios compartidos del País D contacta con el proveedor independiente y confirma que si las filiales de producción del País B y del País C compran de forma simultánea 5 000 dispositivos cada una, esto es, una compra total de 10 000 dispositivos para el grupo, se aplicaría el descuento al total de compras del grupo. El proveedor independiente confirma que venderá un total de 10 000 dispositivos al grupo de empresas multinacionales a un precio total de 95 000, lo que representa un descuento del 5% con respecto al precio al que cualquiera de las dos filiales de producción podría haberlos comprado independientemente al proveedor.

1.172 El empleado de compras del centro de servicios compartidos formaliza entonces los pedidos para los dispositivos que necesitan y solicita al proveedor que facture a la filial de producción del País B 5 000 dispositivos por un total de 50 000 dólares y a la filial de producción del País C los otros 5 000 dispositivos por un total de 45 000 dólares. El proveedor atiende esta petición puesto que él recibirá el precio convenido (95 000 dólares) por un total de 10 000 dispositivos suministrados.

1.173 En estas circunstancias, el País B tendría derecho a practicar un ajuste de precios de transferencia que redujera los gastos de la filial de producción del País B en 2 500 dólares. El ajuste de precios de transferencia es acertado porque los acuerdos de precios atribuyen equivocadamente los beneficios de las sinergias del grupo derivadas del hecho de haber comprado los dispositivos por volumen. El ajuste es acertado a pesar del hecho de que la filial de producción del País B operando por ella misma no hubiera podido comprar los dispositivos por un precio inferior a los 50 000 dólares que pagó. La medida tomada de forma concertada y deliberada por el grupo de negociar una compra con descuento justifica que se pueda atribuir parte del descuento a la filial de producción del País B con independencia del hecho de que exista una operación explícita entre las filiales de producción de los Países B y C.

TRANSACCIONES CON MATERIAS PRIMAS (*COMMODITIES*)

Adiciones al Capítulo II de las Directrices sobre precios de transferencia

Resumen

En este capítulo del Informe se recogen nuevas directrices en relación con las transacciones con materias primas, que se insertarán inmediatamente después del párrafo 2.16 de las Directrices sobre precios de transferencia de 2010.

La Acción 10 del Plan de Acción BEPS llama a los países del G20 y de la OCDE a desarrollar normas de precios de transferencia para implantar mecanismos de protección frente a tipos de pagos comunes que erosionan la base imponible. Atendiendo a este mandato, los países del G20 y la OCDE han examinado los aspectos de precios de transferencia de las transacciones internacionales con materias primas entre empresas asociadas ("transacciones con materias primas"). El resultado de este trabajo es un marco mejorado para el análisis de las transacciones con materias primas desde una perspectiva de los precios de transferencia que debería conducir a una mayor coherencia en el modo en que las administraciones tributarias y los contribuyentes determinan los precios de plena competencia en las transacciones con materias primas y a garantizar que los precios reflejan la creación de valor.

Se ha modificado el Capítulo II de las Directrices sobre precios de transferencia para incluir nuevas pautas que son aplicables, sobre todo, a las transacciones con materias primas. Estas provisiones recogen algunos de los elementos y experiencias más importantes de los países que han adoptado normas nacionales encaminadas a poner precio a las transacciones con materias primas. Las nuevas directrices incluyen:

- La aclaración de las directrices existentes para la aplicación del método del precio libre comparable a las transacciones con materias primas. La nueva directriz establece que (i) el método del precio libre comparable suele ser un método de precios de transferencia adecuado para las transacciones con materias primas entre empresas asociadas, (ii) pueden utilizarse los precios cotizados al aplicar el método del precio libre comparable, con sujeción a ciertas consideraciones, como referencia del precio de plena competencia de la transacción con materias primas entre empresas vinculadas, y (iii) deberían realizarse ajustes de comparabilidad razonablemente precisos, en caso necesario, para asegurar que los atributos de importancia económica de las operaciones vinculadas e independientes sean suficientemente comparables.

- Una nueva disposición sobre la determinación de la fecha de fijación del precio en las transacciones con materias primas. Esta disposición debería impedir que los contribuyentes utilizaran fechas de fijación de precios en los contratos que permitan adoptar la cotización más ventajosa. Permite a las autoridades fiscales imputar, en determinadas condiciones, la fecha de envío (o cualquier otra fecha para la que existan pruebas) como fecha de fijación del precio de la transacción con materias primas.

Las directrices elaboradas en virtud de otras Acciones BEPS también son relevantes a la hora de abordar cuestiones relacionadas con las transacciones con materias primas. En particular, las normas revisadas de la documentación de precios de transferencia (Acción 13 del Plan de Acción BEPS) y las directrices incluidas en el Capítulo "Pautas para la aplicación del principio de plena competencia" (Acción 9 del Plan de Acción BEPS).

Las nuevas directrices se complementarán con los resultados del trabajo encomendado por el Grupo de Trabajo sobre Desarrollo del G20 y ulteriores informes de seguimiento de la OCDE sobre el impacto de la erosión de la base imponible y el traslado de beneficios (BEPS) en los países en desarrollo.[7] El resultado de este trabajo aportará conocimientos, mejores prácticas y herramientas para los países ricos en materias primas para determinar el precio en las transacciones con estas materias a efectos de precios de transferencia.

Los siguientes párrafos se incorporan al Capítulo II de las Directrices sobre precios de transferencia, inmediatamente después del párrafo 2.16.

2.16A Sujeto a lo establecido en el párrafo 2.2 para seleccionar el método de precios de transferencia más adecuado en las circunstancias de un caso concreto, el método del precio libre comparable suele ser un método adecuado para establecer el precio de plena competencia para la transferencia de materias primas entre empresas asociadas. Se entenderá que la referencia a "materias primas" engloba a los productos físicos para los que los operadores independientes del sector utilizan como referencia una cotización para fijar los precios en transacciones no vinculadas. El término "cotización" o "precio cotizado" se refiere al precio de la materia prima en el período en cuestión obtenido en un mercado organizado nacional o internacional donde se negocie esa materia prima. En este contexto, una cotización también incluye los precios obtenidos de agencias de estadísticas o precios reconocidas y transparentes, o de agencias públicas de fijación de precios, cuando esos índices sean utilizados como referencia por las empresas independientes para fijar los precios en sus operaciones.

2.16B De conformidad con el método del precio libre comparable, el precio de plena competencia de las transacciones con materias primas podrá determinarse por referencia tanto a transacciones no vinculadas comparables como a los acuerdos independientes comparables que representa la cotización. Las cotizaciones de las materias primas suelen reflejar el acuerdo, entre compradores y vendedores independientes en el mercado, sobre el precio de un tipo y una cantidad específicos de materia prima, negociados en condiciones concretas en un momento determinado. Un factor relevante para determinar si es adecuado o no utilizar la cotización de cierta materia prima es la medida en que la cotización se utiliza de forma generalizada y rutinaria en el curso ordinario de la actividad en el sector para negociar precios en operaciones no vinculadas comparables a la operación vinculada. Por consiguiente, dependiendo de los hechos y circunstancias de cada caso, las cotizaciones podrán utilizarse como referencia para fijar los precios en las operaciones con materias primas entre empresas asociadas. Los contribuyentes y las administraciones tributarias deberían ser consistentes en su aplicación de la cotización debidamente seleccionada.

2.16C Para que el método del precio libre comparable pueda aplicarse de forma fiable en transacciones con materias primas, los atributos de importancia económica de la operación vinculada o de las operaciones no vinculadas o los acuerdos independientes representados por la cotización tienen que ser comparables. En el caso de las materias primas, los atributos de importancia económica incluyen, entre otras cosas, las características físicas y la calidad de la materia prima; las condiciones contractuales de la operación vinculada, como los volúmenes contratados, el plazo del acuerdo, el calendario y las condiciones de entrega, el transporte, el seguro y las condiciones de cambio. En el caso de algunas materias primas, ciertos atributos de importancia económica (como la pronta entrega) pueden dar lugar a una prima o un descuento. Si se utiliza la cotización como referencia para fijar el precio de plena competencia, pueden ser relevantes los contratos normalizados donde se estipulen las especificaciones que sirven de base para negociar las materias primas en el mercado y dan lugar a la cotización de la materia prima. Cuando existan diferencias entre las condiciones de las operaciones vinculadas y las condiciones de las operaciones no vinculadas para la determinación de la cotización de la materia prima que afecten de forma significativa al precio de las transacciones con materias primas examinadas, se deberán practicar los ajustes que sean razonablemente exactos para garantizar que los atributos de importancia económica de las operaciones son suficientemente similares. Las aportaciones en forma de funciones realizadas, activos utilizados y riesgos asumidos por otras entidades de la cadena de suministro deberán remunerarse de conformidad con lo establecido en las presentes Directrices.

2.16D Para ayudar a las administraciones tributarias a realizar un examen fundamentado de las prácticas de precios de transferencia del contribuyente, éstos tendrán que proporcionar documentación y justificantes fiables como parte de su documentación sobre precios de transferencia, la política de fijación de precios para transacciones con materias primas, la información necesaria para justificar los ajustes de precios basándose en operaciones o acuerdos independientes comparables representados por la cotización y cualquier otra información relevante, como las fórmulas para la fijación de precios utilizadas, los acuerdos con clientes finales independientes, las primas o los descuentos aplicados, la fecha de fijación del precio, información sobre la cadena de suministro e información preparada con fines distintos de los fiscales.

2.16E Un factor especialmente importante para las transacciones con materias primas que se determina tomando como referencia la cotización es la fecha del precio, que se refiere al período, día y hora concretos (por ejemplo, intervalo específico de fechas en el que se determina un precio medio) elegido por las partes para determinar el precio de las transacciones con materias primas. Cuando el contribuyente puede demostrar de forma fiable la fecha convenida por las empresas asociadas para la fijación del precio en la transacción vinculada con materias primas en el momento de suscribirse la transacción (pueden ser justificantes fiables, por ejemplo, las propuestas y aceptaciones, acuerdos o contratos registrados, u otros documentos donde figuren los términos de los acuerdos) y su acuerdo se ajusta al comportamiento real de las partes o a otros hechos del caso, de conformidad con las directrices de la Sección D del Capítulo I sobre la definición con precisión de la transacción real, las administraciones tributarias deberían determinar el precio de la transacción con materias primera por referencia a la fecha convenida por las empresas asociadas a tal efecto. Si la fecha especificada para la fijación del precio en cualquier contrato suscrito por las empresas asociadas no concuerda con la conducta real de las partes o con otros hechos del caso, las administraciones tributarias podrán establecer otra fecha para la fijación del precio en consonancia con esos otros hechos y con lo que empresas independientes habrían acordado en circunstancias comparables (teniendo en cuenta las prácticas del sector). Cuando el contribuyente no aporta justificantes fiables de la fecha convenida por las empresas asociadas para la fijación del precio en la operación vinculada y la administración tributaria no puede determinar por otro medio otra fecha de fijación del precio según lo establecido en la Sección D del Capítulo I, las administraciones tributarias podrán considerar la fecha de fijación del precio de la transacción con materias primas basándose en las evidencias disponibles, que podrán ser la fecha de envío especificada en el conocimiento de embarque o un documento equivalente dependiendo del medio de transporte utilizado. Así, el precio de la materia prima objeto de la transacción sería determinado por referencia a la cotización promedio en la fecha de envío, sujeto a cualquier ajuste de comparabilidad relevante en función de la información que tenga la administración tributaria a su disposición. Sería importante permitir la resolución de casos de doble imposición derivada de la aplicación de la fecha tácita de fijación del precio mediante el acceso al procedimiento amistoso en virtud del Tratado aplicable.

ALCANCE DEL TRABAJO DE ORIENTACIÓN SOBRE EL MÉTODO DE LA DISTRIBUCIÓN DEL RESULTADO

Resumen

La Acción 10 del Plan de Acción BEPS invita a aclarar la aplicación de los métodos de precios de transferencia, en particular el método de la distribución del resultado, en el contexto de las cadenas globales de valor.

Para determinar qué aspectos de la aplicación del método de la distribución del resultado sería útil aclarar, la OCDE emitió un borrador de proyecto el 16 de diciembre de 2014, que planteaba una serie de cuestiones basándose en escenarios desarrollados a partir del uso de la distribución de resultados encontrados en la práctica por algunos delegados del Grupo de Trabajo N° 6. Ese borrador de proyecto no incluía directrices revisadas. Los comentarios de las partes interesadas al borrador de proyecto alcanzaron aproximadamente 500 páginas, y la consulta pública de los días 19-20 de marzo de 2015 atrajo un interés considerable.

Algunos de los temas clave que surgieron en el proceso de consulta y que, posteriormente, han sido debatidos en el Grupo de Trabajo N.° 6 incluían la necesidad de reflejar la aclaración, mejora y consolidación de las directrices en los casos en que es adecuado aplicar un método de la distribución del resultado y el modo de hacerlo, ya que las experiencias indican que no es evidente para los contribuyentes cuándo y cómo debe aplicarse este método ni para las administraciones tributarias cómo debe evaluarse. No obstante, el proceso de consulta confirmó que el método de la distribución del resultado puede ser un método útil que permitiría, si se aplica correctamente, alinear los beneficios con la creación de valor de acuerdo con el principio de plena competencia y el método más adecuado, sobre todo cuando las características de la operación dificultan la aplicación de otros métodos de precios de transferencia.

Las directrices mejoradas deben aclarar las circunstancias en las que la distribución del resultado es el método más adecuado para un caso concreto y describir los enfoques que pueden adoptarse para repartir los beneficios de forma fiable. Las pautas para la distribución del resultado también tienen que tener en cuenta los cambios en las directrices aplicables en materia de precios de transferencia en respuesta al resto de Acciones BEPS, incluidos los cambios relacionados con las directrices para la aplicación del principio de plena competencia (en la sección de realización de un análisis funcional sólido y la identificación y asignación del riesgo, y en la sección de sinergias), y con las directrices sobre intangibles. Las directrices deberían tener en cuenta las conclusiones del informe " Cómo abordar los desafíos fiscales de la Economía Digital", elaborado en el marco de la Acción 1 del proyecto BEPS, que señalaba que habría que prestar atención a las consecuencias de una mayor integración de los modelos de negocio a raíz de la economía digital, y el papel que podría tener la distribución del resultado en dicha integración.[8] Por otra parte, las directrices deberían reflejar el trabajo adicional que se está realizando para desarrollar enfoques de precios de transferencia para situaciones en las que existe una disponibilidad limitada de comparables (por ejemplo, por las características concretas de la operación vinculada) y aclarar cómo debería elegirse el método más adecuado en esos casos. Esto afecta al trabajo encomendado por el Grupo de Trabajo sobre Desarrollo del G20, tras los informes emitidos por la OCDE sobre el impacto de BEPS en los países en desarrollo,[9] que incluye el desarrollo de un conjunto de herramientas para que los países con ingresos bajos hagan frente a los retos a los que se enfrentan por la falta de comparables.

La aclaración y consolidación de las directrices aplicables a la distribución del resultado, contempladas en este informe, junto con el desarrollo de ilustraciones útiles de las situaciones en las que la distribución del resultado puede ser aplicado con fiabilidad y del modo en que pueden ser aplicadas para generar un resultado de plena competencia, exigen considerar debidamente las cuestiones planteadas durante la consulta inicial y posteriores consultas sobre el borrador de las directrices. En este informe se expone el alcance propuesto para ese trabajo.

Este informe sentará las bases para el borrador de las directrices que desarrollará el Grupo de Trabajo N° 6 durante 2016 y que se espera tener concluido en el primer semestre de 2017. En mayo de 2016 se emitirá un borrador de proyecto de las directrices, que será objeto de comentario y consulta públicos.

Parte I: Directrices actuales referentes al método de la distribución del resultado y consulta pública

Directrices actuales

1. Las directrices actuales relativas a la aplicación del método de la distribución del resultado recogidas en el Capítulo II, Parte III, Sección C de las Directrices sobre precios de transferencia indican que la principal ventaja de este método es que brinda soluciones para operaciones sumamente integradas para las cuales no sería adecuado un método unilateral, como el intercambio mundial de instrumentos financieros. Según las directrices actuales, también puede considerarse que los métodos de la distribución del resultado son los más adecuados cuando ambas partes de la operación realizan aportaciones únicas y valiosas como, por ejemplo, intangibles únicos (véase el párrafo 2.109).

2. Las directrices puntualizan que, cuando ambas partes realizan aportaciones únicas y valiosas, la información de comparables fiables puede resultar insuficiente para aplicar otro método. Las directrices hacen hincapié en que la selección de un método de la de la distribución del resultado debería determinarse de conformidad con las pautas generales para la selección del método establecidas en el párrafo 2.2 de las Directrices (véanse los párrafos 2.109 y 3.39).

3. Aunque las directrices sobre la de la distribución del resultado ofrecen una serie de ejemplos de posibles criterios de asignación y reparto, se centran en criterios basados en activos y costes (véanse los párrafos 2.134-139). Existe una vaga mención a un enfoque que divide el beneficio de forma que cada parte logre el mismo rendimiento sobre el capital (párrafo 2.145).

4. En el Capítulo VI de las Directrices sobre precios de transferencia, titulado Consideraciones Específicas Aplicables a Activos Intangibles, se incluye una serie de referencias al método de la distribución del resultado y a situaciones en que puede ser necesario aclarar las directrices actuales sobre su aplicación. Por ejemplo, las directrices sugieren:

- En algunos casos, las técnicas de valoración o distribución del resultado pueden ser útiles para evaluar la distribución del resultado en condiciones de plena competencia cuando existe una subcontratación de funciones importantes y no existe información disponible de operaciones no vinculadas comparables.[10]
- Cuando no hay información disponible sobre operaciones no vinculadas comparables, el método de la distribución del resultado puede ser útil en situaciones en las que haya que poner precio a la transmisión de intangibles.[11] Entre estas situaciones estaría la transmisión de intangibles parcialmente desarrollados o la transmisión de la totalidad o una parte de los derechos en un intangible completamente desarrollado.

5. Algunos aspectos del Capítulo I de las Directrices sobre precios de transferencia también podrían requerir una pronta consideración del método de la distribución del resultado, si bien aún no se han emitido pautas específicas. En este sentido, entre los ámbitos de especial interés se incluyen las situaciones en las que el control de un riesgo se encuentra repartido entre varias partes de forma que sea adecuado que compartan las

posibles consecuencias positivas y negativas del riesgo, y el reparto de las sinergias de un grupo derivadas de una acción deliberada concertada del grupo.

Alcance de las pautas revisadas

6. Las pautas revisadas deberían seguir la estructura actual del Capítulo II de las Directrices sobre precios de transferencia, aunque deberían aclarat y complementar las siguientes cuestiones. La aplicación práctica debería ilustrarse con ejemplos.

Método más adecuado

7. El borrador de proyecto de diciembre de 2014 sobre el uso del método de la distribución del resultado establecía que la consideración de la distribución del resultado no implicaba ninguna modificación de las directrices aplicables a la selección del método más adecuado que se recogían en el párrafo 2.2 de las Directrices. En cambio, en los comentarios al borrador de proyecto se planteó repetidamente la preocupación por la posibilidad de que se utilizara incorrectamente la distribución del resultado, sobre todo cuando la naturaleza de la propia operación, basándose en el análisis funcional de las partes, sugiriera que distribuir los resultados combinados no sería lo previsible en condiciones de plena competencia. Se expresó inquietud por la posible utilización del método de la distribución del resultado cuando no existieran comparables fiables, sin considerar siquiera si ese método era adecuado.

Operaciones de negocio sumamente integradas

8. Aunque las Directrices en vigor establecen que el método de la distribución del resultado puede resultar el más adecuado cuando las operaciones de negocio están sumamente integradas, la integración por ella misma puede no ser suficiente para acogerse al uso de ese método. Todos los grupos de empresas multinacionales están integrados en mayor o menor medida, por lo que no queda claro cómo deben aplicarse los criterios de la integración.

Aportaciones únicas y valiosas

9. En las pautas vigentes para la aplicación del método de la distribución del resultado se señala que este método puede ser el más adecuado cuando ambas partes realizan aportaciones únicas y valiosas. Sin embargo, hay poca indicación en las pautas en las Directrices actuales sobre lo que constituye una "aportación única y valiosa", aparte del ejemplo de los activos intangibles aportados por ambas partes de una operación.

10. En algunos comentarios al borrador de proyecto de diciembre se sugería que podría definirse aportación "única" como aquella que no puede ser comparada estableciendo como referencia operaciones no vinculadas y aportación "valiosa" como aquella de la que se espera obtener beneficios económicos en el futuro. Otros iban más lejos y proponían que aportación "valiosa" podría ser aquella que contribuye a una fuente clave de ventaja competitiva. Varias de las personas que comentaron el borrador de proyecto de diciembre defendían que compartir los riesgos significativos podría constituir una "aportación única y valiosa", por lo que podría llegarse a la conclusión de que el método de la distribución del resultado es el método más adecuado dadas las circunstancias.

Ventajas en términos de sinergia

11. En el borrador de proyecto de diciembre se incluía un escenario en el que se describía un modelo empresarial multilateral para la economía digital. Varias personas que comentaron el borrador y los delegados del Grupo de Trabajo N° 6 consideraron que el escenario en lugar de ilustrar una característica concreta de la economía digital demostraba sencillamente el efecto de las ventajas de la sinergia. En estos casos, ambas partes del negocio podrían realizar aportaciones significativas para el impulsor (o impulsores) de valor clave del grupo de empresas multinacionales. Las directrices sobre sinergias de grupo establecen que, cuando surgen sinergias como consecuencia de acciones concertadas deliberadas, los beneficios deben ser compartidos entre los miembros del grupo de forma proporcional a su aportación a la creación de la sinergia.[12] Pese a que, en algunos casos, es posible comparar las aportaciones de cada parte del negocio, quizá sea imposible que un proceso de este tipo refleje las ventajas potencialmente significativas de la integración que hayan logrado las dos partes actuando conjuntamente.

Factores de distribución del resultado

12. El objetivo predominante de las Acciones 8-10 BEPS es garantizar que los resultados de los precios de transferencia están en consonancia con la creación de valor económico. Tal objetivo se consigue definiendo con precisión la operación real y poniéndole precio de conformidad con el método más adecuado. En el borrador de proyecto de diciembre se comentaba que los métodos de la distribución del resultado podrían ayudar a conseguir este objetivo y se pedían experiencias utilizando distintos enfoques para la distribución del resultado que pudieran indicar formas de asegurar tanto una mayor objetividad como una mayor consonancia con la creación de valor cuando fuera adecuado aplicar el método de la distribución del resultado.

13. Aunque existe consenso general en cuanto a que la distribución del resultado debería basarse en un análisis funcional de las aportaciones de las partes, el mecanismo por el que se cuantificaría el valor de esas aportaciones no siempre está claro. Entre los posibles mecanismos utilizados en la práctica en varias medidas se incluyen el capital invertido, los costes, los estudios de aportación funcional, la ponderación de factores, así como las tasas esperadas de rendimiento igualadas. Algunas personas que enviaron sus comentarios señalaron las ventajas e inconvenientes de estos mecanismos, que se basaban en cuestiones como la disponibilidad de la información, la mensurabilidad, la subjetividad y la practicidad, y las observaciones enfatizaban la falta de pautas en la actualidad sobre lo que es un aspecto clave de la aplicación de la distribución del resultado: el modo de distribuir de forma fiable los resultados.

Uso de la distribución del resultado para determinar un rango para el método del margen neto operacional, o para la conversión en regalía

14. En el borrador de proyecto de diciembre se planteaban cuestiones sobre el uso de la distribución del resultado para variar el rango de resultados de un análisis del método del margen neto operacional haciendo referencia a un aumento o una disminución de los resultados consolidados obtenidos por las partes de la operación. En el borrador también se planteaba la cuestión de utilizar la distribución del resultado para determinar el reparto esperado de resultados con el fin de convertir después el análisis en una regalía móvil. Algunas personas también comentaron que estas sugerencias eran útiles.

Parte II: Alcance de la revisión de las Directrices sobre el método de la distribución del resultado

Método más adecuado

- Las pautas sobre el método de la distribución del resultado y la selección del método más adecuado deberían hacer hincapié en el punto comentado en el párrafo 2.2 de las Directrices vigentes que establece que la naturaleza de la operación, determinada de conformidad con las pautas recogidas en la Sección D del Capítulo I, es una consideración crucial para la selección del método de precios de transferencia más adecuado, aún cuando no existe información sobre operaciones no vinculadas comparables. La distribución de beneficios o pérdidas en virtud de una distribución del resultado podría reflejar, en algunos casos, una relación comercial fundamentalmente diferente entre las partes, sobre todo en lo que respecta a la asignación del riesgo, hasta el pago de una tarifa por los bienes o servicios. Cuando la definición de la operación real es tal que hay pocas probabilidades de que una la distribución de resultado sea acorde al principio de plena competencia, la directriz revisada hará hincapié en la necesidad de utilizar y ajustar los mejores comparables disponibles en lugar de seleccionar el método de la distribución del resultado. Es probable que un método adecuado que utilice comparables inexactos sea más fiable en estos casos que el uso inadecuado del método de la distribución del resultado. Por ello, se ampliarán las directrices sobre cómo debe aplicarse la norma del método más adecuado en estos casos complejos. Seleccionar el método más adecuado es especialmente importante cuando no existen comparables fiables, como es a menudo el caso de los países en desarrollo y es relevante para el trabajo encomendado por el Grupo de Trabajo sobre Desarrollo del G20 en relación con el desarrollo de un conjunto de herramientas que ayude a los países con ingresos bajos a abordar el reto de la falta de comparables.

Operaciones de negocio sumamente integradas

- Se añadirán directrices sobre situaciones en las que, al estar muy integradas las operaciones empresariales, se puede concluir que el método de la distribución del resultado es el más adecuado. Para ello, las directrices deberían referirse a la importancia del análisis de la cadena de valor para entender el contexto de la operación u operaciones vinculadas. En el marco de este análisis, podría ser útil distinguir entre integración secuencial de una cadena global de valor (que puede involucrar a las partes que realizan distintas actividades conectadas por operaciones entre ellas en una cadena de valor consistente, y que podría no garantizar el uso de un método de la distribución del resultado sin tener en cuenta otras características de los acuerdos) e integración en paralelo (que puede involucrar a las partes que realizan actividades similares en relación con los mismos ingresos, costes, activos o riesgos, dentro de la cadena de valor o en una fase de la cadena de valor). La referencia al intercambio mundial de instrumentos financieros en las Directrices vigentes, que puede involucrar a actividades en paralelo con un mismo activo, corrientes de ingresos y riesgos, sugiere que en estas Directrices se consideraba adecuada la distribución del resultado combinado obtenido con este tipo de integración en paralelo.

Aportaciones únicas y valiosas

- Se añadirán pautas y ejemplos para aclarar lo que se quiere decir con aportaciones "únicas y valiosas" con el fin de distinguir aquellas circunstancias en las que es probable que el método de la distribución del resultado sea el más adecuado. Se añadirán pautas sobre las aportaciones únicas y valiosas que no revistan la forma de intangibles.
- Teniendo en cuenta las revisiones a las directrices sobre intangibles, se añadirán pautas para aclarar en qué casos elegir el método de la distribución del resultado es lo más adecuado cuando se realicen funciones importantes relacionadas con el desarrollo, mejora, mantenimiento, protección o explotación de activos intangibles, esto es, se aclarará cuándo constituyen esas funciones una aportación "única y valiosa" a efectos de la identificación del método de precios de transferencia más adecuado.
- Al formular estas pautas, se tendrán debidamente en cuenta las situaciones en las que las empresas independientes utilicen modelos de de distribución de resultados en operaciones comparables.

Ventajas en términos de sinergia

- Se añadirán pautas sobre las circunstancias a tener en cuenta a la hora de determinar si el método de la distribución del resultado podría ser el método más adecuado para tratar escenarios con importantes sinergias de grupo, y cómo podría aplicarse dicho método.

Factores de distribución de resultados

- Se añadirán pautas que expliquen cómo satisfacer la necesidad de una fuerte correlación entre los factores de asignación de resultados y la creación de valor con el fin de garantizar que el resultado sea consistente con el principio de plena competencia. Deberían explicarse varios mecanismos detalladamente, con ejemplos de aplicación. Por otro lado, deberían compararse las sensibilidades y la aplicación práctica de los distintos mecanismos, incluida la capacidad de verificar de forma independiente los datos subyacentes, con el fin de incorporar pautas sobre la correcta aplicación de los mecanismos.

Uso de la distribución de resultados para determinar un rango para el método del margen neto operacional, tasas de regalías y otras formas de pago

- Se añadirán pautas sobre las circunstancias a tener en cuenta a la hora de evaluar si puede utilizarse un método de distribución del resultado para respaldar los resultados obtenidos por el método del margen neto operacional, o para determinar tasas de regalías, o de otro modo que sea útil, con respecto a la forma de los acuerdos contractuales, y ayudar a simplificar los resultados del establecimiento de precios.

INTANGIBLES

Revisiones al Capítulo VI de las Directrices sobre precios de transferencia

Resumen

En este capítulo del Informe se ofrecen pautas adaptadas especialmente para determinar las condiciones de plena competencia de las operaciones que conllevan el uso o la transmisión de intangibles en virtud del Artículo 9 del Modelo de Convenio de la OCDE. Con ello, las pautas incluidas en este Capítulo abordan las oportunidades de erosionar la base imponible y trasladar los beneficios que surgen de la transmisión de intangibles entre los miembros de un grupo multinacional. En virtud de estas directrices, los miembros de un grupo de empresas multinacionales deben ser remunerados en función del valor que crean a través de las funciones que realizan, los activos que utilizan y los riesgos que asumen en el desarrollo, la mejora, el mantenimiento, la protección y la explotación de intangibles. Se dará a las administraciones tributarias nuevas herramientas para hacer frente al problema de las asimetrías de información con el fin de ayudarles a determinar acuerdos de fijación de precios adecuados para los intangibles, y se reconocerán las técnicas de valoración como herramientas útiles a la hora de poner precio a las operaciones con activos intangibles.

Las directrices se desarrollaron a tenor de la Acción 8 del Proyecto BEPS de la OCDE/G20, que solicitaba la formulación de normas para impedir la erosión de la base imponible y el traslado de beneficios mediante la transmisión de intangibles entre los miembros de un grupo a través de "(i) la adopción de una definición amplia y claramente delineada de intangible, (ii) el aseguramiento de que los beneficios con la transmisión y el uso de intangibles serán distribuidos adecuadamente de conformidad con la creación de valor (y no de forma más bien opuesta), (iii) el desarrollo de normas de precios de transferencia o medidas especiales para la transmisión de intangibles de difícil valoración."

Este Capítulo sitúa las directrices sobre intangibles dentro del contexto general de las directrices para la definición con precisión de la operación y el análisis de riesgos que se recogen en el primer capítulo de este Informe en relación con las "Pautas para la aplicación del principio de plena competencia", que es relevante para tratar la diferencia entre el rendimiento esperado y el rendimiento actual de los intangibles.

El marco para el análisis de riesgos contemplado en el Capítulo "Pautas para la aplicación del principio de plena competencia" depende de un requisito de control muy específico y significativo, que tiene en consideración tanto la capacidad para llevar a cabo funciones relevantes de toma de decisiones como el desempeño efectivo de esas funciones. Si una empresa asociada que contractualmente asume un riesgo concreto no tiene el control del mismo ni la capacidad financiera para asumirlo, el marco contemplado en el Capítulo "Pautas para la aplicación del principio de plena competencia" determina que el riesgo será atribuido a otro miembro del grupo de empresas multinacional que tenga el control de ese riesgo y la capacidad financiera para asumirlo. Este requisito de control se utiliza en este Capítulo para determinar qué parte asume los riesgos relacionados con los intangibles, pero también para evaluar qué miembro del grupo multinacional controla de hecho la realización de las funciones subcontratadas en relación con el desarrollo, la mejora, el mantenimiento, la protección y la explotación del activo intangible.

Las directrices hacen referencia al tratamiento del rendimiento para los fondos aportados que se expone en el Capítulo "Pautas para la aplicación del principio de plena competencia" y asegura que la aportación de fondos para el desarrollo, la mejora, el mantenimiento, la protección y la explotación de un intangible por parte de una entidad que no realiza ninguna de las funciones importantes asociadas al intangible y no tiene control del riesgo financiero no genere un rendimiento mayor al rendimiento libre de riesgo.

En relación con la fijación del precio de plena competencia cuando la valoración es muy incierta en el momento de celebrarse la operación, la directriz reconoce que las empresas independientes pueden adoptar distintos enfoques para dar cuenta de las incertidumbres que son relevantes para el valor del intangible, lo que incluye la celebración de un contrato basado en pagos contingentes en función de los resultados efectivamente alcanzados. La directriz también toma en consideración que, a causa de las asimetrías de información, resulta difícil para la administración tributaria evaluar la fiabilidad de la información utilizada por el contribuyente para poner precio a la operación, sobre todo en lo que se refiere a los intangibles con un valor muy incierto en el momento de la transmisión. Para hacer frente a estos retos, se ha desarrollado un enfoque para valorar los intangibles de difícil valoración que permita al contribuyente demostrar que su valoración se basa en un minucioso análisis de precios de transferencia y conduce a un resultado de plena competencia, al tiempo que protege a las administraciones tributarias de los efectos negativos de las asimetrías de información. Esto se consigue asegurando que las administraciones tributarias puedan considerar los resultados a posteriori como evidencia presuntiva de la idoneidad de los acuerdos de precios a priori y que el contribuyente no pueda demostrar que la incertidumbre ha sido debidamente tenida en cuenta en la metodología de fijación de precios adoptada. Durante 2016 se emitirán pautas sobre la puesta en práctica de este enfoque y, a la luz de las experiencias registradas, para el año 2020 se revisará la aplicación práctica de las exenciones, incluidos la evaluación de la importancia y los plazos recogidos en las exenciones vigentes.

En resumidas cuentas, las pautas contenidas en este capítulo garantizan que:

- La propiedad legal de los intangibles por parte de una empresa asociada no es el único factor que determina el derecho rendimiento derivado de la explotación de los mismos;
- Las empresas asociadas que realizan funciones importantes para la creación de valor en relación con el desarrollo, mantenimiento, mejora, protección y explotación de los intangibles pueden esperar una remuneración adecuada;
- Una empresa asociada que asume un riesgo relacionado con el desarrollo, mantenimiento, mejora, protección y explotación de activos intangibles debe ejercer

el control de los riesgos y tener capacidad financiera para asumirlos, de conformidad con las pautas sobre riesgos recogidas en la Sección D.1.2 del Capítulo "Pautas sobre la aplicación del principio de plena competencia", incluido el requisito de control que es muy específico y significativo;

- El derecho de cualquier miembro del grupo de empresas multinacionales a los beneficios o pérdidas derivados de las diferencias entre los beneficios reales y las esperadas dependerá de qué entidad o entidades asuman los riesgos que han provocado esas diferencias y de si esa entidad o entidades están realizando funciones importantes en lo que se refiere al desarrollo, mejora, mantenimiento, protección o explotación de los activos intangibles o contribuyendo al control de los riesgos de importancia económica y se determina que la remuneración de esas funciones en condiciones de plena competencia incluiría un elemento de distribución del resultado;
- Una empresa asociada que aporte financiación y asuma los riesgos financieros relacionados, pero que no realice ninguna función relacionada con el intangible, por lo general sólo podrá esperar un rendimiento ajustado al riesgo por los fondos aportados;
- Si la empresa asociada que aporta los fondos no ejerce el control de los riesgos financieros asociados a esa financiación, sólo tendrá derecho a un rendimiento libre de riesgo;
- Se amplían las pautas sobre las situaciones en que es adecuado utilizar técnicas de valoración;
- Es preciso que los contribuyentes realicen un riguroso análisis de precios de transferencia para garantizar que las transmisiones de intangibles de difícil valoración se valoran aplicando el principio de plena competencia.

Las disposiciones actuales del Capítulo VI de las Directrices sobre precios de transferencia se suprimen en su totalidad y se sustituyen por el siguiente texto.

6.1. En virtud del Artículo 9 del Modelo de Convenio de la OCDE, cuando las condiciones creadas o impuestas en el uso o la transmisión de intangibles entre dos empresas asociadas difiere de las que se darían entre partes independientes, cualquier beneficio que se devengue, de no ser por esas condiciones, en favor de una de las empresas, pero que por esas condiciones no se haya devengado, podrá incluirse en los beneficios de esa empresa y tributar consecuentemente.

6.2. El objetivo de este Capítulo VI es proporcionar pautas adaptadas específicamente a la determinación de condiciones de plena competencia para operaciones que conlleven el uso o la transmisión de intangibles. El Artículo 9 del Modelo de Convenio de la OCDE trata de las condiciones de las operaciones entre empresas asociadas, y no de asignar etiquetas determinadas a dichas operaciones. Por consiguiente, la consideración clave es si la operación transfiere valor económico de una empresa asociada a otra, si esa ventaja se deriva de bienes tangibles, intangibles, servicios u otros elementos o actividades. Un elemento o actividad puede transferir valor económico a pesar de que no se haya tratado de forma específica en el Capítulo VI. En la medida en que un elemento o actividad transfiere valor económico, debería tenerse en cuenta al determinar los precios de plena competencia tanto si constituye o no un intangible en el sentido del párrafo 6.6.

6.3. Los principios de los Capítulos I-III de estas Directrices se aplican igualmente a las operaciones que involucran intangibles como a las que no. En virtud de esos principios, al igual que con otros aspectos de los precios de transferencia, el análisis de casos que conllevan el uso o la transmisión de intangibles debe comenzar con una identificación minuciosa de las relaciones comerciales o financieras entre las empresas asociadas así como de las condiciones y circunstancias de importancia económica inherentes a esas relaciones con el fin de definir de forma precisa la operación real que afecta al uso o transmisión de intangibles. El análisis funcional debería identificar las funciones realizadas, los activos utilizados y los riesgos asumidos[13] por cada miembro relevante del grupo multinacional. En los casos que atañen al uso o transmisión de intangibles, es de especial importancia basar el análisis funcional en un entendimiento del negocio global de la empresa multinacional y el modo en que ésta utiliza los intangibles para añadir o crear valor en toda la cadena de suministro. En caso necesario, el análisis habrá de considerar, en el marco de la Sección D.2 del Capítulo I, si empresas independientes habrían suscrito el acuerdo y, en tal caso, las condiciones que habrían acordado.

6.4. Para determinar las condiciones de plena competencia para el uso o la transmisión de intangibles, es importante realizar un análisis funcional y de comparabilidad de conformidad con la Sección D.1 del Capítulo I, basado en la identificación de los intangibles y riesgos asociados en los acuerdos contractuales y, posteriormente, complementar ese análisis con un examen de la conducta efectiva de las partes basándose en las funciones realizadas, los activos utilizados y los riesgos asumidos, lo que incluye el control de funciones importantes y de riesgos de importancia económica. En consecuencia, en la siguiente Sección A, se ofrecen pautas para la identificación de los intangibles. En la Sección B se examinan la propiedad legal y otras condiciones contractuales, así como las pautas para la evaluación de la conducta de las partes basándose en las funciones, los activos y los riesgos. En la Sección C se señalan escenarios típicos donde entran en juego intangibles y en la Sección D se proporcionan pautas para determinar las condiciones de plena competencia, lo que incluye la aplicación de métodos de precios de transferencia y técnicas de valoración, y se ofrece un enfoque para determinar las condiciones de plena competencia para una categoría concreta de intangibles de difícil valoración. Los ejemplos que ilustran las pautas se recogen en el Anexo a este Capítulo.

A. Identificación de activos intangibles

A.1. Términos generales

6.5. En un análisis de precios de transferencia pueden surgir dificultades a causa de la definición del término "intangible", que puede ser muy amplia o demasiado restrictiva. Si se aplica una definición demasiado restrictiva del término "intangible", tanto los contribuyentes como los gobiernos podrían argumentar que determinados elementos quedan fuera de la definición, por lo que podrían transmitirse o utilizarse sin que existiera una remuneración aparte, aun cuando dicho uso o transmisión diera lugar a remuneración en operaciones entre empresas independientes. Si se aplica una definición demasiado amplia, tanto los contribuyentes como los gobiernos podrían argumentar que el uso o la transmisión de un elemento en operaciones entre empresas asociadas tendría que ser remunerado aun cuando dicha remuneración no se contemplara en operaciones entre partes independientes.

6.6. Así pues, en estas Directrices, se pretende que el término "intangible" se refiera a un bien que no es un activo físico ni un activo financiero,[14] que puede ser objeto de propiedad o control para su uso en actividades comerciales, y cuyo uso o transmisión sería remunerado si se produjera en una operación entre empresas independientes en circunstancias comparables. En lugar de centrarse en la definición contable o legal del término, la esencia de un análisis de precios de transferencia en cualquier caso que afecte a intangibles debería ser determinar las condiciones que acordarían partes independientes en el contexto de una operación comparable.

6.7. Los intangibles que es importante tener en cuenta a efectos de precios de transferencia no siempre se registran como activos intangibles a efectos contables. Por ejemplo, los costes asociados al desarrollo de intangibles dentro de la empresa mediante la inversión en I+D y publicidad, con frecuencia se anotan como gasto en lugar de capitalizarse a efectos contables y los intangibles resultantes de dicha inversión no siempre se reflejan en el balance. Sin embargo, estos intangibles pueden utilizarse para generar un valor económico sustancial y tendrían que ser incluidos en un análisis de precios de transferencia. Por otra parte, la mejora del valor que puede derivarse de la naturaleza complementaria de un conjunto de intangibles cuando se explota colectivamente no siempre queda reflejada en el balance. Por consiguiente, el hecho de que un elemento deba ser considerado un intangible a efectos de precios de transferencia a tenor del Artículo 9 del Modelo de Convenio de la OCDE puede documentarse por medio de su clasificación a efectos contables, pero no vendrá determinado únicamente por dicha clasificación. Es más, el que un elemento deba ser considerado un intangible a efectos de precios de transferencia no viene determinado ni se desprende de su clasificación a efectos de tributación general (como gasto o activo amortizable, por ejemplo).

6.8. La disponibilidad y el alcance de la protección jurídica, contractual o de otra índole pueden afectar al valor de un elemento y al rendimiento que se le deba atribuir. En cambio, no es imprescindible que exista esta protección para considerar que un elemento es un intangible a efectos de precios de transferencia. Del mismo modo, aunque algunos intangibles pueden identificarse por separado o transmitirse de forma segregada, es posible que otros sólo puedan transmitirse en combinación con otros activos del negocio. Por eso, no es imprescindible que exista la posibilidad de transmitir un elemento por separado para considerar que es un intangible a efectos de precios de transferencia.

6.9. Es importante diferenciar los intangibles de las condiciones del mercado o las circunstancias del mercado local. Las características de un mercado local, como el nivel de ingresos disponibles de las familias que componen ese mercado o su tamaño o competitividad relativa no se pueden poseer ni controlar. Aunque en algunas circunstancias pueden afectar a la determinación de un precio de plena competencia en una operación determinada y deberían tenerse en cuenta en un análisis de comparabilidad, no son intangibles a efectos del Capítulo VI. Véase la Sección D.6 del Capítulo I.

6.10. La identificación de un elemento como intangible es independiente y diferente del proceso por el cual se determina el precio por el uso o la transmisión de dicho elemento en las circunstancias de un caso determinado. Dependiendo de las particularidades del sector y de otros hechos específicos de cada caso concreto, la explotación de intangibles puede representar una parte mayor o menor de la creación de valor de la multinacional. Conviene recordar que no todos los intangibles merecen una remuneración independiente del pago exigido por los bienes o servicios en todas las circunstancias, y que no todos los intangibles generan un rendimiento extra en todas las circunstancias. Por ejemplo, tomemos el caso de una empresa que presta un servicio utilizando un *know-how* que no es único, pues otros proveedores de servicios comparables tienen *know-how* comparable. En este caso, aunque el *know-how* constituye un intangible, se puede determinar que, en estas circunstancias, no justifica asignar una prima de rendimiento a la empresa, por encima del rendimiento normal que obtendrían otros proveedores independientes comparables de servicios similares que utilizan *know-how* no exclusivo comparable. Véase la Sección D.1.3 del Capítulo I y también en el párrafo 6.17 la definición de intangibles "únicos".

6.11. Conviene ser cuidadoso a la hora de determinar si existe o no un intangible y si ha sido transmitido o utilizado. Por ejemplo, no toda la inversión en I+D produce o mejora un intangible, y no todas las actividades de mercadotecnia se traducen en la creación o mejora de un intangible.

6.12. En un análisis de precios de transferencia de cualquier cuestión que involucre intangibles, es importante identificar de forma específica los intangibles en cuestión. El análisis funcional debería identificar los intangibles relevantes del caso en cuestión, el modo en que contribuyen a la creación de valor en las operaciones objeto de revisión, las funciones importantes realizadas y los riesgos concretos asumidos en relación con el desarrollo, mejora, mantenimiento, protección o explotación de los intangibles y el modo en que interactúan con otros intangibles, con activos tangibles y con operaciones de negocio para crear valor. Aunque sea adecuado agregar intangibles para determinar las condiciones de plena competencia del uso o la transmisión de los intangibles en determinados casos, no es suficiente para sugerir que los intangibles especificados de forma vaga o no diferenciados tengan un efecto en los precios de plena competencia o en otras condiciones. Un análisis funcional minucioso, que incluya un análisis de la importancia de los principales intangibles identificados en el negocio global de la multinacional, debería justificar la determinación de las condiciones de plena competencia.

A.2. Importancia de este capítulo a otros efectos fiscales

6.13. Las directrices recogidas en el este Capítulo están destinadas a tratar la cuestión de los precios de transferencia de forma exclusiva. No se pretende que tengan importancia a otros efectos fiscales. Por ejemplo, en los Comentarios al Artículo 12 del Modelo de Convenio de la OCDE se detalla la definición de regalías a tenor de dicho artículo (párrafos 8 a 19). El objeto del Artículo 12 (definición de "regalías") no es ofrecer pautas para determinar si el uso o la transmisión de intangibles deberían ser remunerados entre partes independientes ni, en caso de que así fuera, a qué precio. Por lo tanto, no es relevante a efectos de precios de transferencia. Es más, el modo en que se clasifica una operación a efectos de precios de transferencia carece de relevancia para decidir si un pago determinado es una regalía o puede estar sujeto a retención en virtud del Artículo 12. El concepto de intangible a efectos de precios de transferencia y la definición de regalías a efectos del Artículo 12 del Modelo de Convenio tributario de la OCDE son dos conceptos diferentes que no deben ser alineados. Puede darse el caso de que un pago entre dos empresas asociadas no constituya una regalía a tenor del Artículo 12 y que, sin embargo, reciba el tratamiento de pago a efectos de precios de transferencia y se le apliquen los principios de este capítulo. Este sería el caso de determinados pagos relacionados con el fondo de comercio o valor de una actividad en desarrollo. También es posible que un pago que, en buena ley, constituye una regalía en virtud del Artículo 12 de un Tratado relevante no responda a la remuneración de intangibles según lo dispuesto en el presente capítulo. Determinados pagos por la prestación de servicios técnicos ilustrarían este caso. Del mismo modo, las directrices de este capítulo tampoco se han emitido con la intención de que sean relevantes a efectos aduaneros.

6.14. Las directrices de este capítulo tampoco son relevantes para el reconocimiento de ingresos, la capitalización de gastos de desarrollo de intangibles, las amortizaciones o cuestiones similares. Así, por ejemplo, un país puede optar por no gravar la transmisión de ciertos tipos de intangibles en determinadas circunstancias. Igualmente, un país podría no permitir la amortización del coste de determinadas adquisiciones de activos que se considerarían intangibles atendiendo a la definición del presente capítulo y cuya transmisión podría estar sujeta a impuestos en el momento de celebrarse la operación en el país del transmitente. Se reconoce que pueden surgir inconsistencias entre las legislaciones nacionales de los distintos países, a estos efectos, que podrían dar lugar a una doble imposición o la no imposición en ninguno de los países.

A.3. Categorías de intangibles

6.15. Cuando se analizan cuestiones relacionadas con los precios de transferencia de intangibles, a veces se describen varias categorías de intangible y se aplican etiquetas. Con frecuencia se diferencian los intangibles mercantiles y de comercialización, entre intangibles "blandos" y "duros", entre intangibles rutinarios y no rutinarios, y entre otras clases y categorías de intangibles. El enfoque que se recoge en este capítulo para determinar los precios de plena competencia en operaciones con intangibles no gira en torno a estas clasificaciones. Por ello, en estas Directrices no se intenta delinear con precisión las distintas clases o categorías de intangibles o prescribir resultados en torno a ellas.

6.16. En todo caso, hay determinadas categorías de intangibles que se citan frecuentemente al comentar cuestiones sobre precios de transferencia. Para facilitar esas discusiones, se ha incluido la definición de dos de esos términos utilizados con frecuencia ("intangibles de mercadotecnia" e "intangibles de comercialización") en el Glosario y se citan de vez en cuando en los comentarios de estas Directrices. Aunque las referencias genéricas a los intangibles de mercadotecnia o de comercio no eximen a los contribuyentes o administraciones tributarias de tener que identificar de forma específica los intangibles relevantes en un análisis de precios de transferencia, el uso de estos términos tampoco sugiere que deba aplicarse otro enfoque para determinar las condiciones de plena competencia en operaciones con intangibles de mercadotecnia o de comercialización.

El Glosario de estas Directrices se modifica y se suprime la definición del término "intangible de mercadotecnia", que se sustituye por el siguiente texto:

"Intangible de mercadotecnia"

"Intangible (en el sentido del párrafo 6.6) que guarda relación con las actividades de mercadotecnia, ayuda en la explotación comercial de un producto o servicio, o tiene un importante valor promocional para el producto en cuestión. Dependiendo del contexto, los intangibles de mercadotecnia pueden incluir, por ejemplo, marcas registradas, nombres comerciales, listas de clientes, relaciones con clientes, y datos propios de mercados y clientes que se utilizan o sirven de ayuda en la mercadotecnia y venta de bienes o servicios a los clientes."

6.17. En determinadas circunstancias, estas Directrices se refieren a intangibles "únicos y valiosos". Los intangibles "únicos y valiosos" son aquellos (i) que no son comparables con otros utilizados o puestos a disposición por terceros en operaciones potencialmente comparables, y (ii) cuyo uso en las operaciones empresariales (como la fabricación, prestación de servicios, comercialización, venta o administración) se espera que genere mayores beneficios económicos en el futuro de lo que cabría esperar si no se usaran dichos intangibles.

A.4. Ejemplos ilustrativos

6.18. En esta sección se ilustran algunos elementos que se consideran con frecuencia en los análisis de precios de transferencia para operaciones que involucran intangibles. Lo que se pretende con los ejemplos es aclarar lo dispuesto en la Sección A.1., si bien no debe utilizarse esta lista en sustitución de un análisis pormenorizado. No se pretenden que estos ejemplos tengan carácter exhaustivo ni que proporcionen una lista completa de elementos que pueden o no constituir intangibles. Son muchos los elementos que no están incluidos en esta lista de ejemplos y que pueden ser intangibles a efectos de precios de transferencia. Los ejemplos que se recogen en esta sección deberían adaptarse al marco jurídico y normativo concreto que prevalezca en cada país. Asimismo, las ilustraciones de esta sección deberían considerarse y evaluarse en el contexto del análisis de comparabilidad (incluido el análisis funcional) de la operación vinculada con objeto de entender mejor cómo deben tratarse ciertos intangibles y los elementos que no merecen el tratamiento de intangible pero que contribuyen a la creación de valor en el contexto del negocio global de la empresa multinacional. Conviene destacar que la referencia genérica a un elemento incluido en la lista de ilustraciones no eximirá a los contribuyentes ni a las administraciones tributarias de su obligación de identificar de forma específica en un análisis de precios de transferencia los intangibles relevantes de conformidad con las pautas contenidas en la Sección A.1.

A.4.1. Patentes

6.19. Una patente es un instrumento legal que otorga un derecho exclusivo a su titular para utilizar un invento dado durante un plazo de tiempo limitado dentro de una zona geográfica específica. Una patente puede referirse a un objeto físico o a un proceso. A menudo los inventos patentables son el resultado de actividades de investigación y desarrollo que conllevan riesgos y costes significativos. Sin embargo, en otros casos, gastos de investigación y desarrollo de menor cuantía pueden conducir a inventos patentables muy valiosos. Quien desarrolla una patente puede intentar recuperar sus gastos de desarrollo (y obtener un rendimiento) con la venta de productos creados haciendo uso de la patente, mediante la concesión de licencias a terceros para que utilicen el invento patentado o mediante la venta directa de la patente. La exclusividad que confiere una patente podría permitir, en determinadas circunstancias, que su titular obtuviera una prima de rendimiento por el uso de su invención. En otros casos, un invento patentado podría representar ventajas de costes para su titular que no están al alcance de sus competidores. Y en otras situaciones, las patentes podrían no representar una ventaja comercial significativa. Las patentes son intangibles en el sentido de la Sección A.1.

A.4.2. Conocimientos técnicos (know-how) y secretos comerciales

6.20. Los conocimientos técnicos y los secretos comerciales son información privada o conocimientos propios que ayudan o mejoran una actividad comercial, pero no gozan de la protección del registro del mismo modo que una patente o una marca comercial. Los conocimientos técnicos y los secretos comerciales son información privada de naturaleza industrial, comercial o científica que procede de la experiencia pasada, que tiene aplicación práctica en el funcionamiento de la empresa. Los conocimientos técnicos y los secretos comerciales pueden referirse a la producción, comercialización, investigación y desarrollo, o a cualquier otra actividad comercial. A menudo, el valor de los conocimientos técnicos y los secretos comerciales depende de la capacidad de la empresa para mantener su confidencialidad. En determinados sectores, la divulgación de información necesaria para obtener la protección mediante patente podría ayudar a los competidores a desarrollar soluciones alternativas. En consecuencia, una empresa podría optar, con buen criterio empresarial, por no registrar conocimientos técnicos patentables que, en cambio, contribuirán de forma sustancial al éxito de la empresa. La confidencialidad de los conocimientos técnicos y los secretos comerciales podría protegerse en cierta medida mediante (i) leyes de competencia desleal o similares, (ii) contratos laborales, y (iii) barreras económicas y tecnológicas para la competencia. Los conocimientos técnicos y los secretos comerciales son intangibles en el sentido de la Sección A.1.

A.4.3. Marcas comerciales, nombres comerciales y marcas

6.21. Una marca comercial es un nombre, símbolo, logo o imagen único que el propietario puede utilizar para diferenciar sus productos y servicios de los de otras entidades. Los derechos de propiedad de la marca comercial a menudo están confirmados por un sistema de registro. El titular registrado de una marca comercial podrá impedir que otros la utilicen para crear confusión en el mercado. El registro de una marca comercial podrá prolongarse indefinidamente mientras la marca siga utilizándose y el registro siga renovándose debidamente. Pueden establecerse marcas comerciales para bienes o servicios, y pueden aplicarse a un solo producto o servicio, o a una línea de productos o servicios. Las marcas comerciales quizá sean más conocidas a nivel de mercado de consumo, pero es probable que se encuentren en todos los niveles de un mercado. Las marcas comerciales son intangibles en el sentido de la Sección A.1.

6.22. Un nombre comercial (a menudo, aunque no siempre, el nombre de una empresa) puede tener la misma fuerza para acceder al mercado que una marca comercial y, de hecho, puede registrarse de alguna forma específica como marca comercial. Los nombres comerciales de determinadas empresas multinacionales pueden ser fácilmente reconocibles y utilizarse en la comercialización de un buen número de bienes y servicios. Los nombres comerciales son intangibles en el sentido de la Sección A.1.

6.23. El término "marca" con frecuencia se utiliza de forma intercambiable con los términos "marca comercial" y "nombre comercial". En otros contextos, se considera que una marca es una marca registrada o nombre comercial provisto de significado social o comercial. De hecho, una marca puede representar un conjunto de intangibles u otros elementos, incluidos, entre otros, las marcas y nombres comerciales, las relaciones con clientes, la reputación y el fondo de comercio. En ocasiones puede resultar difícil o imposible separar o transferir por separado los distintos elementos que contribuyen al valor de la marca. Una marca puede estar formada por un solo intangible o por una serie de intangibles en el sentido de la Sección A.1.

A.4.4. Derechos en virtud de contratos y licencias oficiales

6.24. Las licencias y concesiones públicas pueden ser importantes en determinados negocios y cubrir un amplio abanico de relaciones empresariales. Entre otras cosas, pueden incluir la concesión por parte de un Estado de derechos para la explotación de determinados recursos naturales o bienes públicos (como una licencia de espectro de ancho de banda), o para desarrollar una actividad empresarial concreta. Las licencias y concesiones públicas son intangibles en el sentido de la Sección A.1. Ahora bien, deberían diferenciarse las licencias y concesiones públicas de las obligaciones de registro de las empresas que son condición previa para operar en una jurisdicción concreta. Estas obligaciones de registro no son intangibles en el sentido de la Sección A.1.

6.25. Los derechos contractuales también pueden ser importantes para ciertos negocios y cubrir un amplio abanico de relaciones empresariales. Entre otros, pueden incluir contratos con proveedores y clientes clave, y acuerdos para poner servicios a disposición por parte de uno o varios empleados. Los derechos contractuales son intangibles en el sentido de la Sección A.1.

A.4.5. Licencias y derechos limitados similares en intangibles

6.26. Los derechos limitados en intangibles frecuentemente se transmiten mediante licencia u otros acuerdos contractuales similares, ya sea por escrito, de forma verbal o implícita. Estos derechos bajo licencia podrían estar limitados en términos de ámbito de uso, duración, zona geográfica o de otro modo. Estos derechos limitados son intangibles *per se* en el sentido de la Sección A.1.

A.4.6. Fondo de comercio y valor de negocio en marcha

6.27. Dependiendo del contexto, el término fondo de comercio puede utilizarse para referirse a distintos conceptos. En algunos contextos contables y de valoración de negocios, el fondo de comercio refleja la diferencia entre el valor agregado de un negocio de explotación y la suma de los valores de todos los activos tangibles e intangibles identificables. De modo alternativo, a veces se describe fondo de comercio como la representación de las ventajas económicas que en el futuro irán asociadas a activos de negocio que no están identificados de forma individual ni reconocidos de forma independiente. Y, en otros contextos, el fondo de comercio se refiere a la expectativa de negocio futuro generado por los clientes actuales. El término valor de negocio en marcha a veces se refiere al valor que tienen los activos de un negocio de explotación en conjunto por encima de la suma de los valores independientes de cada uno de ellos. Generalmente se admite que el fondo de comercio y el valor de negocio en marcha no pueden segregarse ni transmitirse por separado del resto de los activos de negocio. Véase en los párrafos 9.93 a 9.95 el comentario del concepto relacionado de una transmisión de todos los elementos de un negocio en marcha en el contexto de una reestructura de negocio.

6.28.En este capítulo, no es necesario establecer una definición precisa de fondo de comercio ni de valor de negocio en marcha a efectos de precios de transferencia ni definir cuándo un fondo de comercio o el valor de negocio en marcha puede constituir o no un intangible. Sin embargo, es importante reconocer que una parte importante y monetariamente significativa de la contraprestación pagada entre empresas independientes cuando se transfiere la totalidad o una parte de los activos de un negocio de explotación podría representar una contraprestación por alguno de los elementos que se mencionan en una o varias de las descripciones alternativas de fondo de comercio o valor de un negocio en marcha. Cuando se producen operaciones similares entre empresas asociadas, dicho valor habrá que tomarse en cuenta a la hora de determinar los precios de plena competencia para la operación. Cuando el valor reputacional al que a veces nos referimos con el término fondo de comercio se transfiere a una empresa asociada o se comparte con ella, en el marco de una transmisión o licencia de marca comercial u otro intangible, ese valor reputacional debería tenerse en cuenta al determinar la contraprestación adecuada. Si ciertos atributos de un negocio, como la reputación por fabricar productos o prestar servicios de alta calidad, permiten a ese negocio cargar precios más elevados por los bienes o servicios que una entidad que carece de esa reputación y dichos atributos pueden clasificarse como fondo de comercio o valor de negocio en marcha de acuerdo con una u otra definición de dichos términos, esos atributos deberían tenerse en cuenta a la hora de establecer los precios de plena competencia para la venta de bienes o la prestación de servicios entre empresas asociadas tanto si se han clasificado como fondo de comercio como si no. En otras palabras, etiquetar una aportación de valor de una parte a otra como fondo de comercio o valor de negocio en marcha no exime de tener en cuenta el valor de dicha aportación. Véase el párrafo 6.2.

6.29. La obligación de tener que tener en cuenta el fondo de comercio y el valor de un negocio en marcha al poner precio a las operaciones no implica, de ninguna manera, que las valoraciones residuales del fondo de comercio que se derivan a algunos efectos específicos contables o de valoración de negocios sean mediciones necesariamente representativas del precio que partes independientes pagarían por los negocios o derechos de licencia transmitidos, junto con el fondo de comercio y el valor del negocio en marcha asociado. Las medidas de valoración contable y empresarial del fondo de comercio y del valor de negocio en marcha no suelen corresponderse con el precio de plena competencia del fondo de comercio o el valor de negocio en marcha transferido en un análisis de precios de transferencia. Sin embargo, dependiendo de los hechos y circunstancias, las valoraciones contables y la información que respalde dichas valoraciones podrán ofrecer un punto de partida útil para realizar un análisis de precios de transferencia. La ausencia de una única definición precisa de fondo de comercio obliga a contribuyentes y autoridades tributarias a describir los intangibles específicamente relevantes en relación con un análisis de precios de transferencia, y a considerar si empresas independientes fijarían una contraprestación para dichos intangibles en circunstancias comparables.

A.4.7. Sinergias de grupo

6.30. En algunas circunstancias, las sinergias de grupo contribuyen al nivel de ingresos obtenido por un grupo multinacional de empresas. Estas sinergias pueden revestir muchas formas, como una administración racionalizada, la eliminación de duplicidades y su consiguiente ahorro, sistemas integrados, poder de compra o endeudamiento, etc. Estas características pueden repercutir en la determinación de las condiciones de plena competencia en operaciones vinculadas y deberían abordarse a efectos de precios de transferencia como factores de comparabilidad. Como no son propiedad de una empresa ni se encuentran bajo su control, no son intangibles en el sentido de la Sección A.1. Véase el comentario del tratamiento de las sinergias de grupo a efectos de precios de transferencia en la Sección D.8 del Capítulo I.

A.4.8. Características específicas del mercado

6.31. Las características específicas de un mercado dado pueden afectar a las condiciones de plena competencia de las operaciones que se realizan en ese mercado. Por ejemplo, el elevado poder adquisitivo de las familias de un determinado mercado puede afectar a los precios que se pagan por determinados bienes de consumo de lujo. De igual modo, unos costes labores fundamentalmente bajos, la proximidad a los mercados, unas condiciones climatológicas favorables y características similares pueden afectar a los precios que se pagan por determinados bienes y servicios en un mercado concreto. Sin embargo, no se puede poseer ni controlar dichas características de un mercado, por lo que no son intangibles en el sentido de la Sección A.1. aunque deben tenerse en cuenta en cualquier análisis de precios de transferencia por medio del análisis de comparabilidad. Véase la Sección D.6 del Capítulo I donde se recogen las directrices sobre el tratamiento de las características específicas de un mercado a efectos de precios de transferencia.

B. Titularidad de intangibles y operaciones que conllevan el desarrollo, mejora, mantenimiento, protección y explotación de intangibles

6.32.Cuando los precios de transferencia involucran intangibles, es crucial determinar qué entidad o entidades del grupo multinacional tienen, en última instancia, derecho a participar en el rendimiento obtenido por el grupo con la explotación de los intangibles.[15] Un asunto relacionado es qué entidad o entidades del grupo debería soportar, en última instancia, los costes, inversiones y demás cargas asociadas con el desarrollo, mejora, mantenimiento, protección y explotación de intangibles. Aunque el propietario legal de un activo intangible podrá recibir el producto de la explotación del intangible, otros miembros del grupo multinacional del propietario legal podrían haber realizado funciones, utilizado activos[16] o asumido riesgos que se espera que contribuyan al valor del intangible. Los miembros del grupo que realizan funciones, utilizan activos y asumen riesgos deben ser remunerados por su aportación de conformidad con el principio de plena competencia. En esta Sección B se confirma que la asignación, en última instancia, del rendimiento obtenido por el grupo de empresas multinacionales en la explotación de intangibles y que la asignación, en última instancia, de los costes y demás cargas asociadas a activos intangibles entre los miembros del grupo multinacional, se lleva a cabo remunerando a los miembros del grupo multinacional por las funciones realizadas, los activos utilizados o los riesgos asumidos en el desarrollo, mejora, mantenimiento, protección y explotación de intangibles de conformidad con los principios que se describen en los Capítulos I-III.

6.33. La aplicación de los Capítulos I-III para abordar estas cuestiones puede suponer un reto importante por varias razones. Dependiendo de los hechos de cualquier caso concreto que involucre a intangibles, los siguientes factores, entre otros, pueden plantear dificultades:

i) La falta de comparabilidad entre las operaciones relacionadas con intangibles emprendidas entre empresas asociadas y aquellas que pueden identificarse entre empresas independientes;

ii) La falta de comparabilidad entre los intangibles en cuestión;

iii) La propiedad o el uso de los distintos intangibles por parte de las diferentes empresas asociadas dentro del grupo multinacional;

iv) La dificultad para aislar el efecto de cualquier intangible determinado en los ingresos del grupo de empresas multinacionales;

v) El hecho de que varios miembros del grupo multinacional puedan realizar actividades relacionadas con el desarrollo, mejora, mantenimiento, protección y explotación de un intangible, con frecuencia de un modo y con un nivel de integración que no se observa entre empresas independientes;

vi) El hecho de que las aportaciones de los distintos miembros del grupo de empresas multinacionales al valor del intangible pueda tener lugar en ejercicios distintos de los ejercicios en los que se materializa el rendimiento asociado; y

vii) El hecho de que las estructuras de los contribuyentes puedan basarse en condiciones contractuales entre empresas asociadas que segregan la propiedad, la asunción del riesgo y la financiación de inversiones en intangibles del desarrollo de funciones importantes, el control del riesgo y las decisiones en materia de inversión de formas que no se observan en operaciones entre empresas independientes y que pueden contribuir a erosionar la base imponible y a trasladar los beneficios.

Con independencia de estos retos potenciales, aplicar el principio de plena competencia y los Capítulos I-III en un marco establecido puede dar lugar, en la mayoría de los casos, a una asignación adecuada del rendimiento obtenido por el grupo multinacional con la explotación de intangibles.

6.34. El marco para analizar las operaciones que involucran intangibles entre empresas asociadas exige dar los siguientes pasos, que se ajustan a las directrices para identificar las relaciones comerciales o financieras que se recogen en la Sección D.1 del Capítulo I:

i) Identificar los intangibles utilizados o transmitidos en la operación de forma específica, los riesgos de importancia económica asociados con el desarrollo, mejora, mantenimiento, protección y explotación de los intangibles;

ii) Identificar los acuerdos contractuales al completo, haciendo especial énfasis en determinar la propiedad legal de los intangibles basándose en los términos y condiciones de los acuerdos legales, incluidos los registros relevantes, acuerdos de licencia, otros contratos relevantes, y otros indicios de propiedad legal, y los derechos y las obligaciones contractuales, incluida la asunción contractual de riesgos en las relaciones entre las empresas asociadas;

iii) Identificar a las partes que realizan funciones (incluidas, de forma específica, las funciones importantes que se describen en el párrafo 6.56), utilizan activos, y gestionan riesgos relacionados con el desarrollo, mejora, mantenimiento, protección y explotación de los intangibles por medio del análisis funcional y, en concreto, a las partes que controlan cualquier función subcontratada y los riesgos de importancia económica que son específicos del control;

iv) Confirmar la consistencia entre los términos de los acuerdos contractuales relevantes y la conducta de las partes y determinar si la parte que asume riesgos de importancia económica a tenor del Paso 4(i) del párrafo 1.60, controla los riesgos y tiene la capacidad financiera para asumir los riesgos relacionados con el desarrollo, mejora, mantenimiento, protección y explotación de los intangibles;

v) Definir las operaciones vinculadas en relación con el desarrollo, mejora, mantenimiento, protección y explotación de los activos intangibles atendiendo a la propiedad legal de los mismos, el resto de relaciones contractuales relevantes a tenor de los registros y contratos en cuestión, y la conducta de las partes, incluidas sus aportaciones sustanciales de funciones, activos y riesgos, teniendo en cuenta el marco para el análisis y la asignación del riesgo que se establece en la Sección D.1.2.1 del Capítulo I;

vi) En la medida de lo posible, determinar precios de plena competencia para estas operaciones que sean acordes con la aportación de cada parte en términos de funciones realizadas, activos utilizados y riesgos asumidos, a menos que sean de aplicación las directrices de la Sección D.2 del Capítulo I.

B.1. Titularidad y condiciones contractuales referentes a activos intangibles

6.35. Los derechos legales y los acuerdos contractuales constituyen el punto de partida para cualquier análisis de precios de transferencia de operaciones que involucren intangibles. Los términos de una operación pueden fundamentarse en contratos escritos, registros públicos (como patentes o marcas registradas), o en correspondencia o en otras comunicaciones entre las partes. Los contratos pueden describir las funciones, responsabilidades y derechos de las empresas asociadas con respecto a los intangibles. Pueden describir qué entidad o entidades aportan fondos, realizan actividades de investigación y desarrollo, mantienen y protegen los intangibles, y llevan a cabo las funciones necesarias para explotarlos, como la producción, comercialización y distribución. Pueden describir cómo deben atribuirse los cobros y gastos de las empresas multinacionales asociados con sus intangibles y pueden especificar la forma y cuantía del pago a todos los miembros del grupo por sus respectivas aportaciones. Los precios y otras condiciones que se recogen en esos contratos pueden ser consistentes o no con el principio de plena competencia.

6.36. Cuando las condiciones no constan por escrito, o cuando los hechos del caso, incluida la conducta de las partes, difieren de las condiciones plasmadas por escrito en cualquier acuerdo firmado entre ellas o cualquier suplemento correspondiente, la operación real debe deducirse de los hechos según lo establecido, incluida la conducta de las partes (véase la Sección D.1.1 del Capítulo I). Por lo tanto, las empresas asociadas harían bien en documentar sus decisiones e intenciones en lo que a la asignación de los derechos significativos en intangibles se refiere. Por lo general, debería establecerse un mecanismo de documentación de estas decisiones e intenciones, incluidos los acuerdos por escrito, en el momento o antes de que las empresas asociadas celebraran operaciones conducentes al desarrollo, mejora, mantenimiento, protección o explotación de activos intangibles.

6.37. El derecho a utilizar algunos tipos de intangibles puede estar protegido por leyes de propiedad intelectual y sistemas de registro concretos. Las patentes, marcas registradas y copyrights son ejemplos de este tipo de intangibles. Por lo general, el propietario legal registrado de estos intangibles tiene el derecho legítimo y comercial exclusivo a utilizarlos, así como el derecho a impedir que otros los utilicen o de otro modo infrinjan la protección del intangible. Estos derechos podrán cederse para una zona geográfica concreta y durante un período de tiempo específico.

6.38. También hay intangibles que no pueden protegerse con sistemas concretos de registro de la propiedad intelectual, pero que están protegidos frente a la apropiación o imitación indebida en virtud de las leyes de defensa de la competencia u otras normativas exigibles, o mediante contrato. Las presentaciones de los productos, los secretos comerciales y los conocimientos técnicos pueden entrar en esta categoría de activos intangibles.

6.39. El alcance y la naturaleza de la protección disponible en virtud de la legislación aplicable puede variar de un país a otro, al igual que las condiciones en las que se ofrece dicha protección. Dichas diferencias pueden surgir bien de diferencias en el derecho sustantivo en materia de propiedad intelectual entre los países, o bien de diferencias prácticas en la aplicación local de dichas leyes. Por ejemplo, la disponibilidad de protección legal para algunos intangibles podrá estar sujeta a condiciones como el uso comercial continuado del intangible o renovaciones de registros en plazo. Esto significa que, en algunas circunstancias o jurisdicciones, el grado de protección para un intangible puede ser sumamente limitado en términos legales o en la práctica.

6.40. El propietario legal será considerado el dueño del intangible a efectos de precios de transferencia. Si no se puede identificar al propietario legal del intangible en virtud de la legislación aplicable o los contratos vigentes, el miembro del grupo de empresas multinacionales que, basándose en los hechos y circunstancias, controle las decisiones referentes a la explotación del intangible y tenga capacidad práctica para impedir que otros utilicen el intangible será considerado el propietario legal del intangible a efectos de precios de transferencia.

6.41. En la identificación de los propietarios legales de intangibles, se considerará que un intangible y cualquier licencia correspondiente son intangibles diferentes a efectos de precios de transferencia, cada una con su respectivo dueño. Véase el párrafo 6.26. Por ejemplo, la Sociedad A, propietaria legal de una marca, podría otorgar una licencia exclusiva a la Sociedad B para fabricar, comercializar y vender bienes utilizando la marca. Un intangible, la marca, es propiedad legal de la Sociedad A. Otro intangible, la licencia para utilizar la marca en la fabricación, comercialización y distribución de los productos fabricados con ella, es propiedad legal de la Sociedad B. Dependiendo de los hechos y circunstancias, las actividades de comercialización emprendidas por la Sociedad B en virtud de su licencia podrían afectar en teoría al valor del intangible subyacente que es propiedad legal de la Sociedad A, al valor de la licencia de la Sociedad B, o a ambos.

6.42. Aunque determinar la propiedad legal y los acuerdos contractuales es un importante primer paso en el análisis, estas determinaciones son independientes y distintas de la cuestión de la remuneración conforme al principio de plena competencia. A efectos de precios de transferencia, la propiedad legal de los intangibles, en sí, no confiere ningún derecho en última instancia a conservar el rendimiento obtenido por el grupo multinacional gracias a la explotación del intangible, aunque dicho rendimiento inicialmente correspondiera al propietario legal como consecuencia de su derecho legal o contractual a explotar el intangible. El rendimiento obtenido en última instancia por el propietario legal, o atribuido a éste, depende de las funciones que realiza, los activos que utiliza y los riesgos que asume, así como de las aportaciones que realizan el resto de miembros del grupo mediante las funciones que realizan, los activos que utilizan y los riesgos que asumen. Por ejemplo, en el caso de un intangible desarrollado dentro de la empresa, si el propietario legal no realiza funciones, ni utiliza activos y tampoco asume riesgos que sean importantes, interviniendo únicamente como sociedad titular, el propietario legal no tendrá derecho, en última instancia, a ninguna parte del rendimiento obtenido por el grupo multinacional como consecuencia de la explotación del intangible, con la salvedad de la remuneración de plena competencia, si la hubiere, por la mera titularidad.

6.43. La propiedad legal y las relaciones contractuales sirven simplemente como punto de referencia para identificar y analizar las operaciones vinculadas en relación con el intangible y para determinar la remuneración adecuada para los miembros de un grupo vinculado con respecto a esas operaciones. La identificación de la propiedad legal, unida a la identificación y remuneración de las funciones realizadas, los activos utilizados y los riesgos asumidos con carácter importante por todos los miembros del grupo, ofrece el marco analítico para la identificación de los precios de plena competencia y otras condiciones en las operaciones que involucran intangibles. Al igual que con cualquier otro tipo de operaciones, el análisis debe tener en cuenta todos los hechos y circunstancias relevantes presentes en cada caso y las determinaciones de precios deben reflejar las alternativas realistas de los miembros relevantes del grupo en cuestión. Los principios enunciados en este párrafo se ilustran en los Ejemplos 1 a 6 del Anexo al Capítulo VI.

6.44. Dado que los resultados reales y el modo en que los riesgos asociados al desarrollo o adquisición de un intangible se verán con el tiempo y no se conocen con certeza en el momento en que los miembros del grupo multinacional toman las decisiones referentes al intangible, es importante distinguir entre (a) la remuneración anticipada (o a priori), que se refiere al rendimiento que prevé obtener en el futuro un miembro del grupo de empresas multinacionales en el momento de celebrarse la operación; y (b) la remuneración real (o a posteriori), que se refiere al rendimiento efectivamente obtenidos por él a raíz de la explotación del intangible.

6.45. Los términos de la remuneración que debe pagarse a los miembros del grupo de empresas multinacionales que contribuyen al desarrollo, mejora, mantenimiento, protección y explotación de intangibles suelen determinarse a priori. Es decir, se determinan en el momento en que se celebra la operación y antes de que se produzcan los riesgos asociados al intangible. En cuanto a la forma, la remuneración puede ser fija o contingente. El beneficio o la pérdida real (a posteriori) de la operación, una vez remunerados el resto de miembros del grupo, puede diferir del resultado previsto dependiendo de cómo evolucionen en la realidad los riesgos asociados al intangible u otros riesgos relevantes relacionados con la operación o el acuerdo. La operación definida con precisión, como se explica en la Sección D.1 del Capítulo I, determinará qué entidad asociada asume esos riesgos y, por consiguiente, soportará las consecuencias (costes o rendimiento adicionales) cuando se materialicen los riesgos de forma diferente a la prevista (véanse los párrafos 6.69 a 6.70).

6.46. Una cuestión importante es cómo determinar la remuneración de plena competencia adecuada para los miembros de un grupo por sus funciones, activos y riesgos en el marco establecido por los acuerdos contractuales del contribuyente, la propiedad legal de los intangibles y la conducta de las partes. En la Sección B.2 se comenta la aplicación del principio de plena competencia a situaciones con intangibles. Se centra en las funciones, activos y riesgos relacionados con los intangibles. Salvo indicación en contrario, las referencias al rendimiento de plena competencia y la remuneración de plena competencia en la Sección B.2 son referencias al rendimiento y remuneración anticipados (a priori).

B.2. Funciones, activos y riesgos relacionados con intangibles

6.47. Como se ha mencionado previamente, la determinación de que cierto miembro del grupo es el propietario legal de un intangible no implica, en sí y de por sí, necesariamente que el propietario legal tenga derecho a ningún ingreso resultante de la actividad, una vez remunerado el resto de miembros del grupo por su aportación en forma de funciones realizadas, activos utilizados o riesgos asumidos.

6.48. Al identificar los precios de plena competencia en operaciones entre empresas asociadas, debería tenerse en cuenta y remunerarse adecuadamente la aportación de cada miembro del grupo en relación con la creación del valor del intangible. El principio de plena competencia y los principios de los Capítulos I-III exigen que todos los miembros del grupo reciban una remuneración adecuada por cualquier función que realicen, cualquier activo que utilicen y cualquier riesgo que asuman en relación con el desarrollo, mejora, mantenimiento, protección y explotación de intangibles. Por tanto, es necesario determinar, por medio de un análisis funcional, qué miembro o miembros realizan y controlan las funciones de desarrollo, mejora, mantenimiento, protección y explotación, qué miembro o miembros aportan fondos y otros activos, y qué miembro o miembros asumen los diversos riesgos asociados al intangible. Por supuesto, en cada una de estas áreas, puede ser o no el propietario legal del intangible. Como se ha comentado en el párrafo 6.133, a la hora de determinar la remuneración de plena competencia de las funciones realizadas, los activos utilizados y los riesgos asumidos, también es importante considerar los factores de comparabilidad que puedan contribuir a la creación de valor o a la generación de rendimientos para el grupo de empresas multinacionales a partir de la explotación de intangibles en la determinación de los precios de las operaciones relevantes.

6.49. La importancia relativa de las aportaciones a la creación de valor del intangible por parte de los miembros del grupo, en forma de funciones realizadas, activos utilizados y riesgos asumidos, variará dependiendo de las circunstancias. Por ejemplo, supongamos que un miembro de un grupo de empresas multinacionales compra un intangible totalmente desarrollado y actualmente explotado a un tercero y lo explota mediante actividades de producción y distribución que realizan otros miembros del grupo, mientras la entidad que lo ha comprado lo gestiona y lo controla de forma activa. Se supone que este intangible no precisaría ninguna actividad de desarrollo, puede necesitar algo de mantenimiento o protección, o nada, y puede tener un beneficio limitado fuera del ámbito de explotación en el que se pretende utilizar cuando se adquiere. No existiría un riesgo de desarrollo asociado a él, aunque sí existirían los riesgos asociados a la compra y explotación del activo intangible. Las funciones clave realizadas por el comprador son las necesarias para seleccionar el intangible más adecuado en el mercado, analizar sus ventajas potenciales si se utiliza en el grupo de empresas multinacionales y decidir si asume la oportunidad que representa la adquisición del intangible, con sus riesgos inherentes. El activo clave utilizado son los fondos necesarios para adquirir el intangible. Si el comprador tiene la capacidad necesaria y efectivamente realiza todas las funciones clave descritas, incluido el control de los riesgos asociados con la adquisición y explotación del intangible, sería razonable concluir que, una vez remuneradas en condiciones de plena competencia las funciones de producción y distribución de las otras empresas asociadas, el propietario tendría derecho a conservar, o a que le fueran atribuidos, los beneficios o las pérdidas resultantes de la explotación del intangible después de su adquisición. Aunque la aplicación de los Capítulos I-III puede parecer bastante sencilla en un patrón de hechos tan simple, el análisis puede resultar más complejo cuando:

i) Los intangibles han sido desarrollados dentro del un grupo multinacional, sobre todo cuando se transmiten entre empresas asociadas mientras todavía se encuentran en fase de desarrollo;

ii) Se utilizan activos adquiridos o desarrollados internamente como plataforma para otros desarrollos futuros; o

iii) Otros aspectos, como la comercialización o fabricación, tiene especial importancia en la creación de valor.

Las siguientes directrices de aplicación general tienen una relevancia particular en estos casos más complicados, en los que se centran principalmente.

B.2.1. Realización y control de funciones

6.50. En virtud de los principios enunciados en los Capítulos I-III, cada miembro del grupo de empresas multinacionales debería recibir una remuneración de plena competencia por las funciones que lleva a cabo. En los casos referidos a intangibles, esto incluye las funciones relacionadas con el desarrollo, mejora, mantenimiento, protección y explotación de intangibles. Por ese motivo, una de las consideraciones clave para determinar las condiciones de plena competencia en operaciones vinculadas es la identidad del miembro o miembros del grupo de empresas multinacionales que realizan las funciones relacionadas con el desarrollo, mejora, mantenimiento, protección y explotación de los intangibles.

6.51. La necesidad de asegurar que todos los miembros del grupo multinacional reciben una remuneración adecuada por las funciones que realizan, los activos que aportan y los riesgos que asumen implica que, si el propietario legal de los intangibles es a quien corresponde, en última instancia, quedarse con la totalidad del rendimiento derivado de la explotación de los intangibles, debe llevar a cabo todas las funciones, aportar todos los activos utilizados y asumir todos los riesgos inherentes al desarrollo, mejora, mantenimiento, protección y explotación de los intangibles. Ahora bien, esto no significa que las empresas asociadas que constituyan un grupo multinacional deban estructurar sus operaciones vinculadas al desarrollo, mejora, mantenimiento, protección o explotación de los intangibles de ningún modo concreto. No es esencial que el propietario legal realice físicamente a través de su propio personal todas las funciones relativas al desarrollo, mejora, mantenimiento, protección y explotación de un intangible para estar legitimado, en definitiva, a conservar o que le sea atribuida una parte del rendimiento obtenido por el grupo en la explotación del intangible. En operaciones entre empresas independientes, a veces se subcontratan algunas funciones a otras entidades. Un miembro de un grupo multinacional que es el propietario legal de intangibles podría subcontratar del mismo modo funciones relacionadas con el desarrollo, mejora, mantenimiento, protección o explotación de intangibles a empresas ya sean independientes o asociadas.

6.52. Cuando hay empresas asociadas que no son el propietario legal y realizan funciones importantes que previsiblemente contribuirán al valor de los intangibles, estas empresas deberían recibir una remuneración de plena competencia por las funciones realizadas de acuerdo con los principios expuestos en los Capítulos I-III. Para determinar la remuneración de plena competencia de las aportaciones funcionales habría que tener en cuenta la disponibilidad de operaciones independientes comparables, la importancia de las funciones realizadas en la creación de valor del intangible, y las opciones que tienen las partes a su disposición desde un punto de vista realista. También deberían tenerse en cuenta las consideraciones específicas que se describen en los párrafos 6.53 a 6.58.

6.53. Al subcontratar operaciones entre empresas independientes, es frecuente que una entidad que realiza funciones en nombre del propietario legal del intangible que afectan al desarrollo, mejora, mantenimiento, protección y explotación del intangible opere bajo el control de dicho propietario legal (como se comenta en el párrafo 1.65). Dada la naturaleza de las relaciones entre las empresas asociadas que forman parte de un grupo multinacional, en cambio, puede darse el caso de que las funciones subcontratadas a empresas asociadas estén bajo el control de otra entidad distinta del propietario legal de los intangibles. En estos casos, el propietario legal del intangible también debería remunerar a la entidad que desempeña funciones de control en conexión con el desarrollo, mejora, mantenimiento, protección y explotación de intangibles en condiciones de plena competencia. Para evaluar qué miembro del grupo multinacional controla efectivamente el desempeño de las funciones importantes, se aplican principios análogos a los principios para determinar quién controla los riesgos que se recogen en la Sección D.1.2.1 del Capítulo I. Evaluar la capacidad de una entidad concreta para controlar y llevar a cabo de forma efectiva dichas funciones de control será una parte importante del análisis.

6.54. Si el propietario legal no controla ni lleva a cabo las funciones relacionadas con el desarrollo, mejora, mantenimiento, protección o explotación del intangible, entonces no tendrá derecho a ningún beneficio continuo por las funciones subcontratadas. Dependiendo de los hechos, la remuneración de plena competencia que debe pagar el propietario legal a otras empresas asociadas que lleven a cabo o controlen funciones relacionadas con el desarrollo, la mejora, el mantenimiento, la protección o la explotación de intangibles puede incluir cualquier parte de los rendimientos totales derivados de la explotación de los intangibles. Un propietario legal que no realice ninguna función importante en relación con el desarrollo, mejora, mantenimiento, protección o explotación del intangible perderá, por tanto, cualquier derecho a cualquier parte de esos rendimientos asociados a la realización o el control de las funciones relacionadas con el desarrollo, mejora, mantenimiento, protección o explotación del intangible. Tendrá derecho a una remuneración de plena competencia por cualquier función que realice, cualquier activo que utilice o cualquier riesgo que asuma siempre que sea de forma efectiva. Véanse los párrafos 6.59 a 6.68. Para determinar las funciones que realiza, los activos que utiliza y los riesgos que asume de forma efectiva son particularmente relevantes las directrices que se exponen en la Sección D.1.2 del Capítulo I.

6.55. El valor relativo de las aportaciones al desarrollo, mejora, mantenimiento, protección y explotación de intangibles varía dependiendo de las circunstancias concretas del caso. Dentro del grupo multinacional quien realice las aportaciones más significativas en cada caso debería recibir la mayor remuneración en términos relativos. Por ejemplo, una empresa que se limita a financiar una actividad de investigación y desarrollo debería prever un rendimiento menor que si financiara y además controlara esa actividad. Si el resto de condiciones son iguales, ese rendimiento debería ser aún mayor si la entidad financiara, controlara y físicamente llevara a cabo esa actividad de investigación y desarrollo. Véase también el comentario sobre la aportación de fondos en los párrafos 6.59 a 6.64.

6.56. A la hora de tener en cuenta la remuneración de plena competencia de las aportaciones funcionales de los distintos miembros de un grupo de empresas multinacionales, algunas funciones importantes tendrán especial relevancia. La naturaleza de estas funciones importantes en cualquier caso concreto dependerá de los hechos y circunstancias. En el caso de los intangibles desarrollados internamente, o de los intangibles desarrollados internamente o adquiridos que sirvan de plataforma para otras actividades de desarrollo, estas funciones más importantes podrán incluir, entre otras, el diseño y control de programas de investigación y mercadotecnia, la dirección y establecimiento de prioridades en proyectos creativos, lo que incluye determinar el curso de la investigación teórica, controlar las decisiones estratégicas en materia de programas de desarrollo de intangibles, y gestionar y controlar presupuestos. En el caso de cualquier intangible (ya sea desarrollado internamente o adquirido), otras funciones importantes también podrían incluir decisiones importantes sobre la defensa y protección de intangibles, y el control continuo de calidad en las funciones realizadas por externos o empresas asociadas que puedan tener un efecto significativo en el valor del intangible. Estas funciones importantes por lo general supondrán una aportación significativa al valor intangible y, si el propietario legal las subcontrata en una operación entre empresas asociadas, el desempeño de esas funciones debería ser remunerado con una parte adecuada de los rendimientos obtenidos por el grupo con la explotación de los intangibles.

6.57. Como puede ser difícil encontrar operaciones comparables que conlleven la subcontratación de estas funciones importantes, quizá sea necesario utilizar métodos de establecimiento de precios de transferencia que no estén directamente basados en comparables, como los métodos de la distribución del resultado y las técnicas de valoración a priori, para recompensar debidamente el desempeño de estas funciones importantes. Cuando el propietario legal subcontrata la totalidad o la mayoría de esas funciones importantes a otros miembros del grupo, debería considerarse detenidamente atribuir al propietario legal cualquier parte sustancial de los rendimientos procedentes de la explotación de los intangibles una vez remunerados los otros miembros del grupo por sus funciones, teniendo en cuenta las funciones realizadas, los activos utilizados y los riesgos asumidos realmente de acuerdo con las directrices recogidas en la Sección D.1.2 del Capítulo I. Los Ejemplos 16 y 17 del Anexo al Capítulo VI ilustran los principios contenidos en este párrafo.

6.58. Dado que las funciones importantes que se describen en el párrafo 6.56 a menudo son cruciales para gestionar las distintas funciones realizadas, activos utilizados y riesgos asumidos que son clave para el desarrollo, mejora, mantenimiento, protección o explotación con éxito de intangibles y que, por lo tanto, son esenciales para la creación de valor intangible, es necesario evaluar con cuidado las operaciones entre las partes que realizan estas funciones importantes y otras empresas asociadas. En particular, la fiabilidad de un método de precios de transferencia unilateral se verá sustancialmente reducida si se trata a quienes realizan una parte significativa de las funciones importantes como parte o partes analizadas. Véase el Ejemplo 6.

B.2.2. Uso de activos

6.59. Los miembros del grupo que utilicen activos en el desarrollo, mejora, mantenimiento, protección o explotación de un intangible deberían percibir una remuneración adecuada por ello. Estos activos pueden incluir, a modo meramente enunciativo, intangibles utilizados en actividades de investigación, desarrollo o comercialización (como, por ejemplo, conocimientos técnicos, relaciones con clientes, etc.), activos físicos o fondos. Un miembro de un grupo multinacional puede financiar la totalidad o alguna parte del desarrollo, mejora, mantenimiento y protección de un intangible, mientras que otro u otros realizan todas las funciones importantes. A la hora de evaluar el apropiado rendimiento anticipado por la financiación en esas circunstancias, convendría reconocer que, en las operaciones realizadas en condiciones de plena competencia, una parte que aporta financiación pero que no controla los riesgos ni realiza funciones importantes asociadas con la actividad o el activo financiados, por lo general no percibe un rendimiento anticipado equivalente al que percibiría de otro modo otro inversor en situación similar que también realizara y controlara funciones importantes y controlara riesgos importantes asociados a la actividad financiada. La naturaleza y el importe de la remuneración atribuible a una entidad que asume costes relacionados con el intangible, sin más, deben venir determinados por todos los hechos relevantes y deberían ser consistentes con otros acuerdos financieros similares suscritos entre partes independientes, siempre que puedan identificarse este tipo de acuerdos. Véanse las directrices del Capítulo I, Sección D.1.2.1.6, y en particular el Ejemplo 3 en los párrafos 1.85 y 1.103, que ilustran una situación en la que la parte que aporta la financiación no controla el riesgo financiero asociado a la misma.

6.60. La financiación y la asunción de riesgos van intrínsecamente unidas en el sentido de que la financiación frecuentemente coincide con la asunción de determinados riesgos (por ejemplo, la parte financiadora asume contractualmente el riesgo de la pérdida de sus fondos). Ahora bien, la naturaleza y el alcance del riesgo asumido variarán dependiendo de los atributos económicos fundamentales de la operación. Por ejemplo, el riesgo será menor cuando la parte financiada tenga una buena solvencia, o cuando se pignoren los activos, o cuando la inversión financiada sea de bajo riesgo, en comparación con otras situaciones en las que la solvencia sea menor, o los fondos carezcan de garantía o la inversión financiada sea de alto riesgo. Es más, cuanto mayor es el importe financiado, mayor es la posible repercusión del riesgo en el proveedor de los fondos.

6.61. De conformidad con los principios expuestos en la Sección D.1.2 del Capítulo I, el primer paso en un análisis de precios de transferencia a efectos de los riesgos es identificar de forma específica los riesgos de importancia económica. Para ello, es importante diferenciar entre los riesgos financieros que están asociados a la financiación aportada a la inversión y los riesgos operativos que están asociados a las actividades operativas a las que se destina la financiación, como por ejemplo el riesgo de desarrollo cuando se utilizan los fondos para desarrollar un nuevo intangible. Cuando una entidad que aporta financiación ejerce el control del riesgo asociado a esa financiación, sin asumir ningún otro riesgo específico (incluido el control de ese riesgo), por lo general sólo debería esperar un rendimiento ajustado al riesgo por la financiación aportada.

6.62. Lo normal es que los acuerdos contractuales determinen los términos de la operación de financiación, que serán aclarados o complementados con las características económicas de la operación según se desprenda de la conducta de las partes.[17] El rendimiento que normalmente debería esperar quien aporta la financiación debería equivaler a un rendimiento adecuado ajustado al riesgo. Dicho rendimiento puede determinarse, por ejemplo, sobre la base del coste del capital o la rentabilidad de una inversión alternativa realista con características económicas comparables. Para determinar un rendimiento adecuado para las actividades financiadas, es importante considerar las opciones de financiación que, siendo realistas, tiene la parte financiada a su disposición. Puede que el rendimiento esperado a priori por la parte que financia no coincida con el rendimiento realmente obtenido a posteriori. Por ejemplo, cuando se concede un préstamo de un montante determinado a un tipo de interés fijo, la diferencia entre la rentabilidad esperada y la rentabilidad real reflejará la materialización del riesgo de que quien recibe los fondos no pueda hacer frente a la totalidad o una parte de los pagos a su vencimiento.

6.63. El alcance y la forma de las actividades necesarias para controlar el riesgo financiero inherente a la aportación de fondos dependerá del riesgo que represente la inversión para quien los aporta, teniendo en cuenta el montante en cuestión y la inversión a la que se destinan esos fondos. De conformidad con la definición de control que se refleja en los párrafos 1.65 y 1.66 de estas Directrices, para que exista control de un riesgo financiero concreto tiene que existir capacidad para tomar las decisiones relevantes relacionadas con la oportunidad que conlleva el riesgo, en este caso la aportación de fondos, y hay que llevar a cabo de forma efectiva esas funciones de toma de decisiones. Además, la parte que ejerce el control del riesgo financiero debe realizar las actividades que se indica en los párrafos 1.65 y 1.66 en relación con la mitigación en el día a día de estos riesgos cuando se subcontratan y con los preparativos necesarios para facilitar la toma de decisiones, si no realiza las actividades personalmente.

6.64. Cuando se aportan fondos para el desarrollo de un intangible, las decisiones relevantes de asumir, dejar o declinar una oportunidad que conlleva riesgos y las decisiones de si y cómo se debe responder a los riesgos asociados a la oportunidad, son las decisiones relacionadas con la aportación de fondos y las condiciones de la operación. Dependiendo de los hechos y circunstancias, estas decisiones pueden depender de una evaluación de la solvencia crediticia de la parte que recibe los fondos y de una evaluación de los posibles efectos de los riesgos relacionados con el proyecto de desarrollo en las expectativas de rendimiento de los fondos aportados u otra financiación adicional. Las condiciones latentes en la aportación de fondos pueden incluir la posibilidad de vincular las decisiones de financiación a decisiones clave de desarrollo que inciden en el rendimiento de la financiación. Por ejemplo, puede que haya que tomar decisiones sobre la posibilidad de llevar el proyecto a la siguiente fase o aprobar inversiones en activos de alto coste. Cuanto mayor es el riesgo de desarrollo y mayor es la relación entre el riesgo financiero y el riesgo de desarrollo, mayor será la capacidad de quien aporta los fondos para evaluar el avance del desarrollo del intangible y las consecuencias de ese avance hacia la consecución de los rendimientos financieros previstos, y mayor será la relación que podrá establecer esa entidad entre la aportación continua de fondos y los avances operativos clave que pueden incidir en su riesgo financiero. La parte que pone los fondos tendrá que tener capacidad para evaluar la aportación continua de fondos y necesitará llevar a cabo efectivamente esas evaluaciones, que posteriormente tendrá que tener en cuenta a la hora de tomar en la práctica las decisiones relevantes en relación con la provisión de fondos.

B.2.3. Asunción de riesgos

6.65. En particular, los tipos de riesgo que pueden tener importancia en un análisis funcional de operaciones que involucran intangibles incluyen (i) riesgos relacionados con el desarrollo de intangibles, incluido el riesgo de que las costosas actividades de investigación y desarrollo o comercialización no sean exitosas, y teniendo en cuenta el momento de la inversión (por ejemplo, el hecho de que se realice en una primera fase, a mitad del proceso de desarrollo o al final incidirá en el nivel de riesgo de inversión latente), (ii) el riesgo de obsolescencia del producto, incluida la posibilidad de que avances tecnológicos de la competencia repercutan negativamente en el valor de los intangibles, (iii) riesgo de infracción, incluido el riesgo de que la defensa de los derechos de los intangibles o la defensa frente a las reclamaciones de infracción de terceros puedan llevar mucho tiempo, resultar muy cara o ser infructuosa; (iv) riesgos de responsabilidad de producto y similares en relación con productos y servicios basados en los intangibles, y (v) riesgos de explotación, incertidumbre en relación con el rendimiento que generará el intangible. La existencia y el nivel de dichos riesgos dependerán de los hechos y circunstancias de cada caso, así como la naturaleza del intangible en cuestión.

6.66. Una consideración importante para determinar los precios en operaciones vinculadas es la identidad de los miembros del grupo de empresas multinacionales que asumen los riesgos relacionados con el desarrollo, mejora, mantenimiento, protección y explotación de los intangibles. La asunción de riesgos determinará qué entidades serán responsables de las consecuencias si se materializan los riesgos. La definición con precisión de la operación vinculada, basada en las pautas incluidas en la Sección D.1 del Capítulo I, podrá determinar que el propietario legal asume los riesgos o que, por el contrario, son otros miembros del grupo quienes asumen los riesgos, por lo que deberán ser remunerados adecuadamente por su aportación.

6.67. A la hora de determinar qué miembros del grupo asumen los riesgos asociados a los intangibles, son de aplicación los principios de la Sección D.1.2 del Capítulo I. En particular, deben seguirse los pasos 1 a 5 del proceso de análisis de riesgos en una operación vinculada tal y como se exponen en el párrafo 1.60 para determinar qué parte asume los riesgos asociados al desarrollo, mejora, mantenimiento, protección y explotación de intangibles.

6.68. Es muy importante asegurarse de que los miembros del grupo que alegan tener derecho al rendimiento derivado de asunción de riesgos son quienes asumen en la práctica la responsabilidad de las acciones que hay que llevar a cabo y los costes que deben incurrirse en caso de materializarse los riesgos en cuestión. Si los costes los asume o las acciones las realiza una empresa asociada distinta de la empresa asociada que asume los riesgos de acuerdo con el marco de análisis de riesgos establecido en el párrafo 1.60 de estas directrices, debería realizarse un ajuste de precios de transferencia de forma que se atribuyeran los costes a la parte que asume los riesgos y se remunerara de forma adecuada a la otra empresa asociada por las actividades realizadas en conexión con la materialización del riesgo. El Ejemplo 7 del Anexo al Capítulo VI ilustra este principio.

B.2.4. Rendimientos reales, a posteriori

6.69. Es bastante frecuente que la rentabilidad real (a posteriori) difiera de la rentabilidad esperada (a priori). Puede deberse al hecho de que los riesgos se hayan materializado de forma distinta a la prevista al tener lugar acontecimientos imprevistos. Por ejemplo, puede darse el caso de que se retire un producto competitivo del mercado, se produzca un desastre natural en un mercado clave, falle un activo clave por motivos imprevistos o que una innovación tecnológica de un competidor provoque la obsolescencia o reduzca el atractivo de los productos basados en el intangible en cuestión. También puede suceder que las proyecciones financieras, en las que se basan los cálculos de rentabilidad y los acuerdos de remuneración a priori, tuvieran en cuenta debidamente los riesgos y la probabilidad de que sucedieran acontecimientos razonablemente previsibles y que las diferencias entre la rentabilidad real y la prevista reflejen la materialización de esos riesgos. Por último, puede ser que las proyecciones financieras en las que se basan los cálculos de rentabilidad y los acuerdos de remuneración a priori no tomaran en cuenta de forma adecuada los riesgos de los distintos resultados que podían darse, sobrevalorando o infravalorando así los rendimientos previstos. La pregunta que surge en estas circunstancias es si deberían distribuirse y, en tal caso, en qué medida los beneficios o las pérdidas debieran repartirse entre los miembros del grupo de empresas multinacionales que han contribuido al desarrollo, mejora, mantenimiento, protección y explotación del intangible en cuestión.

6.70. Para resolver esta pregunta, hay que analizar cuidadosamente qué entidades del grupo multinacional asumen de hecho los riesgos de importancia económica identificados en la definición de la operación real (véase la Sección D.1 del Capítulo I). Como indica este marco analítico, la parte que realmente asume estos riesgos puede ser una empresa asociada que este o no obligada por un compromiso contractual para asumirlos, como el propietario legal del intangible, o puede ser quien financia la inversión o no. Una parte a quien no se atribuyen los riesgos que dan lugar a la desviación entre los resultados esperados y los reales en virtud de los principios contenidos en las Secciones D.1.2.1.4 a D.1.2.1.6 del Capítulo I no tendrá derecho a las diferencias entre los beneficios previstos y los reales, ni tendrá que soportar las pérdidas causadas por tales diferencias si se materializan dichos riesgos, a menos que esa parte realice funciones importantes de acuerdo con el párrafo 6.56 o que contribuya al control de los riesgos de importancia económica según se establece en el párrafo 1.105, y se determine que la remuneración de plena competencia de estas funciones incluiría un elemento de distribución de beneficios. Además, hay que considerar si la remuneración a priori pagada a los miembros del grupo por las funciones realizadas, los activos utilizados y los riesgos asumidos por ellas es consistente, en la práctica, con el principio de plena competencia. Hay que tomar la precaución de verificar, por ejemplo, si el grupo infravaloró o sobrevaloró de hecho los resultados esperados, pagando así en exceso o en defecto (según la determinación a priori) a algunos miembros del grupo por sus aportaciones. Las operaciones cuya valoración es muy incierta en el momento de celebrarse la operación son especialmente susceptibles de infravaloración o sobrevaloración. Esta cuestión se trata más detenidamente en la Sección D.4.

B.2.5. Algunas implicaciones de la aplicación de las Secciones B.1 y B.2

6.71. Si el propietario legal de un activo intangible en esencia:

- Realiza y controla todas las funciones (incluidas las funciones importantes que se describen en el párrafo 6.56) relacionadas con el desarrollo, mejora, mantenimiento, protección y explotación del intangible;
- Aporta todos los activos, incluida la financiación, necesarios para el desarrollo, mejora, mantenimiento, protección y explotación del intangible; y
- Asume todos los riesgos relacionados con el desarrollo, mejora, mantenimiento, protección y explotación del intangible,

entonces tendrá derecho a la totalidad del rendimiento que, a priori, se ha previsto que genere la explotación del intangible por parte del grupo de empresas multinacionales. En la medida en que uno o varios miembros del grupo de empresas multinacionales que no sean el propietario legal realicen funciones, utilicen activos o asuman riesgos en relación con el desarrollo, mejora, mantenimiento, protección y explotación del intangible, dichas empresas asociadas habrán de ser remuneradas por su aportación en condiciones de plena competencia. Esta remuneración podrá constituir, dependiendo de los hechos y circunstancias, la totalidad o una parte sustancial de los rendimientos que se prevé obtener con la explotación del intangible.

6.72. El derecho de cualquier miembro del grupo multinacional a los beneficios o las pérdidas resultantes de las diferencias entre la rentabilidad real (a posteriori) y la estimación adecuada de la rentabilidad esperada (a priori) dependerá de cuáles son las entidades del grupo que asuman en la práctica los riesgos identificados al definir la operación real (véase la Sección D.1 del Capítulo I). También dependerá de cuáles son las entidades que estén realizando las funciones importantes como se refleja en el párrafo 6.56 o contribuyendo al control de los riesgos de importancia económica como se establece en el párrafo 1.105, y para las cuales se determine que una remuneración de plena competencia de esas funciones incluye un elemento de distribución de resultados.

B.3. Identificación y determinación de los precios y otras condiciones para operaciones vinculadas

6.73. La realización del análisis que se describe en la Sección D.1 del Capítulo I, y que se complementa en este Capítulo, debería facilitar una clara evaluación de la propiedad legal, las funciones, los activos y los riesgos asociados con los intangibles, y una identificación exacta de las operaciones cuyos precios y otras condiciones han de ser determinados. En general, las operaciones identificadas por el grupo de empresas multinacionales en los registros y contratos relevantes son aquellas cuyos precios y condiciones han de determinarse aplicando el principio de plena competencia. Sin embargo, el análisis podrá revelar que, en la realidad, se produjeron operaciones distintas o adicionales a las descritas en los registros y contratos. En consonancia con la Sección D.1 del Capítulo I, las operaciones analizadas (y sus verdaderas condiciones) son las que se determina que han tenido lugar a juzgar por la conducta real de las partes y otros hechos relevantes.

6.74. Los precios de plena competencia y demás condiciones de las operaciones deberían determinarse de conformidad con las directrices recogidas en los Capítulos I-III, teniendo en cuenta las aportaciones al valor del intangible anticipado de las funciones realizadas, los activos utilizados y los riesgos asumidos en el momento de llevarse a cabo dichas funciones, utilizarse dichos activos o asumirse dichos riesgos como se comenta en la Sección B del presente capítulo. En la Sección D del presente capítulo se ofrecen pautas complementarias sobre los métodos de precios de transferencia y otras cuestiones aplicables a la hora de determinar los precios de plena competencia y otras condiciones para las operaciones que involucran intangibles.

B.4. Aplicación de los principios anteriormente expuestos en determinados patrones de hechos

6.75. Los principios expuestos en esta Sección B deben aplicarse en una serie de situaciones relacionadas con el desarrollo, mejora, mantenimiento, protección y explotación de intangibles. Una consideración que siempre es clave es la contribución de las empresas asociadas al desarrollo, mejora, mantenimiento, protección o explotación de intangibles que legalmente son propiedad de otro miembro del grupo debe recibir como contrapartida una remuneración de plena competencia por las funciones realizadas, los riesgos asumidos y los activos utilizados. Para evaluar si las empresas asociadas que realizan funciones o asumen riesgos en el desarrollo, mejora, mantenimiento, protección o explotación de activos intangibles han sido remuneradas de conformidad con el principio de plena competencia, es necesario considerar (i) el nivel y la naturaleza de la actividad llevada a cabo, y (ii) el importe y la forma de la remuneración pagada. Al evaluar si la remuneración pagada en la operación vinculada se ajusta al principio de plena competencia, debería hacerse referencia al nivel y la naturaleza de la actividad de entidades independientes comparables que realicen funciones similares, la remuneración recibida por estas entidades en estos casos, y la creación anticipada de valor del intangible por su parte en estas circunstancias. En esta sección se describe la aplicación de estos principios en patrones de hechos que se dan con frecuencia.

B.4.1. Desarrollo y mejora de intangibles de mercadotecnia

6.76. Una situación frecuente en la que deben aplicarse estos principios es aquella en la que una empresa asociada junto con el propietario legal de marcas comerciales realiza funciones de mercadotecnia o venta que benefician al propietario legal de la marca comercial, por ejemplo mediante un acuerdo de mercadotecnia o un acuerdo de distribución y mercadotecnia. En estos casos, es necesario determinar cómo debería remunerarse al comercializador o distribuidor por sus actividades. Un aspecto relevante es si el comercializador/distribuidor debería ser remunerado sólo por prestar servicios de promoción y distribución, o si también debería ser remunerado por mejorar el valor de las marcas comerciales y otros intangibles de mercadotecnia como consecuencia de las funciones realizadas, los activos utilizados y los riesgos asumidos por él.

6.77. El análisis de esta cuestión requiere evaluar (i) las obligaciones y los derechos inherentes a los registros legales y acuerdos entre las partes, (ii) las funciones realizadas, los activos utilizados y los riesgos asumidos por las partes, (iii) el valor del intangible que se prevé crear como consecuencia de las actividades del comercializador/distribuidor, y (iv) la remuneración pagada por las funciones realizadas por el comercializador/distribuidor (teniendo en cuenta los activos utilizados y los riesgos asumidos). Un caso relativamente claro es aquel en que un distribuidor actúa meramente como agente, y se le reembolsan los gastos promocionales y sus actividades están dirigidas y controladas por el propietario de las marcas comerciales y demás intangibles de comercialización. En ese caso, por lo general el distribuidor sólo tendría derecho a una remuneración adecuada por sus actividades como agente. No asume los riesgos asociados con el consiguiente desarrollo de la marca comercial y otros intangibles de comercialización, por lo que no tendría derecho a otra remuneración en ese sentido.

6.78. Cuando el distribuidor efectivamente asume el coste de sus actividades de mercadotecnia (por ejemplo, cuando no existe un acuerdo que estipule el reembolso de los gastos por parte del propietario legal), el análisis debería centrarse en la medida en la que el distribuidor puede participar en los posibles beneficios generados por las funciones realizadas, los activos utilizados y los riesgos asumidos por él tanto en la actualidad como en el futuro. En general, en las operaciones de plena competencia la capacidad de una parte que no es el propietario legal de las marcas comerciales y otros intangibles de mercadotecnia para obtener los beneficios de las actividades de comercialización que mejoran el valor de esos intangibles dependerá principalmente de la esencia de los derechos de esa parte. Por ejemplo, un distribuidor podrá obtener beneficios de las funciones realizadas, los activos utilizados y los riesgos asumidos por él en el desarrollo del valor de una marca comercial y otros intangibles de mercadotecnia a partir de su facturación y su cuota de mercado cuando haya firmado un contrato a largo plazo que contemple derechos de distribución en exclusiva para el producto de la marca comercial. En tal situación, los esfuerzos del distribuidor podrán haber mejorado el valor de sus propios intangibles, concretamente de sus derechos de distribución. En estos casos, la participación en beneficios del distribuidor debería venir determinada por lo que recibiría un distribuidor independiente en circunstancias comparables. En algunos casos, un distribuidor realizará funciones, utilizará activos o asumirá riesgos que vayan más allá de los que un distribuidor independiente con derechos similares podría aceptar o realizar en beneficio de sus propias actividades de distribución y que creen más valor que el creado por otros comercializadores/distribuidores en situación similar. En tal caso, lo habitual sería que un distribuidor independiente pidiera una remuneración adicional al propietario de la marca comercial o el resto de intangibles. Dicha remuneración podría revestir la forma de un mayor beneficio a distribuir (como consecuencia de una reducción del precio de adquisición del producto), una reducción de la tasa de regalías, o una participación en los beneficios asociados con el mayor valor de la marca comercial u otros intangibles de comercialización, con el fin de remunerar al distribuidor por sus funciones, activos, riesgos y la creación anticipada de valor. Los Ejemplos 8 a 13 del Anexo al Capítulo VI ilustran más detalladamente la aplicación de esta Sección B en el contexto de los acuerdos de mercadotecnia y distribución.

B.4.2. Acuerdos de investigación, desarrollo y mejora de procesos

6.79. Los principios que se enuncian en los párrafos anteriores también serán aplicables a situaciones que conlleven la realización de funciones de investigación y desarrollo por parte de un miembro del grupo multinacional en virtud de un acuerdo contractual con una empresa asociada que es el propietario legal de cualesquiera intangibles producidos. La remuneración adecuada de los servicios de investigación dependerá de todos los hechos y circunstancias, como si el equipo de investigación tiene aptitudes y experiencia únicas que son relevantes para la investigación, asume riesgos (como la realización de investigación teórica), utiliza sus propios intangibles o está sujeto al control y la gestión de otra parte. La remuneración basada en el reembolso del coste incrementado en un modesto margen no siempre reflejará el valor previsto, o el precio de plena competencia, de la aportación del equipo de investigación.

6.80. Los principios que se establecen en esta sección se aplicarán igualmente a los casos en que un miembro de un grupo multinacional preste servicios de fabricación que puedan conducir a mejoras de procesos o productos en nombre de una empresa asociada que asumirá la propiedad legal de dicha mejora de proceso o producto. Los Ejemplos 14 a 17 del Anexo al Capítulo VI ilustran más detalladamente la aplicación de esta Sección B en el contexto de los acuerdos de investigación y desarrollo.

B.4.3. Pagos por el uso de la denominación social

6.81. A menudo surgen dudas en torno a la remuneración de plena competencia por el uso de denominaciones sociales, nombres comerciales e intangibles similares. La respuesta a esas dudas debería basarse en los principios de esta Sección B y en los factores comerciales y jurídicos en cuestión. Como regla general, no se debe reconocer ningún pago a efectos de precios de transferencia por el mero reconocimiento de la pertenencia al grupo o el uso del nombre del grupo que meramente refleja el hecho de que se pertenece al grupo. Véase el párrafo 7.12.

6.82. Cuando un miembro del grupo es propietario de una marca comercial u otro intangible relacionado con el nombre del grupo, y cuando el uso de dicho nombre ofrece una ventaja económica para los miembros del grupo a excepción del miembro que es el propietario legal del intangible, es razonable concluir que, en operaciones de plena competencia, se habría realizado un pago por tal uso. De igual modo, estos pagos pueden ser apropiados cuando un miembro del grupo posea el fondo de comercio de un negocio representado por una marca comercial sin registrar, el uso de esa marca comercial por un tercero constituya una infracción de derechos, y el uso de la marca comercial represente una ventaja económica para un miembro del grupo que no sea el titular del fondo de comercio y la marca comercial no registrada.

6.83. Para determinar la cuantía que debe tener un pago relacionado con el nombre de un grupo, es importante considerar a cuánto asciende la ventaja económica que obtendrá el usuario del nombre por su uso, los costes y los beneficios asociados a otras alternativas, y las aportaciones relativas al valor del nombre realizadas por el propietario legal, y la entidad que utiliza el nombre en forma de las funciones realizadas, los activos utilizados y los riesgos asumidos. Habría que prestar especial atención a las funciones realizadas, los activos utilizados y los riesgos asumidos por el usuario del nombre en la creación o mejora del valor del nombre en su jurisdicción. Habría que tener en cuenta los factores que serían importantes en una licencia del nombre concedida a una empresa independiente en circunstancias comparables en aplicación de los principios recogidos en los Capítulos I-III.

6.84. Cuando una empresa de éxito compra otra empresa de éxito y la adquirida empieza a utilizar un nombre, marca comercial u otro elemento de marca representativo de la adquirente, no debería darse por sentado de forma automática que debe realizarse un pago por ese uso. Si hay una expectativa razonable de que la empresa adquirida obtenga una ventaja económica gracias al uso de la marca de la adquirente, la cuantía de cualquier pago debería documentarse en función de dicha ventaja prevista.

6.85. También puede darse el caso de que la adquirente aproveche la posición de la empresa adquirida para expandir su negocio en el territorio donde opera la empresa adquirida imponiéndole el uso de su marca. En tal caso, habría que considerar si la adquirente debería realizar un pago o de otro modo remunerar a la empresa adquirida por las funciones realizadas, los activos utilizados (incluida su posición de mercado) o los riesgos asumidos en relación con la extensión del uso del nombre de la adquirente.

C. Transacciones que conllevan el uso o la transmisión de intangibles

6.86. Además de identificar de forma específica los intangibles que participan en un caso concreto de precios de transferencia, y de identificar al propietario de dichos intangibles, es necesario identificar y clasificar adecuadamente, al inicio de cualquier análisis de precios de transferencia que afecte a este tipo de activos, las operaciones vinculadas concretas que les afectan. Los principios del Capítulo I se aplican a la identificación y definición precisa de las operaciones que conllevan el uso o la transmisión de intangibles. Además de las pautas para la identificación de la operación real (sección D.1 del Capítulo I) y las reestructuraciones de negocios (Capítulo IX, sobre todo la Parte II), en la Sección C de este Capítulo se destacan algunos escenarios típicos que pueden ser de utilidad a la hora de sopesar si hay intangibles o derechos involucrados en una operación. Véase el Ejemplo 19. La clasificación de una operación a efectos de precios de transferencia carece de relevancia para las determinaciones en virtud del Artículo 12 del Modelo de Convenio tributario de la OCDE. Véanse por ejemplo los párrafos 8 a 19 de los Comentarios al Artículo 12 del Modelo de Convenio tributario de la OCDE.

6.87. Hay dos tipos generales de operaciones en las que la identificación y evaluación de intangibles serán relevantes a efectos de precios de transferencia. Son: (i) operaciones que conllevan la transmisión de intangibles o derechos en intangibles; y (ii) operaciones que conllevan el uso de intangibles en relación con la venta de bienes o la prestación de servicios.

C.1. Operaciones que conllevan la transmisión de intangibles o derechos en intangibles

C.1.1. Transmisión de intangibles o derechos en intangibles

6.88. Los propios derechos en intangibles pueden transmitirse en operaciones vinculadas. Estas operaciones pueden conllevar la transmisión de todos los derechos que llevan aparejados los intangibles en cuestión (como, por ejemplo, la venta del intangible o una licencia exclusiva perpetua sobre el intangible) o tan solo de una parte de los derechos (como, por ejemplo, una licencia o una transmisión limitada de derechos para utilizar un intangible que puede estar sujeto a restricciones geográficas, plazos limitados, o restricciones del derecho de uso, explotación, reproducción, consiguiente transmisión o consiguiente desarrollo). Los principios de los Capítulos I-III se aplican a las operaciones que conllevan la transmisión de intangibles o derechos en intangibles. En las Secciones D.1, D.2 y D.3 de este Capítulo también se incluyen pautas complementarias para la determinación de las condiciones de plena competencia en este tipo de operaciones.

6.89. En las operaciones que conllevan la transmisión de intangibles o derechos en intangibles, es esencial identificar de forma específica la naturaleza de los intangibles y derechos en intangibles que se transmiten entre empresas asociadas. Cuando se imponen limitaciones a los derechos transmitidos, también es esencial identificar la naturaleza de dichas limitaciones y el alcance completo de los derechos transmitidos. Cabe destacar que, en este sentido, las etiquetas aplicadas a las operaciones no controlan el análisis de precios de transferencia. Por ejemplo, en el caso de una transmisión del derecho exclusivo a explotar una patente en el País X, la decisión del contribuyente de clasificar la operación bien como venta de todos los derechos de patente en el País X, o bien como licencia exclusiva perpetua de una parte de los derechos mundiales de patente, no afecta a la determinación del precio de plena competencia si, en cualquiera de los casos, la operación a la que se está poniendo precio es una transmisión de derechos exclusivos para explotar la patente en el País X durante el resto de su vida útil. Así, el análisis funcional debería identificar de forma específica la naturaleza de los derechos transmitidos en intangibles.

6.90. Las restricciones impuestas en acuerdos de concesión de licencia y similares sobre el uso de un intangible en el desarrollo futuro de otros intangibles o productos que utilicen los intangibles suelen tener gran importancia en un análisis de precios de transferencia. Por eso, es importante al identificar la naturaleza de una transmisión de derechos en intangibles considerar si el beneficiario recibe el derecho a usar el activo intangible transmitido a efectos de cualquier investigación y desarrollo posterior. En las operaciones entre empresas independientes, se observan acuerdos en los que el transmitente/licenciante conserva el pleno derecho a cualquier mejora del intangible licenciado que pueda desarrollarse durante la vigencia de la licencia. También se observan operaciones entre empresas independientes en las que el beneficiario/licenciatario conserva el derecho a cualquier mejora que pueda desarrollar, ya sea durante la vigencia de la licencia o a perpetuidad. La naturaleza de cualquier limitación al futuro desarrollo de intangibles transmitidos, o a la capacidad del beneficiario y del transmitente a obtener beneficios económicos de dichas mejoras, puede afectar al valor de los derechos transmitidos y la comparabilidad de dos operaciones que, por todo lo demás, afecten a intangibles idénticos o muy comparables. Estas limitaciones deben evaluarse a la luz del clausulado de los acuerdos firmados y la conducta real de las partes afectadas.

6.91. Las disposiciones contenidas en la Sección D.1.1 del Capítulo I son aplicables a la identificación de la naturaleza específica de una operación que conlleve la transmisión de intangibles o derechos en intangibles, a la identificación de la naturaleza de cualquier intangible transmitido, y a la identificación de cualquier limitación impuesta por los términos de la transmisión al uso de esos intangibles. Por ejemplo, una especificación expresa de que una licencia no es exclusiva o tiene una duración limitada no tiene que ser respetada por la administración tributaria si dicha especificación no concuerda con la conducta de las partes. El Ejemplo 18 del Anexo al Capítulo VI ilustra este caso.

C.1.2. Transmisión de conjuntos de intangibles

6.92. Los intangibles (incluidos los derechos limitados en intangibles) pueden transmitirse de forma individual o colectiva. Al analizar operaciones que conllevan la transmisión de conjuntos de intangibles, surgen dos cuestiones relacionadas.

6.93. La primera es la naturaleza y las consecuencias económicas de las interacciones entre varios intangibles. Puede darse el caso de que algunos intangibles tengan más valor al estar combinados con otros que si se consideraran por separado. Por eso, es importante identificar la naturaleza de las interacciones jurídicas y económicas entre los intangibles que se transmiten de forma colectiva.

6.94. Por ejemplo, es habitual que un producto farmacéutico vaya asociado con tres o más tipos de intangibles. El principio farmacológico activo puede estar protegido por una o varias patentes. El producto también habrá superado un proceso de prueba y es probable que un organismo regulador oficial haya emitido una autorización de comercialización para el producto en un mercado geográfico determinado y para unas indicaciones específicas aprobadas sobre la base de las pruebas realizadas. El producto podrá comercializarse con una marca comercial determinada. Combinados, estos intangibles pueden tener un valor enorme. Por separado, puede que uno o varios de esos intangibles tengan un valor mucho menor. Por ejemplo, la marca comercial sin la patente y la autorización de comercialización del organismo regulador puede tener un valor limitado, ya que no se podría vender el producto sin esa autorización y no podría mantenerse a los competidores de genéricos fuera del mercado sin la patente. Del mismo modo, el valor de la patente podría ser mucho mayor una vez obtenida la autorización de comercialización del organismo regulador que si no existiera dicha autorización. Las interacciones entre cada una de estas clases de intangibles, así como las partes que han realizado las funciones, han asumido los riesgos y han incurrido los costes asociados con el aseguramiento de los intangibles, son por tanto muy importantes a la hora de realizar el análisis de precios de transferencia en relación con una transmisión de intangibles. Es importante sopesar la contribución relativa a la creación de valor cuando varias empresas asociadas tienen derechos en los intangibles utilizados.

6.95. La segunda cuestión relacionada conlleva la importancia de asegurar la identificación de todos los intangibles transmitidos en cualquier operación. Podría darse el caso, por ejemplo, de que los activos intangibles estén tan interconectados que no sea posible, de forma sustantiva, transmitir uno sin transmitir el otro. De hecho, son muchos los casos en los que es imposible transmitir un intangible sin transmitir otros irremediablemente. En tales circunstancias, es importante identificar todos los intangibles puestos a disposición del beneficiario como consecuencia de una transmisión de intangibles, aplicando los principios de la Sección D.1 del Capítulo I. Por ejemplo, la transmisión de derechos para utilizar una marca comercial en virtud de un contrato de licencia también suele llevar implícita la concesión de una licencia sobre el valor reputacional (en ocasiones denominado fondo de comercio) asociado con la marca comercial, siendo el licenciante en estos casos quien ha creado dicho fondo de comercio. Cualquier cuota de licencia que deba pagarse debería tener en cuenta tanto la marca comercial como el valor reputacional asociado. El Ejemplo 20 del Anexo al Capítulo VI ilustra los principios recogidos en este párrafo.

6.96. Es importante identificar situaciones en las que los contribuyentes o las administraciones tributarias tratarán de separar de forma artificial intangibles que, en esencia, empresas independientes no separarían en circunstancias comparables. Por ejemplo, deben identificarse y analizarse de forma crítica los intentos de separar artificialmente marcas o nombres comerciales del fondo de comercio o valor reputacional que, en la práctica, va asociado a la marca o nombre comercial. El Ejemplo 21 del Anexo al Capítulo VI ilustra este caso.

6.97. Debe reconocerse que el proceso de identificación de todos los intangibles transmitidos en una operación determinada es un ejercicio de identificación, por referencia a los acuerdos plasmados por escrito y la conducta real de las partes, de las operaciones realmente llevadas a cabo, aplicando los principios de la Sección D.1 del Capítulo I.

C.1.3. Transmisión de intangibles o derechos en intangibles en combinación con otras operaciones de negocio

6.98. En algunas situaciones, pueden transmitirse intangibles o derechos en intangibles junto con activos empresariales de carácter tangible, o junto con servicios. En estas situaciones es importante determinar si los intangibles han sido transmitidos, en la práctica, en relación con la operación. También es importante identificar y tener en cuenta en el análisis de los precios de transferencia todos los intangibles transmitidos en relación con una operación concreta. Los Ejemplos 23 a 25 del Anexo al Capítulo VI ilustran este caso.

6.99. En algunas situaciones, puede ser posible y además adecuado separar las operaciones con bienes tangibles o servicios de las transmisiones de intangibles o derechos en intangibles a efectos de la realización del análisis de precios de transferencia. En estos casos, debe descomponerse el precio del contrato integral para confirmar que cada elemento de la operación cumple el criterio de plena competencia. En otros casos, las operaciones pueden estar tan estrechamente relacionadas que sea difícil segregar las operaciones con bienes tangibles o servicios de las transmisiones de intangibles o derechos en intangibles. La fiabilidad de los comparables disponibles será un factor crucial para considerar si las operaciones deberían ser combinadas o segregadas. En particular, es importante considerar si los comparables disponibles permiten evaluar con precisión las interacciones entre las operaciones.

6.100. Un ejemplo de cuándo pueden combinarse las operaciones que conllevan la transmisión de intangibles o derechos en intangibles con otras operaciones sería un acuerdo de franquicia empresarial. En este tipo de acuerdo, un miembro de un grupo de empresas multinacionales puede acordar proporcionar una combinación de servicios e intangibles a una empresa asociada a cambio del pago de una sola cuota. Si los servicios e intangibles puestos a su disposición en virtud de ese acuerdo son suficientemente únicos que no pueden encontrarse comparables fiables para todo el conjunto de servicios/intangibles, puede que sea necesario segregar los distintos elementos del conjunto de servicios e intangibles para considerar los precios de transferencia por separado. No obstante, conviene recordar que las interacciones entre varios intangibles y servicios pueden mejorar el valor de ambos.

6.101. En otras situaciones, la prestación de un servicio y la transmisión de uno o varios intangibles pueden estar tan sumamente interconectadas que sea difícil separar las operaciones a efectos del análisis de precios de transferencia. Por ejemplo, algunas transmisiones de derechos de aplicaciones informáticas pueden ir acompañadas del compromiso del transmitente de prestar servicios de mantenimiento continuo, que podrían incluir actualizaciones periódicas de esas aplicaciones. Cuando los servicios y las transmisiones de intangibles estan interconectadas, puede que sea necesario determinar los precios de transferencia por separado.

6.102. Se debe hacer hincapié en que el hecho de que una operación esté definida como provisión de productos o servicios, o como transmisión de intangibles, o como una combinación de ambas no dicta necesariamente el uso de un método concreto de precios de transferencia. El método del coste incrementado, por ejemplo, no será adecuado para todas las operaciones de servicios y no todas las operaciones con intangibles requieren complejas valoraciones ni la aplicación de métodos de la distribución del resultado. Los pormenores de cada situación concreta, y los resultados del análisis funcional requerido, servirán de guía para combinar, definir y analizar las operaciones a efectos de precios de transferencia, así como para seleccionar el método de precios de transferencia más adecuado en cada caso. El objetivo último es identificar los precios y otras condiciones relevantes que establecerían empresas independientes en operaciones comparables.

6.103. Además, también se debe poner de relieve que, para determinar si deben agregarse o segregarse las operaciones para el análisis, suele ser necesario definir la operación realmente llevada a cabo, haciendo referencia a los acuerdos plasmados por escrito y a la conducta real de las partes. La determinación de la operación realmente llevada a cabo es un elemento necesario para determinar el método de transferencia más adecuado en cada caso.

C.2. Operaciones que conllevan el uso de intangibles en relación con la venta de bienes o la prestación de servicios

6.104. En las operaciones vinculadas pueden utilizarse intangibles pese a que no exista transmisión de intangibles ni de los derechos que llevan aparejados. Por ejemplo, las partes de una operación vinculada pueden utilizar intangibles en un contexto de producción de bienes vendidos a una empresa asociada, comercialización de bienes adquiridos a una empresa asociada o prestación de servicios en nombre de una empresa asociada. La naturaleza de dichas operaciones debe especificarse con claridad y cualquier intangible relevante que sea utilizado por cualquiera de las partes en relación con dicha operación vinculada debe ser identificado y tenido en cuenta en el análisis de comparabilidad, en la selección y aplicación del método de precios de transferencia más adecuado para esa operación y en la elección de la parte analizada. En la Sección D.1 y D.4 de este

Capítulo se incluyen pautas adicionales sobre la determinación de las condiciones de plena competencia en operaciones que conllevan el uso de intangibles en relación con la venta de bienes o la prestación de servicios.

6.105. La necesidad de considerar el uso de intangibles por una parte en una operación vinculada que conlleve la venta de bienes puede ilustrarse de la siguiente manera. Supongamos que un fabricante de automóviles utiliza valiosas patentes que le pertenecen para fabricar los vehículos que posteriormente vende a distribuidores asociados. Supongamos que las patentes contribuyen de forma significativa al valor de los vehículos. En el análisis de comparabilidad de la operación de venta de los vehículos por parte del fabricante a los distribuidores asociados, deberían identificarse y tenerse en cuenta las patentes y el valor que aportan a la hora de seleccionar el método de precios de transferencia más adecuado para la operación, y de seleccionar a la parte analizada. Sin embargo, los distribuidores asociados que compran los vehículos no adquieren ningún derecho en las patentes del fabricante. En este caso, las patentes se utilizan en la producción y pueden afectar al valor de los vehículos, aunque en sí las patentes no se transmiten.

6.106. Como otro ejemplo del uso de intangibles en relación con una operación vinculada, se tiene la compra o el desarrollo por parte de una empresa de exploración de datos y análisis geológicos de gran valor, y sofisticadas aplicaciones informáticas y conocimientos técnicos del campo de la exploración. Supongamos que utiliza esos intangibles para prestar servicios de exploración a una empresa asociada. En el análisis de comparabilidad de la operación de prestación de servicios de la empresa de exploración a la empresa asociada, deberían identificarse y tenerse en cuenta los intangibles a la hora de seleccionar el método de precios de transferencia más adecuado para la operación, y de seleccionar a la parte analizada. Suponiendo que la empresa asociada de la empresa de exploración no adquiera ningún derecho en los intangibles de la empresa de exploración, los intangibles se utilizan en la prestación de los servicios y pueden afectar al valor de los mismos, pero no se transmiten.

D. Pautas complementarias para determinar las condiciones de plena competencia en casos que involucran intangibles

6.107. Una vez identificadas las operaciones relevantes que involucran intangibles, identificados de forma específica los intangibles que entran en juego en esas operaciones, identificada las entidades que tienen la propiedad legal de los intangibles así como las que contribuyen al valor de los intangibles, debería poderse identificar las condiciones de plena competencia de las operaciones en cuestión. Los principios que se establecen en los Capítulos I-III de estas Directrices deberían aplicarse a la determinación de condiciones de plena competencia para las operaciones que involucran intangibles. En particular, el proceso recomendado de nueve pasos que se describe en el párrafo 3.4 podría resultar útil para identificar condiciones de plena competencia para operaciones que involucran intangibles. Como parte esencial de la aplicación de los principios del Capítulo III a la realización del análisis de comparabilidad según el proceso descrito en el párrafo 3.4, deberían considerarse los principios recogidos en las Secciones A, B y C de este Capítulo VI.

6.108. No obstante, a veces es difícil aplicar los principios recogidos en los Capítulos I-III a operaciones vinculadas que involucran intangibles. Los intangibles pueden tener características especiales que compliquen la búsqueda de comparables y, en algunos casos, dificulten la determinación de los precios en el momento de celebrarse la operación. Además, por motivos empresariales totalmente legítimos, es posible que las empresas asociadas, dada la relación entre ellas, estructuren una operación que involucre intangibles de una forma diferente a la que contemplarían empresas independientes. Véase el párrafo 1.11. El uso o la transmisión de intangibles puede plantear desafíos en materia de comparabilidad, selección de los métodos de precios de transferencia y determinación de condiciones de plena competencia para las operaciones. En esta Sección D se ofrecen directrices complementarias que deben utilizarse en la aplicación de los principios de los Capítulos I-III para determinar las condiciones de plena competencia en operaciones vinculadas que involucran intangibles.

6.109. En la Sección D.1 se ofrecen pautas complementarias de índole general relacionadas con todas las operaciones que involuran intangibles. En la Sección D.2 se ofrecen pautas complementarias específicamente relacionadas con las operaciones que conllevan la transmisión de intangibles o derechos en intangibles. En la Sección D.3 se ofrecen pautas complementarias relacionadas con la transmisión de intangibles o derechos en intangibles cuyo valor es muy incierto en el momento de la transmisión. En la Sección D.4 se ofrece un enfoque para el establecimiento de precios para intangibles de difícil valoración. En la Sección D.5 se ofrecen pautas complementarias aplicables a las operaciones que conllevan el uso de intangibles en relación con la venta de bienes o la prestación de servicios cuando no hay transmisión de derechos en los intangibles.

D.1. Principios generales aplicables en operaciones que involucran intangibles

6.110. En la Sección D de los Capítulos I y III se recogen principios que deben considerarse y se recomienda un proceso que debe seguirse al realizar un análisis de comparabilidad. Los principios descritos en esas secciones de las Directrices se aplican a todas las operaciones vinculadas en las que entran en juego intangibles.

6.111. Para aplicar los principios de las Directrices referentes al contenido y proceso de un análisis de comparabilidad de una operación que involucre activos intangibles, un análisis de precios de transferencia debe tener en cuenta las opciones que cada una de las partes de la operación tiene a su disposición desde un punto de vista realista.

6.112. Para considerar las opciones que las partes de una operación, siendo realistas, tienen a su disposición, hay que tener en cuenta la perspectiva de cada una de ellas. Un análisis de comparabilidad que se centre sólo en un lado de la operación por lo general no ofrecerá una buena base para la evaluación de una operación que involucre intangibles (incluidos los casos en los que, en última instancia, se decida aplicar un método unilateral de precios de transferencia).

6.113. Aunque es importante tener en cuenta la perspectiva de ambas partes de la operación al realizar el análisis de comparabilidad, no deberían utilizarse las circunstancias empresariales específicas de una de las partes para imponer un resultado contrario a las opciones realistas que tiene a su disposición la otra parte. Por ejemplo, no es de esperar que una empresa acepte un precio por transmitir la totalidad o cualquier parte de sus derechos en un intangible que sea menos ventajoso para ella que el resto de las opciones que, siendo realistas, tiene a su disposición (incluido el hecho de no realizar ninguna transmisión), simplemente porque la empresa asociada beneficiaria de esa transmisión carezca de los recursos para explotar de forma efectiva los derechos transmitidos en el intangible. Del mismo modo, tampoco es de esperar que la beneficiaria de una transmisión de derechos en uno o varios intangibles acepte un precio por esa transmisión que haga imposible la obtención por su parte de cualquier beneficio previsto utilizando los derechos adquiridos en el intangible en sus actividades de negocio. Este tipo de resultado sería menos favorable para la beneficiaria, siendo realistas, que su opción disponible de no llevar a cabo la transmisión.

6.114. A menudo se podrá identificar un precio para una operación que involucra intangibles que esté en consonancia con las opciones disponibles realistas de cada una de las partes. La existencia de estos precios concuerda con la asunción de que el grupo de empresas multinacionales trata de optimizar la asignación de recursos. Si surgen situaciones en las que el precio mínimo aceptable para el transmitente, basado en sus opciones realistas, supera el precio máximo aceptable para el beneficiario, basado en sus opciones realistas, puede que sea necesario considerar si debería ignorarse la operación real siguiendo el criterio establecido a tal efecto en la Sección D.2 del Capítulo I, o si deberían ajustarse las condiciones de la operación de otro modo. De igual modo, si surgen situaciones en las que se afirma que el uso presente de un intangible, o bien una opción realista disponible propuesta (como un uso alternativo del intangible), no optimiza la asignación de recursos, puede que sea necesario considerar si dichas afirmaciones concuerdan con los verdaderos hechos y circunstancias del caso. Esta discusión pone de relieve la importancia de tener en cuenta todos los hechos y circunstancias relevantes para definir con precisión la operación real que afecta a activos intangibles.

D.2. Directrices complementarias en relación con la transmisión de intangibles o derechos en intangibles

6.115. En esta sección se ofrecen directrices complementarias referidas a cuestiones específicas que surgen en relación con la transmisión entre empresas asociadas de intangibles o derechos en intangibles. Estas operaciones pueden incluir la venta de intangibles así como las operaciones que, desde una perspectiva económica, son equivalentes a la venta. Estas operaciones también podrían incluir una licencia de derechos en uno o varios intangibles o una operación similar. Esta sección no tiene como objetivo proporcionar una lista exhaustiva de pautas para el tratamiento de los precios de transferencia de dichas transmisiones de intangibles. Por el contrario, complementa las disposiciones de otro modo aplicables que se recogen en los Capítulos I-III, y las pautas de las Secciones A, B, C y D.1 de este capítulo, en el contexto de la transmisión de intangibles o derechos en intangibles, orientando en relación con determinados temas que surgen con frecuencia en este tipo de transmisiones.

D.2.1. Comparabilidad de los intangibles o derechos en intangibles

6.116. En aplicación de lo dispuesto en los Capítulos I-III a las operaciones que conllevan la transmisión de intangibles o derechos en intangibles, conviene tener en mente que esos intangibles a menudo presentan características únicas y, como consecuencia, pueden generar un rendimiento y crear beneficios futuros que podrían diferir en gran medida. Al realizar el análisis de comparabilidad en el marco de una transmisión de intangibles, es por tanto esencial considerar las características únicas de los intangibles. Esto es particularmente importante cuando se decide que el método del precio libre comparable es el más adecuado para poner precio a la transmisión, aunque también es importante al aplicar otros métodos basados en comparables. En el caso de una transmisión de un intangible o derechos en un intangible que proporcione a la empresa una ventaja competitiva única en el mercado, deberían analizarse minuciosamente intangibles u operaciones supuestamente comparables. Es crucial evaluar si los posibles comparables presentan efectivamente un beneficio potencial similar.

6.117. A continuación se describen algunas de las características específicas de los intangibles que pueden ser importantes en un análisis de comparabilidad que afecte a transmisiones de intangibles o derechos en activos intangibles. La siguiente lista no es exhaustiva y, en cualquier caso, la consideración de otros factores adicionales o diferentes podría ser parte esencial de un análisis de comparabilidad.

D.2.1.1. Exclusividad

6.118. La exclusividad o no de los derechos en los intangibles en cuestión de una operación concreta que afecta a la transmisión de intangibles o derechos en intangibles puede ser un factor importante para la comparabilidad. El propietario legal de algunos intangibles está facultado para impedir que esos intangibles sean utilizados por terceros. Una patente, por ejemplo, otorga un derecho exclusivo a utilizar la invención amparada por la patente durante un período de años. Si la parte que controla los derechos en los intangibles puede excluir a otras empresas del mercado, o impedirles que utilicen intangibles que aportan una ventaja de mercado, esa parte disfrutará de un alto grado de poder o influencia en el mercado. Una parte que no tiene derechos exclusivos en intangibles no podrá excluir a todos los competidores y, por lo general, no tendrá el mismo grado de poder o influencia en el mercado. Por consiguiente, la exclusividad o no de los intangibles o derechos en intangibles debería tenerse en cuenta para el análisis de comparabilidad.

D.2.1.2. Alcance y duración de la protección legal

6.119. El alcance y la duración de la protección de los intangibles de una operación determinada puede ser un factor de comparabilidad importante. Las protecciones legales asociadas a algunos intangibles pueden impedir que los competidores entren en un mercado determinado. En el caso de otros intangibles, como los conocimientos técnicos o los secretos comerciales, las protecciones legales disponibles pueden tener una naturaleza diferente y tener menos fuerza o duración. En el caso de los intangibles con una vida útil limitada, la duración de la protección legal puede ser importante ya que la duración de los derechos sobre los intangibles afectará a la expectativa de las partes de una operación de obtener beneficios futuros mediante la explotación del intangible. Por ejemplo, dos patentes que compartan el resto de características no tendrán el mismo valor si una vence al término de un año mientras la otra lo hace al término de diez años.

D.2.1.3. Alcance geográfico

6.120. El alcance geográfico de los intangibles o derechos en intangibles será un factor importante de comparabilidad. Una concesión mundial de derechos en intangibles puede valer más que una concesión limitada a uno o varios países, dependiendo de la naturaleza del producto, del intangible y de los mercados en cuestión.

D.2.1.4. Vida útil

6.121. Muchos intangibles tienen una vida útil limitada. La vida útil de un intangible concreto puede verse afectada por la naturaleza y duración de las protecciones legales concedidas al intangible, como se ha expuesto anteriormente. La vida útil de algunos intangibles también puede verse afectada por el ritmo de los avances tecnológicos en un sector y por el desarrollo de productos nuevos y potencialmente mejorados. También es posible que se pueda prolongar la vida útil de ciertos intangibles.

6.122. Al realizar el análisis de comparabilidad, será así pues importante considerar la vida útil esperada de los intangibles en cuestión. En general, los intangibles que se prevee que brinden una ventaja de mercado durante mayor plazo de tiempo tendrán más valor que otros similares que brinden esas ventajas durante un plazo menor, siempre que el resto de condiciones sean similares. Al evaluar la vida útil de los intangibles, también es importante tener en cuenta el uso que se está haciendo del intangible. La vida útil de un intangible que sirve de base para actividades continuas de investigación y desarrollo puede prolongarse más allá de la vida comercial de la línea de productos de generación actual que se basa en ese intangible.

D.2.1.5. Fase de desarrollo

6.123. Al realizar el análisis de comparabilidad, será importante considerar la fase de desarrollo de los intangibles en cuestión. Es frecuente que se transmitan intangibles en operaciones vinculadas antes de que se pueda demostrar por completo que el intangible servirá de base para elaborar productos con viabilidad comercial. A menudo se pueden encontrar ejemplos de este caso en el sector farmacéutico, donde pueden patentarse compuestos químicos y transmitirse las patentes (o los derechos a usar las patentes) en operaciones vinculadas, mucho antes del momento en el que nuevas actividades de investigación, desarrollo y ensayo demuestren que el compuesto constituye un tratamiento eficaz y seguro para cierta enfermedad.

6.124. Como regla general, los intangibles relacionados con productos que tienen establecida una viabilidad comercial tendrán mayor valor que otros comparables en casi todo a excepción de que se refieren a productos cuya viabilidad comercial todavía no ha sido establecida. Al realizar un análisis de comparabilidad que afecte a intangibles parcialmente desarrollados, es importante evaluar la probabilidad de que el desarrollo futuro se traduzca en beneficios futuros significativos desde un punto de vista comercial. En determinadas circunstancias, los datos sectoriales sobre los riesgos asociados con el desarrollo futuro pueden ser útiles para esa evaluación. Sin embargo, siempre deben considerarse las circunstancias específicas de cualquier situación individual.

D.2.1.6. Derechos a mejoras, revisiones y actualizaciones

6.125. Una consideración que suele ser importante en un análisis de comparabilidad que involucra intangibles son los derechos de las partes a futuras mejoras, revisiones y actualizaciones de los intangibles. En algunos sectores, los productos protegidos por intangibles pueden quedarse obsoletos o dejar de ser competitivos en un plazo de tiempo relativamente corto si no se prosigue con el desarrollo y la mejora de los intangibles. Como consecuencia, tener acceso a actualizaciones y mejoras puede marcar la diferencia entre obtener una ventaja a corto plazo gracias a los intangibles u obtenerla a más largo plazo. Por eso, es necesario considerar a efectos de comparabilidad si una concesión determinada de derechos en intangibles incluye o no acceso a mejoras, revisiones y actualizaciones de los intangibles.

6.126. Una cuestión muy similar, a menudo importante en un análisis de comparabilidad, es si el beneficiario de una transmisión de intangibles obtiene el derecho a utilizar los intangibles en relación con las actividades de investigación centradas en el desarrollo de nuevos y mejores intangibles. Por ejemplo, el derecho a utilizar una plataforma informática existente como base para desarrollar nuevos productos informáticos puede reducir los plazos de desarrollo y puede marcar la diferencia entre ser el primero en llegar al mercado con un nuevo producto o aplicación, o verse obligado a entrar en un mercado ya ocupado por productos competitivos consolidados. Un análisis de comparabilidad referido a intangibles debería considerar, por tanto, los derechos de las partes en relación con el uso de los intangibles en el desarrollo de versiones nuevas y mejoradas de productos.

D.2.1.7. Expectativa de beneficios futuros

6.127. Cada uno de los factores de comparabilidad anteriores tiene una consecuencia ante la expectativa de las partes de una operación en relación con los beneficios futuros que se obtendrán con el uso de los intangibles en cuestión. Si, por cualquier motivo, hay una discrepancia significativa entre los beneficios futuros previstos para el uso de un intangible con respecto a los de otro, es difícil considerar que los intangibles son suficientemente comparables como para sustentar un análisis de precios de transferencia basado en comparables a falta de ajustes de comparabilidad fiables. Específicamente, es importante considerar la rentabilidad real y potencial de productos existentes o potenciales basados en el intangible. No es probable que los intangibles que sirven de base para productos o servicios que generan cuantiosos beneficios sean comparables con otros que sirvan de base para productos o servicios que sólo generan beneficios medios en el sector. Cualquier factor que afecte sustancialmente a las expectativas de las partes de una operación vinculada de obtener beneficios futuros con el intangible debería tenerse en cuenta a la hora de realizar un análisis de comparabilidad.

D.2.2. Comparación del riesgo en los casos que involucran la transmisión de intangibles o derechos en intangibles

6.128. Al realizar un análisis de comparabilidad en el que entran en juego transmisiones de intangibles o derechos en intangibles, debe considerarse la existencia de riesgos relacionados con la probabilidad de obtener beneficios económicos futuros a partir de los intangibles transmitidos, incluida la asignación de riesgos entre las partes que debería analizarse en el marco establecido en la Sección D.1.2 del Capítulo I. Los siguientes tipos de riesgos, entre otros, deberían tenerse en cuenta al evaluar si las transmisiones de intangibles o conjuntos de intangibles son comparables, y al evaluar si los propios intangibles son comparables.

- Riesgos relacionados con el desarrollo futuro de los intangibles. Incluye una evaluación de si los intangibles se refieren a productos comercialmente viables, si los intangibles pueden sustentar productos comercialmente viables en el futuro, el coste previsto para el desarrollo y pruebas requerido en el futuro, la probabilidad de que dichos desarrollo y pruebas resulten un éxito y consideraciones de ese estilo. La consideración del riesgo de desarrollo es especialmente importante cuando se dan transmisiones de intangibles parcialmente desarrollados.
- Riesgos relacionados con la obsolescencia del producto y la depreciación de los intangibles. Incluye una evaluación de la probabilidad de que los competidores introduzcan productos o servicios en el futuro que puedan erosionar significativamente el mercado para los productos que dependen de los intangibles analizados.
- Riesgos relacionados con la infracción de los derechos de los intangibles. Incluye una evaluación de la probabilidad de que otros pueden reclamar con éxito que los productos basados en los intangibles infringen sus propios derechos intangibles y una evaluación de los costes previsibles de defenderse de tales reclamaciones. También incluye una evaluación de la probabilidad de que el titular de derechos intangibles pueda impedir con éxito que otros infrinjan sus derechos, el riesgo de que las falsificaciones puedan erosionar la rentabilidad en los mercados relevantes, y la probabilidad de que puedan cobrarse cuantiosas indemnizaciones por daños y perjuicios en caso de infracción.
- Riesgos de responsabilidad de producto y similares en relación con el uso futuro de los intangibles.

D.2.3. Ajustes de comparabilidad en relación con la transmisión de intangibles o derechos en intangibles

6.129. Los principios que se exponen en los párrafos 3.47 a 3.54 en relación con los ajustes de comparabilidad se aplican a las operaciones que conllevan la transmisión de intangibles o derechos en intangibles. Es importante observar que las diferencias entre intangibles pueden tener consecuencias económicas sustanciales que pueden ser difíciles de ajustar de forma fiable. Sobre todo cuando los importes atribuibles a los ajustes de comparabilidad representan un gran porcentaje de la remuneración del intangible, puede haber motivos para creer que, dependiendo de los hechos específicos, el cómputo del ajuste no es fiable y que los intangibles comparados no son, en la práctica, suficientemente comparables como para sustentar un análisis de precios de transferencia válido. Si no es posible realizar ajustes de comparabilidad fiables, puede ser necesario seleccionar un método de precios de transferencia que dependa menos de la identificación de intangibles u operaciones comparables.

D.2.4. Uso de comparables extraídos de bases de datos

6.130. La comparabilidad, y la posibilidad de realizar ajustes de comparabilidad, es especialmente importante al considerar intangibles potencialmente comparables y las tasas de regalías correspondientes extraídos de bases de datos comerciales o recopilaciones propias de acuerdos de licencia o similares de dominio público. Los principios recogidos en los párrafos 3.30 a 3.34 son totalmente aplicables a la evaluación de la utilidad de las operaciones extraídas de esas fuentes. En particular, es importante evaluar si los datos de dominio público extraídos de las bases de datos comerciales y las recopilaciones propias de datos son suficientemente detalladas como para permitir la evaluación de las características específicas de los intangibles que pueden ser importantes para la realización del análisis de comparabilidad. En la evaluación de acuerdos de licencia comparables identificados en las bases de datos, deberían considerarse los hechos específicos del caso, incluida la metodología aplicada, en el contexto de lo dispuesto en el párrafo 3.38.

D.2.5. Selección del método de precios de transferencia más adecuado en casos que involucran la transmisión de intangibles o derechos en intangibles

6.131. Los principios de estas Directrices referidos a la selección del método de precios de transferencia más adecuado para las circunstancias de cada caso se describen en los párrafos 2.1 a 2.11. Estos principios se aplican plenamente a los casos que conllevan la transmisión de intangibles o derechos en intangibles. Para seleccionar el método de precios de transferencia más adecuado en un caso que conlleve una transmisión de intangibles o derechos en intangibles, hay que prestar atención a (i) la naturaleza de los intangibles relevantes, (ii) la dificultad de identificación de operaciones no vinculadas e intangibles comparables en muchos casos, si no en la mayoría, y (iii) la dificultad de aplicar algunos de los métodos de precios de transferencia descritos en el Capítulo II en los casos que conllevan la transmisión de intangibles. Las cuestiones que se comentan a continuación son de especial importancia en la selección del método de precios de transferencia en virtud de las Directrices.

6.132. En la aplicación de los principios de los párrafos 2.1 a 2.11 a cuestiones que involucran a la transmisión de intangibles o derechos en intangibles, es importante reconocer que aunque las operaciones tengan estructuras diferentes pueden tener consecuencias económicas similares. Por ejemplo, la prestación de un servicio usando intangibles puede tener consecuencias económicas muy similares a una operación que involucre a la transmisión de un intangible (o la transmisión de los derechos en el intangible), ya que ambas puede transferir el valor del intangible al beneficiario. Por consiguiente, al seleccionar el método de precios de transferencia más adecuado en relación con una operación que conlleva una transmisión de intangibles o derechos en intangibles, es importante considerar las consecuencias económicas de la operación, en lugar de proceder basándose en una etiqueta arbitraria.

6.133. Este capítulo deja claro que, en cuestiones que afectan a la transmisión de intangibles o derechos en intangibles, es importante no dar simplemente por sentado que todos los beneficios residuales, tras la remuneración limitada a quienes han llevado a cabo esas funciones, deben asignarse necesariamente al propietario de los intangibles. La selección del método de precios de transferencia más adecuado debe basarse en un análisis funcional que proporcione un claro entendimiento de los procesos empresariales globales de la empresa multinacional y del modo en que los intangibles transferidos interactúan con otras funciones, activos y riesgos que constituyen el negocio global. El análisis funcional debería identificar todos los factores que contribuyen a la creación de valor, que pueden incluir los riesgos asumidos, características específicas de mercado, ubicación, estrategias empresariales y sinergias del grupo de empresas multinacionales, entre otros. El método de precios de transferencia seleccionado, y cualquier ajuste introducido en este método a raíz del análisis de comparabilidad, debería tener en cuenta todos los factores relevantes que contribuyan de forma significativa a la creación de valor, no sólo los intangibles y las funciones rutinarias.

6.134. Los principios establecidos en los párrafos 2.11, 3.58 y 3.59 sobre el uso de más de un método de precios de transferencia aplican cuando existe una transmisión de intangibles o derechos en intangibles.

6.135. Los párrafos 3.9 a 3.12 y el párrafo 3.37 ofrecen pautas para la agregación de operaciones separadas a efectos del análisis de precios de transferencia. Esos principios son plenamente aplicables a los casos que conllevan la transmisión de intangibles o derechos en intangibles y se complementan con las directrices de la Sección C de este capítulo. De hecho, a menudo se pueden trasmitir intangibles en combinación con otros intangibles, o en combinación con operaciones que conllevan la venta de bienes o la prestación de servicios. En estas situaciones, bien puede ser que el análisis de precios de transferencia más fiable considere las operaciones interrelacionadas en lo agregado y en la medida de lo necesario para mejorar la fiabilidad del análisis.

D.2.6. Selección del método de precios de transferencia más adecuado en casos que conllevan la transmisión de intangibles o derechos en intangibles

6.136. Dependiendo de los hechos específicos, cualquiera de los cinco métodos de precios de transferencia de la OCDE que se describen en el Capítulo II puede ser el método más adecuado para las circunstancias del caso cuando existe una transmisión vinculada de uno o varios intangibles. El uso de otras alternativas también puede ser adecuado.

6.137. Cuando en el análisis de comparabilidad se identifica información fiable referida a operaciones no vinculadas comparables, la determinación de precios de plena competencia para la transmisión de intangibles o derechos en intangibles puede determinarse atendiendo a dichos comparables una vez realizados los ajustes de comparabilidad que resulten oportunos y fiables.

6.138. Sin embargo, a menudo se dará el caso de que, en cuestiones relacionadas con la transmisión de intangibles o derechos en intangibles, el análisis de comparabilidad (incluido el análisis funcional) revele que no hay operaciones no vinculadas comparables fiables que puedan utilizarse para determinar el precio y otras condiciones de plena competencia. Esto puede suceder si los intangibles en cuestión presentan características únicas, o si tienen tanta importancia crítica que sólo se transmiten entre empresas asociadas. También puede ser consecuencia de una falta de datos disponibles sobre operaciones potencialmente comparables o por otras causas. Con independencia de la falta de comparables fiables, normalmente se puede determinar el precio y otras condiciones de plena competencia para la operación vinculada.

6.139. Cuando no pueden identificarse operaciones no vinculadas comparables fiables, el principio de plena competencia exige el uso de otro método para determinar el precio que habrían acordado empresas independientes en circunstancias comparables. Para estas determinaciones, es importante considerar:

- Las funciones, los activos y los riesgos de las partes respectivas de la operación.
- Los motivos de negocio para llevar a cabo la operación.
- Las perspectivas y opciones que, siendo realistas, están a disposición de cada una de las partes de la operación.
- Las ventajas competitivas conferidas por los intangibles incluida, sobre todo, la rentabilidad relativa de los productos y servicios reales o potenciales relacionados con los intangibles.
- Los beneficios económicos que se prevé que genere la operación en el futuro.
- Otros factores de comparabilidad como las características de los mercados locales, las economías de localización, la plantilla reunida y las sinergias del grupo de empresas multinacionales.

6.140. Al identificar precios y otras condiciones que habrían acordado empresas independientes en circunstancias comparables, a menudo es esencial identificar cuidadosamente aspectos idiosincrásicos de la operación vinculada que surgen en virtud de la relación que existe entre las partes. No es obligatorio que las empresas asociadas estructuren sus operaciones exactamente del mismo modo en que lo hubieran hecho empresas independientes. Sin embargo, cuando empresas asociadas utilizan estructuras en sus operaciones que no son típicas entre partes independientes, debería tenerse en cuenta el efecto de esas estructuras en los precios y otras condiciones que habrían acordado partes no vinculadas en circunstancias comparables a la hora de evaluar los beneficios que habrían obtenido las partes en condiciones de plena competencia.

6.141. Hay que tener cuidado al aplicar ciertos métodos de precios de transferencia de la OCDE cuando existe una transmisión de intangibles o derechos en intangibles. Los métodos unilaterales, incluido el método de precio de reventa y el del margen neto operacional, no suelen ser fiables para valorar intangibles directamente. En algunas circunstancias, estos mecanismos pueden utilizarse para valorar indirectamente los intangibles determinando valores para algunas funciones utilizando estos métodos y derivando un valor residual para los intangibles. En cambio, los principios del párrafo 6.133 son importantes cuando se adoptan este tipo de enfoques y se debe poner atención para asegurar que se identifiquen y evalúen adecuadamente todas las funciones, los riesgos, los activos y demás factores que contribuyen a la generación de ingresos.

6.142. No se suele fomentar el uso de métodos de precios de transferencia que tratan de estimar el valor de los intangibles basándose en el coste de desarrollo de los mismos. Rara vez suele haber una correlación entre el coste de desarrollo de los intangibles y su valor o precio de transferencia una vez desarrollados. De ahí que deban evitarse los métodos de precios de transferencia basados en el coste de desarrollo de los intangibles.

6.143. No obstante, en algunas circunstancias determinadas, pueden utilizarse métodos de precios de transferencia basados en el coste estimado de reproducir o sustituir el intangible. Estos enfoques en ocasiones tienen una aplicación válida en conexión con el desarrollo de intangibles utilizados para actividades internas (por ejemplo, sistemas informáticos internos), sobre todo cuando los intangibles en cuestión no son intangibles únicos y valiosos. Cuando se trata de intangibles relacionados con productos que se venden en el mercado, sin embargo, los métodos de valoración en función del coste de sustitución plantean serios problemas de comparabilidad. Entre otras inquietudes, es necesario evaluar el efecto de las demoras asociadas al desarrollo diferido en el valor de los intangibles. Muchas veces, el primero en lanzar un producto al mercado en una fase temprana podrá conseguir una ventaja significativa. Por eso, un producto idéntico (y los correspondientes intangibles) desarrollado posteriormente en el tiempo no tendrá el mismo valor que el producto (y sus correspondientes intangibles) ya disponible en el mercado. En tal caso, el coste de sustitución estimado no será representativo del valor de un intangible transmitido en la actualidad. Del mismo modo, cuando un intangible lleva aparejadas protecciones legales o características de exclusividad, el valor de poder dejar a los competidores al margen del uso del intangible no se reflejará en un análisis basado en el coste de sustitución. Las valoraciones basadas en el coste no suelen ser fiables cuando se aplican para determinar el precio de plena competencia de intangibles desarrollados parcialmente.

6.144. Lo dispuesto en el párrafo 2.9A en relación con el uso de normas generales aplica a las determinaciones de un precio de transferencia correcto en cualquier operación vinculada, incluidos los casos que conllevan el uso o la transmisión de intangibles. Por consiguiente, no puede utilizarse una regla general para demostrar que un precio o reparto de ingresos cumple el principio de plena competencia, incluido en particular un reparto de ingresos entre un licenciante y un licenciatario de intangibles.

6.145. Los métodos de precios de transferencia que, con mayor probabilidad, resultarán útiles en cuestiones que afectan a la transmisión de uno o varios intangibles son el método del precio libre comparable y el método de la distribución del resultado. Las técnicas de valoración pueden ser herramientas útiles. A continuación se ofrecen pautas complementarias sobre los métodos de precios de transferencia que, con mayor probabilidad, serán útiles en relación con la transmisión de intangibles.

D.2.6.1. Aplicación del método del precio libre comparable

6.146. Cuando pueden identificarse operaciones no vinculadas comparables fiables, el método del precio libre comparable puede aplicarse para determinar las condiciones de plena competencia en una transmisión de intangibles o derechos en intangibles. Los principios generales recogidos en los párrafos 2.13 a 2.20 aplican cuando se utiliza el método del precio libre comparable en relación con operaciones que conllevan la transmisión de intangibles. Cuando se utiliza el método del precio libre comparable en relación con la transmisión de intangibles, hay que prestar especial atención a la comparabilidad de los intangibles o derechos en intangibles transmitidos en la operación vinculada y en las operaciones no vinculadas potencialmente comparables. Deberían tenerse en cuenta las características económicas relevantes o los factores de comparabilidad que se describen en la Sección D.1 del Capítulo I. Las cuestiones que se describen en la Sección D.2(i) a (iv) de este capítulo son de particular importancia a la hora de evaluar la comparabilidad de ciertos intangibles transmitidos y de realizar ajustes de comparabilidad, en la medida de lo posible. Debe reconocerse que puede que, en muchos casos que involucren intangibles, sea difícil o imposible identificar comparables fiables.

6.147. En algunas situaciones, los intangibles adquiridos por un grupo de empresas multinacionales a empresas independientes se transmiten de un miembro del grupo a otro en operaciones vinculadas inmediatamente después de la adquisición. En estos casos, el precio pagado por los intangibles adquiridos a menudo (una vez practicados los ajustes necesarios, incluidos los ajustes de activos adquiridos que no se vuelven a transmitir) representan un comparable útil para el precio de plena competencia de la operación vinculada por el método del precio libre comparable. Dependiendo de los hechos y circunstancias, el precio de adquisición a un tercero en estas situaciones tendrá relevancia llegado el momento de determinar los precios y otras condiciones de plena competencia para la operación vinculada, aunque los intangibles se adquieran indirectamente a través de una adquisición de acciones o cuando el precio pagado al tercero por las acciones o activos supere el valor contable de los activos adquiridos. Los Ejemplos 23 y 26 del Anexo al Capítulo VI ilustran este caso.

D.2.6.2. Aplicación de métodos de la distribución del resultado[18]

6.148. En algunas circunstancias, puede utilizarse un método basado en la distribución del resultado para determinar las condiciones de plena competencia de una transmisión de intangibles o derechos en intangibles cuando no es posible identificar operaciones no vinculadas comparables fiables para dichas transmisiones. La Sección C del Capítulo II recoge pautas que deben considerarse a la hora de aplicar métodos basados en la distribución del resultado. Esas pautas son plenamente aplicables a las cuestiones que conllevan la transmisión de intangibles o derechos en intangibles. Al evaluar la fiabilidad de los métodos basados en la distribución del resultado, no obstante, deberían tenerse en cuenta la disponibilidad de datos adecuados y fiables sobre rentas combinadas, los gastos correctamente atribuibles y la fiabilidad de los factores utilizados para dividir los ingresos conjuntos.

6.149. Los métodos basados en la distribución del resultado pueden ser de aplicación a la venta de la totalidad de derechos en intangibles. Como en otras aplicaciones de estos métodos, un análisis funcional completo que considere las funciones realizadas, los riesgos asumidos y los activos utilizados por cada una de las partes es un elemento esencial del análisis. Cuando el análisis de la distribución del resultado se basa en proyecciones de ingresos y gastos, deberían tenerse en cuenta las inquietudes planteadas por la exactitud de esas proyecciones en los párrafos 6.163 a 6.168.

6.150. En ocasiones también se sugiere que se puede aplicar un análisis de distribución del resultado a las transmisiones de intangibles desarrollados parcialmente. En este tipo de análisis, a veces se estudia el valor relativo de las contribuciones al desarrollo de los intangibles antes y después de la transmisión de los intangibles en cuestión. Este tipo de enfoque puede incluir un intento de amortizar la contribución del transmitente al intangible parcialmente desarrollado a lo largo de la vida útil teórica de dicha contribución, suponiendo que no se prosigue con el desarrollo. Estos enfoques suelen basarse en las proyecciones de flujos de efectivo y beneficios que se espera obtener en alguna fecha futura después de la transmisión y la supuesta finalización con éxito de futuras actividades de desarrollo.

6.151. Hay que tener precaución al aplicar enfoques de distribución del resultado para determinar las estimaciones de las contribuciones de las partes a la generación de ingresos en los años siguientes a la transmisión, o la asignación de plena competencia de ingresos futuros, con respecto a intangibles desarrollados parcialmente. La contribución o el valor del trabajo realizado antes de la transmisión puede no guardar relación con el coste de ese trabajo. Por ejemplo, en un laboratorio podría desarrollarse un compuesto químico con indicaciones farmacológicas que potencialmente serán un éxito por poco coste. Además, habría que tener en cuenta toda una serie de factores difíciles de evaluar en dicho análisis de distribución de resultados. Entre ellos el riesgo y el valor relativos de las contribuciones de investigación antes y después de la transmisión, el riesgo relativo y sus efectos en el valor, para otras actividades de desarrollo realizadas antes y después de la transmisión, la tasa de amortización adecuada para varias contribuciones al valor intangible, hipótesis sobre el momento en que podría introducirse cualquier producto nuevo potencial y el valor de las contribuciones distintas de los intangibles a la generación última de beneficios. Las proyecciones de ingresos y flujos de efectivo en estas situaciones pueden ser especialmente especulativas. Estos factores se pueden combinar poniendo en entredicho la fiabilidad de la aplicación de este tipo de análisis de distribución de resultados. Véase la Sección D.4 sobre intangibles de difícil valoración.

6.152. Cuando se transmiten derechos limitados en intangibles plenamente desarrollados en una licencia y operación similar, y no pueden identificarse operaciones no vinculadas comparables fiables, con frecuencia puede utilizarse un método de la distribución del resultado para evaluar las respectivas contribuciones de las partes en la generación de ingresos conjuntos. La contribución al beneficio derivada de los derechos en intangibles puestos a disposición por el licenciante u otro transmitente sería, en tal circunstancia, uno de los factores que contribuirían a la obtención de ingresos después de la transmisión. Sin embargo, también habría que considerar otros factores. En particular, habría que tener en cuenta de forma específica en ese análisis las funciones realizadas y los riesgos asumidos por el licenciatario/beneficiario. También deberían considerarse otros intangibles utilizados por el licenciante/transmitente y por el licenciatario/beneficiario en sus respectivos negocios, junto con otros factores relevantes. En ese análisis hay que prestar especial atención a las limitaciones impuestas por los términos de la transmisión al uso de los intangibles por parte del licenciatario/beneficiario y a los derechos del licenciatario/beneficiario a utilizar los intangibles para actividades continuas de investigación y desarrollo. Además, puede ser importante evaluar las contribuciones del beneficiario a las mejoras del valor de los intangibles licenciados. La asignación de ingresos en este análisis dependería de los resultados del análisis funcional, incluido el análisis de los riesgos relevantes asumidos. En un análisis de distribución de resultados referido a un acuerdo de licencia, no debe suponerse que todos los beneficios residuales restantes después de los rendimientos funcionales tienen que ser asignados necesariamente al licenciante/transmitente.

D.2.6.3. Uso de técnicas de valoración

6.153. En situaciones en las que no puedan identificarse operaciones no vinculadas comparables fiables para la transmisión de uno o varios intangibles, también es posible utilizar técnicas de valoración para estimar el precio de plena competencia de los intangibles transferidos entre empresas asociadas. En particular, la aplicación de valoración, sobre todo en técnicas de valoración sustentadas en el cálculo del valor descontado de las corrientes de ingresos o flujos de efectivo futuros proyectados derivados de la explotación del intangible objeto de valoración, puede ser especialmente útil si se aplica adecuadamente. Dependiendo de los hechos y circunstancias, los contribuyentes y las administraciones tributarias pueden utilizar técnicas de valoración en el marco de uno de los cinco métodos de precios de transferencia de la OCDE que se describen en el Capítulo II, o como herramienta que puede ser aplicada de forma útil para identificar el precio de plena competencia.

6.154. Cuando se utilizan técnicas de valoración en un análisis de precios de transferencia que conlleva la transmisión de intangibles o derechos en intangibles, es necesario aplicar estas técnicas de forma consistente con el principio de plena competencia y con los principios recogidos en estas Directrices. En particular, deben considerarse adecuadamente los principios recogidos en los Capítulos I-III. Los principios referidos a las opciones disponibles de forma realista, los atributos económicos fundamentales incluidos la asunción de riesgos (véase la Sección D.1 del Capítulo I) y la agregación de operaciones (véanse los párrafos 3.9 a 3.12) son plenamente aplicables a las situaciones en que se utilizan técnicas de valoración en un análisis de precios de transferencia. Asimismo, las normas de estas Directrices sobre la selección del método de precios de transferencia se aplican a la determinación de los casos en que deben utilizarse esas técnicas (véanse los párrafos 2.1 a 2.11). Los principios de las Secciones A, B, C y D.1 de este capítulo también se aplican cuando se considera el uso de técnicas de valoración.

6.155. Es esencial considerar las hipótesis y otras motivaciones que subyacen en la aplicación concreta de técnicas de valoración. A efectos de solidez contable, algunas hipótesis de valoración a veces pueden reflejar hipótesis y estimaciones conservadoras del valor de los activos registrados en el balance de una sociedad. Este conservadurismo inherente puede conducir a definiciones demasiado restrictivas a efectos de precios de transferencia y a enfoques de valoración que no son necesariamente consistentes con el principio de plena competencia. Por este motivo, conviene tener cuidado a la hora de aceptar valuaciones realizadas a efectos contables como si reflejaran necesariamente los precios de plena competencia o los valores a efectos de precios de transferencia sin examinar detenidamente las hipótesis subyacentes. En particular, las valuaciones de intangibles contenidas en las asignaciones del precio de adquisición realizadas a efectos contables no son determinantes a efectos de precios de transferencia y deberían utilizarse con precaución en un análisis de precios de transferencia estudiando con cuidado las hipótesis subyacentes.

6.156. El objeto de estas Directrices no es proporcionar un resumen exhaustivo de las técnicas de valoración utilizadas por los profesionales de este campo. Con estas Directrices tampoco se pretende refrendar ni rechazar ningún conjunto de normas de valoración utilizada por los profesionales de la valoración o la contabilidad ni describir detalladamente ni refrendar específicamente una o varias técnicas o métodos de valoración específicos por ser especialmente indicados para los análisis de precios de transferencia. No obstante, cuando se aplican técnicas de valoración de forma que tienen debidamente en cuenta estas Directrices a los hechos específicos de un caso, a sólidos principios y prácticas de valoración y considerando adecuadamente la validez de las hipótesis subyacentes en la valoración y la consistencia de dichas hipótesis con el principio de plena competencia, estas técnicas pueden ser útiles en un análisis de precios de transferencia cuando no se dispone de operaciones no vinculadas comparables fiables. Véanse, no obstante, los párrafos 6.142 y 6.143 donde se comentan la fiabilidad y aplicación de las técnicas de valoración basadas en los costes de desarrollo de los intangibles.

6.157. Las técnicas de valoración que estiman el valor descontado de los flujos de efectivo futuros proyectados derivados de la explotación del intangible o intangibles transferidos puede ser especialmente útil si se aplica adecuadamente. Hay muchas variaciones de estas técnicas de valoración. En términos generales, estas técnicas miden el valor de un intangible estimando el valor de los flujos de efectivo futuros que generará durante el resto de su vida útil estimada. El valor puede calcularse descontando los flujos de efectivo futuros previstos a valor presente.[19] En virtud de este enfoque, la valoración requiere, entre otras cosas, definir de forma realista y fiable las proyecciones financieras, las tasas de crecimiento, las tasas de descuento, las vidas útiles de los intangibles, y los efectos fiscales de la operación. Además conlleva considerar valores terminales cuando corresponda. Dependiendo de los hechos y circunstancias del caso en concreto, el cálculo del valor descontado de los flujos de efectivo proyectados derivados de la explotación del intangible debería evaluarse desde la perspectiva de ambas partes de la operación para llegar al precio de plena competencia. El precio de plena competencia se situará en el rango de los valores presentes evaluados desde la perspectiva del transmitente y del beneficiario. Los Ejemplos 27 a 29 del Anexo al Capítulo VI ilustran este caso.

D.2.6.4. Áreas de especial preocupación en la aplicación de métodos basados en el valor descontado de los flujos de efectivo proyectados

6.158. A la hora de aplicar técnicas de valoración, incluidas aquellas que se basan en los flujos de efectivo proyectados, es importante reconocer que las estimaciones de valores basadas en estas técnicas pueden ser volátiles. Las pequeñas variaciones en una u otra de las hipótesis subyacentes en el modelo de valoración o en uno o varios de los parámetros de valoración pueden conducir a grandes diferencias en el valor del intangible que arroje el modelo. Una pequeña variación porcentual en la tasa de descuento, en las tasas de crecimiento tomadas en la preparación de las proyecciones financieras, o en las hipótesis de la vida útil del intangible pueden tener una gran repercusión en la valoración final. Es más, esta volatilidad a menudo se agrava cuando se realizan cambios simultáneos en dos o más hipótesis o parámetros de valoración.

6.159. La fiabilidad del valor intangible obtenido utilizando un modelo de valoración es particularmente sensible a la fiabilidad de las hipótesis y estimaciones subyacentes en las que se basa y en la diligencia debida y el criterio ejercidos en la confirmación de hipótesis y en la estimación de los parámetros de valoración.

6.160. Dada la importancia de las hipótesis y los parámetros de valoración subyacentes, los contribuyentes y las administraciones tributarias que hagan uso de técnicas de valoración para determinar los precios de plena competencia de los intangibles transferidos deberían explicitar cada una de las hipótesis relevantes realizadas en la creación del modelo de valoración, describir la base para la selección de los parámetros de valoración y prepararse para defender la razonabilidad de dichas hipótesis y parámetros de valoración. Además, es una buena práctica que los contribuyentes que se basen en técnicas de valoración presenten como parte de su documentación de precios de transferencia algún análisis de sensibilidad que refleje el cambio consecuente en el valor del intangible estimado generado por el modelo cuando se adoptan hipótesis y parámetros alternativos.

6.161. A la hora de evaluar la fiabilidad de un modelo de valoración, puede ser relevante considerar el propósito con el que se realiza la valoración y examinar las hipótesis y los parámetros de valoración en distintas valuaciones realizadas por el contribuyente a efectos distintos de los fiscales. Sería razonable que las administraciones tributarias solicitaran una explicación de cualquier incoherencia en las hipótesis realizadas en una valoración de un intangible emprendida a efectos de precios de transferencia y las valuaciones emprendidas a otros efectos. Por ejemplo, estas peticiones sería apropiadas si se estuvieran utilizando tasas de descuento elevadas en los análisis de precios de transferencia cuando la empresa rutinariamente utilizara tasas de descuento bajas para evaluar las posibles fusiones y adquisiciones. Estas peticiones también serían apropiadas si se estuviera alegando que determinados intangibles tienen una vida útil breve, mientras que las proyecciones utilizadas en otros contextos de planificación empresarial demostraran que los intangibles relacionados generan flujos de efectivo en años posteriores al término de la vida útil alegada a efectos de precios de transferencia. Las valuaciones utilizadas por un grupo de empresas multinacionales a la hora de tomar decisiones operativas pueden ser más fiables que las preparadas exclusivamente para el análisis de los precios de transferencia.

6.162. Las siguientes secciones identifican algunas de las preocupaciones específicas que deberían tenerse en cuenta al evaluar determinadas hipótesis importantes que subyacen en el cálculo de un modelo de valoración basado en los flujos de efectivo descontados. Estas preocupaciones son importantes al evaluar la fiabilidad de la aplicación concreta de una técnica de valoración. Con independencia de las diferentes preocupaciones expresadas anteriormente y descritas detalladamente en los siguientes párrafos, dependiendo de las circunstancias, la aplicación de dicha técnica de valoración, ya sea en el marco de uno de los cinco métodos de precios de transferencia de la OCDE o como herramienta útil, puede resultar más fiable que la aplicación de cualquier otro método de precios de transferencia, sobre todo cuando no existen operaciones no vinculadas comparables fiables.

D.2.6.4.1. Precisión de las proyecciones financieras

6.163. La fiabilidad de una valoración de un intangible transferido utilizando técnicas de valoración de flujos de efectivo descontados depende de la precisión de las proyecciones de los flujos de efectivo o ingresos futuros en las que se base la valoración. Sin embargo, dado que la precisión de las proyecciones financieras depende de desarrollos del mercado que en parte se conocen y en parte se desconocen en el momento de realizar la valoración, y en esta medida dichas proyecciones son especulativas, es esencial que los contribuyentes y las administraciones tributarias examinen cuidadosamente las hipótesis subyacentes en las proyecciones tanto de los ingresos como de los gastos futuros.

6.164. Al evaluar las proyecciones financieras, el origen y el objeto de las proyecciones puede ser de especial importancia. En algunos casos, los contribuyentes prepararán periódicamente proyecciones financieras a efectos de planificación empresarial. Puede darse el caso de que la dirección de la empresa utilice dichos análisis para tomar decisiones empresariales y de inversión. Normalmente, las proyecciones preparadas a efectos de planificación empresarial, sin incluir la tributaria, son más fiables que las proyecciones preparadas exclusivamente a efectos fiscales, o exclusivamente a efectos del análisis de precios de transferencia.

6.165. El horizonte temporal de las proyecciones también debería tenerse en cuenta a la hora de evaluar su fiabilidad. Cuanto más largo sea el plazo en el que puede esperarse que el intangible en cuestión genere flujos de efectivo positivos, menor probabilidad hay de que las proyecciones de ingresos y gastos sean fiables.

6.166. Otra consideración a tener en cuenta al evaluar la fiabilidad de las proyecciones es si los intangibles y los productos o servicios a los que hacen referencia tienen una trayectoria consolidada de desempeño financiero. Siempre hay que tener cuidado al suponer que el desempeño pasado es un indicativo fiable del futuro, ya que hay muchos factores susceptibles de cambio. Sin embargo, los resultados de operación pasados pueden ser una orientación fiable del desempeño futuro probable de los productos o servicios que se basan en los intangibles. Las proyecciones relacionadas con productos o servicios que no han sido introducidos en el mercado o que están todavía en fase de desarrollo son, de por sí, menos fiables que las de algunos productos o servicios que cuentan con un historial.

6.167. Al decidir si incluir o no los costes de desarrollo en las proyecciones de flujos de efectivo, es importante considerar la naturaleza del intangible transferido. Algunos intangibles pueden tener una vida útil indefinida y pueden seguir desarrollándose continuamente. En esas situaciones, procede incluir los gastos de desarrollo futuros en la previsión de flujos de efectivo. Otros, como una patente concreta, ya habrán sido desarrollados en su totalidad y, además, no servirán como base para el desarrollo de otros intangibles. En esas situaciones, no deberían incluirse los gastos de desarrollo en las previsiones de flujos de efectivo del intangible transferido.

6.168. Cuando, por los motivos expuestos o por cualquier otro, haya fundamentos para creer que las proyecciones que subyacen en la valoración carecen de fiabilidad o son especulativas, se debería prestar atención a las pautas recogidas en las Secciones D.3 y D.4.

D.2.6.4.2. Hipótesis sobre tasas de crecimiento

6.169. Un elemento clave de algunas proyecciones de flujos de efectivo que debería examinarse detenidamente es la tasa de crecimiento proyectada. A menudo las proyecciones de flujos de efectivo futuros se basan en los flujos de efectivo actuales (o en los flujos de efectivo iniciales dados por sentado una vez introducido el producto en el caso de los intangibles parcialmente desarrollados) ampliados por referencia a una tasa de crecimiento porcentual. Cuando se da este caso, debe estudiarse la base de la tasa de crecimiento proyectada. En particular, no es frecuente que los ingresos derivados de un producto dado crezcan a un ritmo estable durante un largo período de tiempo. Por lo tanto, habría que tener cuidado antes de aceptar con demasiada facilidad modelos sencillos que contengan tasas de crecimiento lineales no justificadas ni por la experiencia con productos y mercados similares ni por una evaluación razonable de las condiciones de mercado previsibles en el futuro. Por lo general, se espera que la aplicación fiable de una técnica de valoración basada en los flujos de efectivos futuros proyectados examine el patrón probable de crecimiento de los ingresos y gastos basándose en la experiencia del sector y la empresa con productos similares.

D.2.6.4.3. Tasas de descuento

6.170. Las tasas de descuento utilizadas para convertir una corriente de flujos de efectivo proyectados a valor presente es un elemento crítico de un modelo de valoración. La tasa de descuento tiene en cuenta el valor del dinero en el tiempo y el riesgo o la incertidumbre de los flujos de efectivo previstos. Dado que ligeras variaciones en determinadas tasas de descuento pueden generar grandes variaciones en el valor calculado para los intangibles utilizando estas técnicas, es esencial para los contribuyentes y las administraciones tributarias prestar mucha atención al análisis realizado y las hipótesis adoptadas en la selección de las tasas de descuento utilizadas en el modelo de valoración.

6.171. No existe una única medida de una tasa de descuento que sea adecuada a efectos de precios de transferencia en todos los casos. Ni los contribuyentes ni las administraciones tributarias deben asumir que una tasa de descuento que se basa en el enfoque del coste promedio ponderado del capital (CMPC) o en cualquier otra medida deba ser utilizada sistemáticamente en los análisis de precios de transferencia donde la determinación de tasas de descuento adecuadas sea importante. En su lugar, deberían examinarse las condiciones y riesgos concretos asociados con los hechos de cada caso y los flujos de efectivo específicos para determinar la tasa de descuento adecuada.

6.172. En la determinación y evaluación de las tasas de descuento hay que reconocer que, en algunos casos, en concreto los asociados con la valoración de intangibles todavía en desarrollo, los intangibles pueden ser algunos de los componentes de mayor riesgo de la actividad de un contribuyente. También hay que admitir que algunas actividades conllevan, por naturaleza, más riesgos que otras y que algunas corrientes de flujos de efectivo son, por naturaleza, más volátiles que otras. Por ejemplo, la probabilidad de que se incurra en un nivel proyectado de gasto en investigación y desarrollo puede ser mayor que la probabilidad de que se genere un nivel proyectado de ingresos en última instancia. Las tasas de descuento deberían reflejar el nivel de riesgo de la actividad en su globalidad y la volatilidad prevista de los distintos flujos de efectivo proyectados en las circunstancias de cada caso en concreto.

6.173. Dado que algunos riesgos pueden tenerse en cuenta para llegar a las proyecciones financieras o para calcular la tasa de descuento, hay que poner atención para evitar descontar dos veces el riesgo.

D.2.6.4.4. Vida útil de los intangibles y valores terminales

6.174. Las técnicas de valoración con frecuencia se basan en la proyección de flujos de efectivo derivados de la explotación del intangible a lo largo de su vida útil. En estas circunstancias, la determinación de la vida útil real del intangible será una de las hipótesis cruciales en las que se fundamentará el modelo de valoración.

6.175. La vida útil proyectada de determinados intangibles es una cuestión que hay que determinar teniendo en cuenta todos los hechos y circunstancias relevantes. La vida útil de un intangible concreto puede verse afectada por la naturaleza y duración de las protecciones legales concedidas al intangible. La vida útil de los intangibles también puede verse afectada por el ritmo de los avances tecnológicos en el sector y por otros factores que afecten a la competencia en el entorno económico relevante. Véanse los párrafos 6.121 y 6.122.

6.176. En algunas circunstancias, ciertos intangibles podrán contribuir a la generación de flujos de efectivo en años posteriores al vencimiento de las protecciones legales o una vez hayan dejado de comercializarse los productos a los que están relacionados de forma específica. Esto puede suceder cuando una generación de intangibles sienta las bases para el desarrollo de generaciones de intangibles y nuevos productos futuros. Bien podría darse el caso de que una parte de los flujos de efectivo continuos procedentes de nuevos productos proyectados debieran atribuirse adecuadamente a intangibles vencidos cuando se da esa prolongación de los efectos. Debe reconocerse que, aunque algunos intangibles pueden tener una vida útil indefinida en el momento de valoración, esta circunstancia no implica que los rendimientos extraordinarios que generen sean atribuibles a dichos intangibles a perpetuidad.

6.177. En este sentido, cuando determinados intangibles contribuyen a flujos de efectivo que se prolongan más allá del período para el que existen proyecciones financieras razonables, a veces se dará el caso de que se calcule un valor terminal para los flujos de efectivo relacionados con el intangible. Cuando se utilicen valores terminales en el cálculo de valuaciones, deberían establecerse con claridad las hipótesis subyacentes en los cálculos y examinarse minuciosamente, sobre todo las tasas de crecimiento tomadas.

D.2.6.4.5. Hipótesis sobre impuestos

6.178. Cuando el objeto de una técnica de valoración sea aislar los flujos de efectivo proyectados asociados con un intangible, puede que sea necesario evaluar y cuantificar el efecto de los impuestos sobre ingresos futuros proyectados sobre los flujos de efectivo proyectados. Entre los efectos tributarios dignos de consideración están: (i) los impuestos proyectados que se impondrán a los flujos de efectivo futuros, (ii) los beneficios de amortización fiscal proyectados que el beneficiario tendrá a su disposición, en su caso, y (iii) los impuestos proyectados que se impondrán al transmitente como consecuencia de la transmisión, en su caso.

D.2.7. Forma de pago

6.179. Los contribuyentes tienen considerable discrecionalidad a la hora de definir las formas de pago de los intangibles transferidos. En las operaciones entre partes independientes, es frecuente observar pagos por intangibles que revisten la forma de un solo pago global. También es frecuente observar pagos por intangibles en forma de pagos periódicos durante un plazo de tiempo. Los acuerdos que estipulan pagos periódicos durante un plazo de tiempo pueden estructurarse como una serie de pagos a plazo de importes fijos o revestir la forma de pagos contingentes en los que el importe de los pagos depende del nivel de venta de productos propiciado por los intangibles, de la rentabilidad, o de algún otro factor. Los principios de la Sección D.1.1 del Capítulo I deben observarse en la evaluación de los acuerdos entre contribuyentes en relación con las formas de pago.

6.180. Al evaluar las estipulaciones de los acuerdos entre contribuyentes en materia de formas de pago, cabe destacar que algunas formas de pago conllevan mayor o menor riesgo para una de las partes. Por ejemplo, un medio de pago condicionado a las ventas o beneficios futuros por lo general conllevará mayor riesgo para el transmitente que una forma de pago que establezca un pago global en el momento de la transmisión o bien una serie de pagos a plazo de importe fijo, debido a la condicionalidad. La forma de pago elegida debe ser consistente con los hechos y circunstancias del caso, incluidos los contratos plasmados por escrito, la conducta real de las partes, y la capacidad de las partes para asumir y gestionar los riesgos de pago relevantes. En particular, el importe de los pagos especificados debería reflejar el correspondiente valor del dinero en el tiempo y las características de riesgo de la forma de pago elegida. Por ejemplo, si se aplica una técnica de valoración y da lugar al cálculo de un valor presente de un pago global para el intangible transferido, y si un contribuyente aplica una forma de pago condicionada a las ventas futuras, la tasa de descuento utilizada al convertir la valoración de la suma global en una corriente de pagos contingentes a lo largo de la vida útil del intangible debería reflejar el mayor riesgo para el transmitente de que no se materialicen las ventas y de que, en consecuencia, no se produzcan los pagos, así como las consecuencias del valor del dinero en el tiempo derivadas del diferimiento de los pagos a años futuros.

D.3. Establecimiento de precios de plena competencia en operaciones que conllevan intangibles cuya valoración es altamente incierta en el momento de celebrar la operación

6.181. Los intangibles o los derechos en intangibles pueden presentar características específicas que compliquen la búsqueda de comparables y que, en algunos casos, dificulten la determinación del valor del intangible en el momento de llevarse a cabo la operación. Cuando la valoración de un intangible o un derecho en intangibles en el momento de la operación sea muy incierta, se plantea la cuestión de cómo deberían determinarse los precios de plena competencia. Tanto los contribuyentes como las administraciones tributarias deberían resolver esta cuestión haciendo referencia a lo que habrían hecho empresas independientes en circunstancias comparables para tener en cuenta la incertidumbre de la valoración a la hora de poner precio a la operación. Para ello, al realizar el análisis de comparabilidad son relevantes las pautas y los procesos recomendados en la Sección D del Capítulo I y los principios del Capítulo III complementados por las pautas del presente capítulo.

6.182. Dependiendo de los hechos y circunstancias, hay una serie de mecanismos que las empresas independientes pueden adoptar para abordar la alta incertidumbre de la valoración del intangible en el momento de la operación. Por ejemplo, una posibilidad es utilizar los beneficios anticipados (teniendo en cuenta todos los factores económicos relevantes) como medio para establecer el precio al producirse la operación. Para determinar los beneficios anticipados, las empresas independientes tendrán en cuenta en qué medida es previsible y predecible que se produzcan desarrollos subsiguientes. En algunos casos, las empresas independientes pueden encontrar que los desarrollos subsiguientes son suficientemente predecibles y, por tanto, que las proyecciones de beneficios anticipados son suficientemente fiables como para fijar el precio de la operación al producirse ésta tomando esas proyecciones como base.

6.183. En otros casos, las empresas independientes considerarán que los precios basados sólo en los beneficios anticipados no ofrecen una protección adecuada frente a los riesgos planteados por la elevada incertidumbre de la valoración del intangible. En estos casos, las empresas independientes, por ejemplo, adoptarán acuerdos a más corto plazo, incluidas cláusulas de ajuste de precios en los términos del acuerdo, o una estructura de pago que conlleve pagos contingentes para protegerse de que los futuros desarrollos no fueran suficientemente predecibles. A tales efectos, un acuerdo de precios contingentes es cualquier acuerdo de precios en el que el importe o el calendario de los pagos depende de acontecimientos contingentes, incluido el logro de determinados umbrales financieros predeterminados como ventas o beneficios, o de fases de avance predeterminadas (por ejemplo, regalías o pagos periódicos por la consecución de hitos). Por ejemplo, puede incrementarse una tasa de regalías a medida que aumentan las ventas del licenciatario, o podrían exigirse pagos adicionales cuando se alcanzaran con éxito determinados objetivos de desarrollo. En el caso de una transmisión de intangibles o derechos en intangibles en una fase en que todavía no están listos para ser comercializados y requieren más desarrollo, en el momento de la transmisión inicial entre partes independientes se podrían adoptar condiciones de pago que incluyeran la determinación de otros pagos contingentes que sólo serían pagaderos si se alcanzaran ciertos hitos especificados en su desarrollo futuro.

6.184. También las partes independientes podrían decidir asumir el riesgo que representan los desarrollos subsiguientes impredecibles. No obstante, si se producen grandes acontecimientos o desarrollos futuros imprevistos por las partes en el momento de la operación o acontecimientos o desarrollos imprevistos considerados de baja probabilidad que cambien las hipótesis fundamentales sobre las que descansan los precios, esto podría llevar a una renegociación de los acuerdos de precios entre las partes si redunda en beneficio de ambas. Por ejemplo, podría producirse una renegociación conforme al principio de plena competencia si una tasa de regalías basada en las ventas por un medicamento patentado resultara ser muy excesiva a causa del desarrollo imprevisto de un tratamiento alternativo de bajo coste. La regalía excesiva podría suprimir todo incentivo del licenciatario para fabricar o vender el medicamento, en cuyo caso el licenciatario tendría interés en renegociar el acuerdo. Puede darse el caso de que al licenciante también le interese mantener el medicamento en el mercado y conservar al mismo licenciatario para fabricar el medicamento por la experiencia y conocimientos técnicos del licenciatario o por la existencia de una larga relación de colaboración entre ellas. En estas circunstancias, las partes podrían renegociar prospectivamente en beneficio de ambas la totalidad o cualquier parte del acuerdo y fijar una tasa de regalías más baja. En cualquier caso, la renegociación se produciría dependiendo de todos los hechos y circunstancias de cada caso.

6.185. Si, en circunstancias comparables, empresas independientes acordaran la inclusión de una mecanismo para abordar la alta incertidumbre en la valoración del intangible (por ejemplo, una cláusula de ajuste de precios), la administración tributaria estaría facultada para determinar el precio de una operación relacionada con un intangible o derechos en un intangible basándose en dicho mecanismo. De igual modo, si en circunstancias comparables, empresas independientes hubieran considerado que hechos posteriores son tan fundamentales que, de producirse, hubiera conducido a una renegociación prospectiva del precio de una operación, dichos acontecimientos también conducirían a una modificación del precio de la operación entre empresas asociadas.

D.4. Intangibles de difícil valoración ("IDV")

6.186. Una administración tributaria puede encontrar dificultad para establecer o verificar qué desarrollos o acontecimientos pueden considerarse relevantes para fijar el precio de una operación que conlleva la transmisión de intangibles o derechos en intangibles, y el grado en el que se podría haber previsto o fuera razonablemente previsible que se produciría dicho desarrollo o acontecimiento, o la dirección que éstos puedan adoptar, en el momento en que se celebró la operación. Los desarrollos o acontecimientos que puedan ser relevantes para la valoración de un intangible están, en muchos casos, estrechamente relacionados con el entorno empresarial en el que se desarrolla o se explota ese intangible. Por lo tanto, para evaluar qué desarrollos o acontecimientos son relevantes y si su ocurrencia y dirección podría haberse previsto o ser razonablemente previsibles, requiere conocimiento especializado, tener experiencia y conocimientos técnicos del entorno empresarial en el que se desarrolla o se explota el intangible. Además, el grupo de empresas multinacionales puede considerar que las evaluaciones que es prudente realizar para valorar la transmisión de intangibles o derechos en intangibles en una operación no vinculada sólo son necesarias o útiles a efectos de precios de transferencia cuando la transmisión se produce dentro del grupo, con lo que dichas evaluaciones pueden no ser exhaustivas. Por ejemplo, una empresa puede transmitir intangibles en una fase inicial de desarrollo a una empresa asociada, fijar una tasa de regalías que no refleja el valor del intangible en el momento de la transmisión, y posteriormente adoptar la postura de que no fue posible predecir, en el momento de la transmisión, el éxito futuro del producto con total certeza. El contribuyente alegaría, así pues, que la diferencia entre el valor a priori y a posteriori del intangible es atribuible a un resultado más favorable del previsto. La experiencia general de las administraciones tributarias en estas situaciones es que puede que carezcan de los conocimientos empresariales concretos o el acceso a la información para poder examinar la alegación del contribuyente y demostrar que la diferencia entre el valor a priori y a posteriori del intangible se debe a hipótesis de precios que no se ajustan al principio de plena competencia realizadas por el contribuyente. En su lugar, las administraciones tributarias que traten de examinar la alegación del contribuyente dependen en gran medida de los conocimientos y la información aportados por ese contribuyente. Estas situaciones asociadas con asimetrías de información entre los contribuyentes y las administraciones tributarias pueden dar lugar a un riesgo de precios de transferencia. Véase el párrafo 6.191.

6.187. En estas situaciones que conllevan la transmisión de un intangible o derechos en un intangible los resultados a posteriori pueden servir de indicador para las administraciones tributarias en cuanto a la adecuación al principio de plena competencia de los acuerdos de precios a priori adoptados por las empresas asociadas, y la existencia de incertidumbres en el momento de la operación. Si hay diferencias entre las proyecciones a priori y los resultados a posteriori que no se deben a desarrollos o acontecimientos imprevistos, las diferencias podrían indicar que los acuerdos de precios convenidos por las empresas asociadas en el momento de celebrarse la operación no han tenido en cuenta debidamente los desarrollos o acontecimientos relevantes que previsiblemente habrían afectado al valor del intangible y a los acuerdos de precios adoptados.

6.188. En respuesta a las consideraciones expuestas anteriormente, esta sección contiene un enfoque consistente con el principio de plena competencia que las administraciones tributarias pueden adoptar para asegurarse de poder determinar en qué situaciones los acuerdos de precios establecidos por los contribuyentes se ajustan al principio de plena competencia y se basan en una ponderación adecuada de los desarrollos o avances previsibles que son relevantes a efectos de valoración de determinados intangibles de difícil valoración, y en qué situaciones no es así. Aplicando este enfoque, las pruebas a posteriori ofrecen una base hipotética de la existencia de incertidumbres en el momento de la operación, si el contribuyente tuvo en cuenta adecuadamente los desarrollos o acontecimientos razonablemente previsibles en el momento de la operación, y la fiabilidad de la información utilizada a priori para determinar el precio de transferencia de dichos intangibles o derechos en intangibles. Dichas pruebas hipotéticas podrían estar sujetas a impugnación como se menciona en los párrafos 6.193 y 6.194, si puede demostrarse que no afectan a la determinación correcta del precio de plena competencia. Esta situación debería distinguirse de aquella en la que se actúa retrospectivamente tomando los resultados a posteriori a efectos de cómputo de impuestos sin tener en cuenta si la información en la que se basan los resultados a posteriori podrían o deberían haber sido razonablemente conocida y tenida en cuenta por las empresas asociadas en el momento de celebrarse la operación.

6.189. El término intangibles de difícil valoración ("IDV") abarca intangibles o derechos en intangibles para los que, en el momento de su transmisión entre empresas asociadas, (i) no existen comparables fiables, y (ii) en el momento de la operación, las proyecciones de flujos de efectivo futuros o los ingresos que se prevé obtener con el intangible transferido, o las hipótesis utilizadas en la valoración del intangible son muy inciertas, lo que dificulta predecir el nivel de éxito en última instancia del intangible en el momento de la transmisión.

6.190. Las operaciones que conllevan la transmisión o el uso de IDV mencionadas en el párrafo 6.189 podrán presentar una o varias de las siguientes características:

- El intangible sólo está parcialmente desarrollado en el momento de la transmisión;
- No se espera explotar comercialmente el intangible hasta varios años después de la operación;
- El intangible en sí no se ajusta a la definición de IDV del párrafo 6.189 aunque es crucial para el desarrollo o la mejora de otros intangibles que se ajustan a la definición de IDV;
- Se espera explotar el intangible de una forma novedosa en el momento de la transmisión y la ausencia de un historial de desarrollo o explotación de intangibles similares hace que cualquier proyección sea muy incierta;
- El intangible, según la definición de IDV establecida en el párrafo 6.189, ha sido transmitido a una empresa asociada por el pago de una suma global;
- El intangible se utiliza bien en relación con un ARC o bien se desarrolla a tenor de un ARC o un acuerdo similar.

6.191. En el caso de estos intangibles, las asimetrías de información entre contribuyentes y administraciones tributarias, que incluye qué información ha tenido en cuenta el contribuyente para determinar el precio de la operación, podrían ser graves y exacerbar la dificultad de las administraciones tributarias para verificar el cumplimiento del principio de plena competencia en la determinación de los precios por los motivos expuestos en el párrafo 6.186. Como consecuencia, será difícil para las administraciones tributarias realizar una evaluación de riesgos a efectos de precios de transferencia, para evaluar la fiabilidad de la información en la que ha basado los precios el contribuyente, o para considerar si el intangible o los derechos en intangibles han sido transmitidos a un valor inferior o superior al que debería haberse adoptado a tenor del principio de plena competencia, hasta que se conozcan los resultados a posteriori en años posteriores a la transmisión.

6.192. En estas circunstancias, la administración tributaria puede considerar que los resultados a posteriori son pruebas hipotéticas de la idoneidad de los acuerdos de precios a priori. Sin embargo, la consideración de pruebas a posteriori debería basarse en una determinación de que es necesario tener en cuenta dichas pruebas para evaluar la fiabilidad de la información en la que se basan los precios a priori. Cuando la administración tributaria puede confirmar la fiabilidad de la información en la que se han basado los precios a priori, con independencia del enfoque descrito en esta sección, no deberían realizarse ajustes basados en los niveles de resultados a posteriori. A la hora de evaluar los acuerdos de precios a priori, la administración tributaria está facultada para utilizar las pruebas a posteriori referidas a resultados económicos para documentar la determinación de los precios de plena competencia, incluido cualquier acuerdo de precios contingentes, que se habría realizado entre empresas independientes en el momento de celebrarse la operación, considerando lo establecido en el párrafo 6.185. Dependiendo de los hechos y circunstancias del caso y considerando las pautas recogidas en la Sección B.5 del Capítulo III, puede ser adecuado realizar un análisis plurianual de la información para la aplicación de este enfoque.

6.193. Este enfoque no se aplicará a las operaciones que conllevan la transmisión o el uso de IDV que caen dentro del ámbito del párrafo 6.189, cuando se aplique, al menos, una de las siguientes excepciones:

i) El contribuyente aporta:

   1. Detalles de las proyecciones a priori utilizadas en el momento de la transmisión para determinar los acuerdos de precios, incluido cómo se tuvieron en cuenta los riesgos en el cálculo para determinar el precio (a saber, ponderación a la probabilidad), y la adecuación de su consideración de acontecimientos razonablemente previsibles y otros riesgos, y la probabilidad de que se produzcan; y,

   2. Pruebas fiables de que cualquier diferencia significativa entre las proyecciones financieras y los resultados reales se debe a: a) desarrollos o acontecimientos imprevistos sucedidos después de la determinación del precio que no podían haber sido previstos por las empresas asociadas en el momento de celebrarse la operación; o, b) la materialización de la probabilidad de que se produzcan resultados previsibles, y que estas probabilidades no fueran sobrevaloradas o infravaloradas de forma significativa en el momento de la operación;

ii) La transmisión de IDV está cubierta por un acuerdo bilateral o multilateral de establecimiento de precios por adelantado en vigor en el período en cuestión entre los países del beneficiario y el transmisor;

iii) Cualquier diferencia significativa entre la proyección financiera y los resultados reales mencionados en el punto (i).2 anterior no provoca una reducción o un incremento de la remuneración del IDV de más del 20% de la remuneración determinada en el momento de la operación;

iv) Transcurre un período de comercialización de cinco años después del año en el que el IDV generó por primera vez ingresos para el beneficiario y en cuyo período de comercialización cualquier diferencia significativa entre las proyecciones financieras y los resultados reales mencionados en el punto (i).2 anterior no fue superior al 20% de las proyecciones para ese período.[20]

6.194. La primera excepción significa que, aunque las pruebas a posteriori sobre los resultados económicos ofrezcan información relevante para que las administraciones tributarias consideren la idoneidad de los acuerdos de precios a priori, cuando el contribuyente puede demostrar satisfactoriamente lo que era previsible en el momento de la operación y su reflejo en las hipótesis de precios, y que los avances que han conducido a la diferencia entre las proyecciones y los resultados se derivan de acontecimientos imprevisibles, las administraciones tributarias no estarán facultadas a practicar ajustes a los acuerdos de precios a priori basándose en los resultados a posteriori. Por ejemplo, si las pruebas de los resultados económicos muestran que las ventas de productos que explotan el intangible transferido alcanzan 1 000 un año, pero los acuerdos de precios a priori se basaron en proyecciones que consideraban que las ventas sólo alcanzarían un máximo de 100 al año, la administración tributaria debería considerar los motivos para que las ventas hayan alcanzado ese volumen más elevado. Si ese mayor volumen se debiera, por ejemplo, a una demanda exponencialmente mayor de los productos que incorporan el intangible provocada por un desastre natural o cualquier otro acontecimiento imprevisto que claramente fuera imprevisible en el momento de la operación o adecuadamente dada la escasísima probabilidad de que se produjera, entonces debería reconocerse que los precios a priori son los precios de plena competencia, a menos que existan otras pruebas distintas de los resultados a posteriori que indiquen que el establecimiento de precios no se produjo conforme al principio de plena competencia.

6.195. Sería importante permitir la resolución de casos de doble imposición derivada de la aplicación del enfoque del IDV mediante el acceso al procedimiento amistoso en virtud del tratado aplicable.

D.5. Pautas adicionales para operaciones que conllevan el uso de intangibles en relación con la venta de bienes o la prestación de servicios

6.196. En esta sección se ofrecen pautas complementarias para la aplicación de las normas de los Capítulos I-III en situaciones en las que una o ambas partes de una operación vinculada utiliza intangibles en relación con la venta de bienes o la prestación de servicios, pero sin que se produzca una transmisión de intangibles o derechos en intangibles. Cuando intervienen intangibles, el análisis de precios de transferencia debe considerar minuciosamente el efecto de los intangibles involucrados en los precios y demás condiciones de las operaciones vinculadas.

D.5.1. Intangibles como factor de comparabilidad en operaciones que conllevan el uso de intangibles

6.197. Las normas generales de la Sección D.1 de los Capítulos I y III también aplican para orientar el análisis de comparabilidad de operaciones que conllevan el uso de intangibles con respecto a las operaciones vinculadas que conllevan la venta de productos o la prestación de servicios. Sin embargo, la presencia de intangibles a veces puede plantear algunas dificultades de comparabilidad.

6.198. En un análisis de precios de transferencia en el que el método de precios de transferencia más adecuado sea el método del precio de reventa, del coste incrementado o del margen neto operacional, suele tomarse como parte analizada la parte que presenta menor complejidad de todas en una operación vinculada. En muchos casos, el precio de plena competencia o nivel de beneficio de la parte analizada puede determinarse sin necesidad de valorar los intangibles utilizados en relación con la operación. Este sería el caso, por lo general, de las operaciones en las que sólo utiliza el intangible la parte que no se está analizando. En cambio, en otros casos, la parte analizada puede utilizar de hecho intangibles a pesar de que sus operaciones sean relativamente menos complejas. También las partes de operaciones independientes potencialmente comparables pueden utilizar intangibles. Cuando cualquiera de estos es el caso, hay que considerar los intangibles utilizados por la parte analizada y por las partes de operaciones independientes potencialmente comparables como factor de comparabilidad en el análisis.

6.199. Por ejemplo, una parte analizada que participe en la comercialización y distribución de bienes comprados en operaciones vinculadas podría haber desarrollado intangibles de mercadotecnia en su zona geográfica de actividad, lo que incluye listas de clientes, relaciones con clientes y datos de clientes. También podría haber desarrollado conocimientos técnicos de logística o programas informáticos y otras herramientas que utilizara en sus actividades de distribución. El impacto de estos intangibles en la rentabilidad de la parte analizada debería tenerse en cuenta a la hora de realizar un análisis de comparabilidad.

6.200. De todos modos, es importante observar que, en muchos casos, cuando la parte analizada utiliza estos intangibles, las partes de las operaciones independientes comparables también tendrán el mismo tipo de intangibles a su disposición. Así, en el caso de la empresa de distribución, es también probable que una entidad independiente contratada para prestar servicios de distribución en el sector y mercado de la parte analizada tenga conocimientos y contactos con posibles clientes, recopile datos de clientes, tenga sus propios sistemas logísticos efectivos y, en otros aspectos, tenga intangibles similares a los de la parte analizada. Cuando se da este caso, el nivel de comparabilidad podrá ser suficientemente alto como para poder confiar en los precios pagados o los márgenes obtenidos por los comparables potenciales como medida adecuada de la remuneración de plena competencia tanto de las funciones realizadas como de los intangibles pertenecientes a la parte analizada.

6.201. Cuando la parte analizada y el comparable potencial tienen intangibles comparables, los intangibles no serán únicos y valiosos en el sentido del párrafo 6.17, por lo que no será preciso realizar ningún ajuste de comparabilidad al respecto. El comparable potencial proporcionará, en estas circunstancias, la mejor prueba de contribución a la generación de beneficio de los intangibles de la parte analizada. No obstante, si cualquiera de las partes o el comparable potencial tiene y utiliza en sus actividades intangibles únicos y valiosos, puede ser necesario o bien practicar los correspondientes ajustes de comparabilidad o bien cambiar a otro método de precios de transferencia. Los principios recogidos en la Sección D.2(i) a (iv) se aplican a la evaluación de la comparabilidad de intangibles en este tipo de situaciones.

6.202. Conviene que tanto contribuyentes como administraciones tributarias no abusen del rechazo de comparables potenciales basándose en el uso de intangibles por cualquiera de las partes de operaciones potencialmente comparables o por la parte analizada. Por lo general, no se deben rechazar comparables potenciales por la supuesta existencia de intangibles no especificados ni por la supuesta importancia del fondo de comercio. Si las operaciones o empresas identificadas son comparables en todo lo demás, pueden servir como mejor indicación disponible de los precios de plena competencia, con independencia de que existan intangibles relativamente insignificantes y la parte analizada o las partes de las operaciones potencialmente comparables los utilicen. Las operaciones potencialmente comparables deben ignorarse por la existencia y el uso de intangibles no comparables sólo cuando los intangibles en cuestión pueden ser clara y distintivamente identificados y cuando son manifiestamente únicos y valiosos.

D.5.2. Determinación de precios de plena competencia en operaciones que conllevan el uso de intangibles en relación con la venta de bienes o la prestación de servicios

6.203. Los principios de los Capítulos I-III aplican a la determinación de precios de plena competencia en operaciones que conllevan el uso de intangibles en relación con la venta de bienes o la prestación de servicios. Pueden surgir dos categorías generales de casos. En la primera categoría de casos, el análisis de comparabilidad, incluido el análisis funcional, revelará la existencia de comparables suficientemente fiables como para poder determinar las condiciones de plena competencia de la operación utilizando un método de precios de transferencia basado en comparables. En la segunda categoría de casos, el análisis de comparabilidad, incluido el análisis funcional, no logrará identificar operaciones independientes comparables fiables, a menudo como consecuencia directa del uso por una o ambas partes de la operación de intangibles únicos y valiosos. A continuación se describen los enfoques de precios de transferencia para estas dos categorías de casos.

D.5.2.1. Situaciones en las que existen comparables fiables

6.204. A menudo se podrán identificar comparables fiables, a pesar de que una o ambas partes de una venta vinculada de bienes o prestación de servicios utilicen intangibles. Dependiendo de los hechos específicos, cualquiera de los cinco métodos de precios de transferencia de la OCDE que se describen en el Capítulo II puede ser el método más adecuado cuando la operación conlleva el uso de intangibles en relación con una operación vinculada de venta de bienes o prestación de servicios y existen comparables fiables.

6.205. Cuando la parte analizada no utiliza intangibles únicos y valiosos, y cuando pueden identificarse comparables fiables, muchas veces se podrán determinar los precios de plena competencia aplicando métodos unilaterales incluido los métodos del precio libre comparable, precio de reventa, coste incrementado y margen neto operacional. Las pautas que se recogen en los Capítulos I-III, por lo general, bastarán para orientar en la determinación de precios de plena competencia en este tipo de situaciones, sin que sea necesario realizar un análisis detallado de la naturaleza de los intangibles utilizados por la otra parte de la operación.

6.206. Los principios que se describen en la Sección D.2(i) a (iv) de este capítulo deberían aplicarse al determinar si el uso de intangibles por parte de la parte analizada impediría basarse en operaciones independientes comparables identificadas o requería de ajustes de comparabilidad. Sólo cuando los intangibles utilizados por la parte analizada sean únicos y valiosos surgirá la necesidad de practicar ajustes de comparabilidad o adoptar un método de precios de transferencia menos dependiente de operaciones independientes comparables. Cuando los intangibles utilizados por la parte analizada no sean únicos y valiosos, los precios pagados o cobrados, o los márgenes o rendimiento obtenidos por las partes en operaciones independientes comparables podrán ser una base fiable para determinar las condiciones de plena competencia.

6.207. Cuando la necesidad de practicar ajustes de comparabilidad surja por diferencias en los intangibles utilizados por la parte analizada en una operación vinculada y los intangibles utilizados por una parte de una operación independiente potencialmente comparable, pueden surgir complejas consideraciones de hecho a la hora de cuantificar los ajustes de comparabilidad. Estas cuestiones merecen considerar con detenimiento los hechos y circunstancias relevantes y los datos disponibles sobre el impacto de los intangibles en los precios y beneficios. Cuando el impacto en el precio de una diferencia en la naturaleza de los intangibles utilizados es claramente significativo, pero no está sujeto a una estimación exacta, puede que haya que utilizar otro método de precios de transferencia menos dependiente de la identificación de comparables fiables.

6.208. También debería reconocerse que los ajustes de comparabilidad de los factores distintos de las diferencias en la naturaleza de los intangibles utilizados pueden ser necesarios en cuestiones que conlleven el uso de intangibles en relación con una venta vinculada de bienes o servicios. En particular, puede que haya que practicar ajustes de comparabilidad cuando existen, por ejemplo, diferencias en mercados, ventajas de localización, estrategias empresariales, plantilla reunida, sinergias corporativas y otros factores similares. Aunque estos factores no sean intangibles tal y como se define este término en la Sección A.1 de este capítulo, no obstante, pueden incidir de forma significativa en los precios de plena competencia en los casos en que se utilizan intangibles.

D.5.2.2. Situaciones en las que no existen comparables fiables

6.209. En algunas circunstancias en que no se pueden identificar operaciones independientes fiables, pueden utilizarse los métodos basados en la distribución de resultados para determinar el reparto de beneficios en condiciones de plena competencia para la venta de bienes o la prestación de servicios que conllevan el uso de intangibles. Una circunstancia en la que puede ser adecuado el uso de métodos basados en la distribución de resultados es cuando ambas partes de la operación realizan contribuciones únicas y valiosas a la operación.

6.210. La Sección C del Capítulo II recoge directrices que deben considerarse a la hora de aplicar métodos basados en la distribución de resultados. Esas pautas son plenamente aplicables a las situaciones que conllevan el uso de intangibles en relación con la venta de bienes o la prestación de servicios en operaciones vinculadas.

6.211. Al aplicar un método de distribución de resultados en un caso que conlleva el uso de intangibles, hay que ser cuidadoso al identificar los intangibles en cuestión, evaluar el modo en que contribuyen a la creación de valor y evaluar otras funciones realizadas, riesgos asumidos y activos utilizados que también generan ingresos. Las afirmaciones vagas sobre la existencia y el uso de intangibles no especificados no servirán para defender la aplicación fiable de un método de distribución del resultado.

6.212. En circunstancias adecuadas, también pueden utilizarse métodos de precios de transferencia o técnicas de valoración que no dependen de la identificación de operaciones independientes comparables fiables para determinar las condiciones de plena competencia de la venta de bienes o la prestación de servicios cuando se utilizan intangibles en relación con la operación. La alternativa seleccionada debería reflejar la naturaleza de los bienes o servicios proporcionados y la contribución de los intangibles y otros factores relevantes para la creación de valor.

Pautas adicionales al Capítulo II de las Directrices sobre precios de transferencia resultantes de las revisiones del Capítulo VI

El siguiente texto se inserta después del párrafo 2.9.

2.9A La aplicación de una norma general no constituye un sustituto adecuado para la realización de un completo análisis funcional y de comparabilidad de acuerdo con los principios de los Capítulos I-III. Por consiguiente, no puede utilizarse una regla general para demostrar que un precio o un reparto de ingresos responda al principio de plena competencia.

Las disposiciones del Anexo al Capítulo VI de las Directrices sobre precios de transferencia se suprimen en su totalidad y se sustituyen por el siguiente texto.

Anexo al Capítulo VI – Ejemplos para ilustrar las Directrices sobre intangibles

Ejemplo 1

1. Premiere es la matriz de un grupo de empresas multinacionales. La Sociedad S es una filial enteramente participada por Premiere y pertenece al grupo Premiere. Premiere financia actividades de I+D y realiza funciones de I+D continuas para respaldar sus actividades empresariales. Cuando las funciones de I+D se traducen en inventos patentables, el grupo Premiere tiene por costumbre asignar todos los derechos en dichos inventos a la Sociedad S con el fin de centralizar y simplificar la administración mundial de las patentes. Todos los registros de patentes se tienen y se mantienen en nombre de la Sociedad S.

2. La Sociedad S tiene contratados a tres abogados para realizar las tareas de administración de patentes y carece de otros empleados. La Sociedad S no realiza ni controla ninguna de las actividades de I+D del grupo Premiere. La Sociedad S carece de personal técnico de I+D, y tampoco incurre en ningún gasto de I+D del grupo Premiere. La Dirección de Premiere toma decisiones clave con respecto a la defensa de la patente, después de haber sido asesorada por los empleados de la Sociedad S. La Dirección de Premiere, y no los empleados de la Sociedad S, controla todas las decisiones referidas a la concesión de licencias de las patentes del grupo tanto a empresas asociadas como independientes.

3. Coincidiendo con cada cesión de derechos de Premiere a la Sociedad S, la Sociedad S paga un nominal de 100 euros a Premiere como contraprestación por la cesión de derechos a un invento patentable y, como condición específica de la cesión, simultáneamente otorga a Premiere una licencia exclusiva y exenta de regalías a la patente, con plenos derechos de concesión de sublicencias, por la vida completa de la patente pendiente de registro. Los pagos nominales de la Sociedad S a Premiere se realizan simplemente para satisfacer los requisitos técnicos en materia de derecho contractual relacionados con la cesión y, a efectos de este ejemplo, se presupone que no reflejan la remuneración de plena competencia por los derechos cedidos en los inventos patentables. Premiere utiliza los inventos patentables para fabricar y vender sus productos en todo el mundo y, cada cierto tiempo, concede sublicencias de sus derechos de patentes a terceros. La Sociedad S no hace un uso comercial de las patentes ni tiene derecho al mismo en virtud de los términos del acuerdo de licencia con Premiere.

4. En virtud del acuerdo, Premiere realiza todas las funciones relacionadas con el desarrollo, la mejora, el mantenimiento, la protección y la explotación de los intangibles, a excepción de los servicios de administración de patentes. Premiere contribuye y utiliza todos los activos asociados al desarrollo y la explotación del intangible, y asume la totalidad o la práctica totalidad de los riesgos asociados con los intangibles. Premiere debería tener derecho al grueso de los rendimientos derivados de la explotación de los intangibles. Las administraciones tributarias podrían llegar a una solución adecuada de precios de transferencia definiendo la operación realmente llevada a cabo por Premiere y la Sociedad S. Dependiendo de los hechos, podría determinarse que, tomadas en su conjunto, la cesión nominal de derechos a la Sociedad S y la retro concesión simultánea de todos los derechos de explotación a Premiere reflejan en esencia un acuerdo de prestación de servicios de administración de patentes entre Premiere y la Sociedad S. Se determinaría un precio de plena competencia para los servicios de administración de patentes y Premiere

retendría, o a Premiere se le atribuiría, el saldo del rendimiento derivado por el grupo multinacional de la explotación de las patentes.

Ejemplo 2

5. Los hechos relacionados con el desarrollo y control de inventos patentables son los mismos que en el Ejemplo 1. Sin embargo, en vez de otorgar una licencia exclusiva y perpetua de sus patentes a Premiere, la Sociedad S, actuando bajo la dirección y el control de Premiere, otorga licencias de sus patentes a empresas asociadas e independientes de todo el mundo a cambio de unas regalías periódicas. A efectos de este ejemplo, se presupone que las regalías pagadas a la Sociedad S por las empresas asociadas son consistentes con el principio de plena competencia.

6. La Sociedad S es la propietaria legal de las patentes. Sin embargo, su contribución al desarrollo, la mejora, el mantenimiento, la protección y la explotación de las patentes se limita a las actividades de sus tres empleados que registran las patentes y mantienen los registros de las patentes. Los empleados de la Sociedad S no controlan ni participan en las operaciones de concesión de licencias que afectan a las patentes. En estas circunstancias, la Sociedad S sólo tiene derecho a remuneración por las funciones que realiza. Basándonos en un análisis de las correspondientes funciones realizadas, activos utilizados y riesgos asumidos por Premiere y la Sociedad S en el desarrollo, la mejora, el mantenimiento, la protección y la explotación de intangibles, la Sociedad S no debería tener derecho en última instancia a retener, o a que le sean asignados, los ingresos de sus acuerdos de licencia que superen la remuneración de plena competencia por sus funciones de registro de patentes.

7. Como en el Ejemplo 1, la auténtica naturaleza del acuerdo es un contrato de prestación de servicios de administración de patentes. Se puede llegar al resultado adecuado de precios de transferencia asegurándose de que el importe pagado por la Sociedad S a cambio de las cesiones de derechos de patentes refleje adecuadamente las correspondientes funciones realizadas, activos utilizados y riesgos asumidos por Premiere y por la Sociedad S. Bajo este enfoque, la remuneración adeudada a Premiere por los inventos patentables equivale a los ingresos por licencia de la Sociedad S menos una remuneración adecuada de las funciones que lleva a cabo la Sociedad S.

Ejemplo 3

8. Los hechos son los mismos que en el Ejemplo 2. Sin embargo, después de conceder las licencias a empresas asociadas e independientes durante unos años, la Sociedad S, nuevamente actuando bajo la dirección y el control de Premiere, vende las patentes a una empresa independiente a un precio que refleja la apreciación del valor de las patentes durante el período en que pertenecían a la Sociedad S. Las funciones realizadas por la Sociedad S mientras las patentes eran de su propiedad se limitaban a las funciones de registro de patentes que se describen en los Ejemplos 1 y 2.

9. En estas circunstancias, los ingresos para la Sociedad S deberían ser los mismos que en el Ejemplo 2. Debería ser remunerada por las funciones de registro realizadas, pero no debería participar de otro modo en el rendimiento derivado de la explotación de los intangibles, incluido el rendimiento derivado en la venta de los mismos.

Ejemplo 4

10. Los hechos relacionados con el desarrollo de las patentes son los descritos en el Ejemplo 3. A diferencia del Ejemplo 1, en este caso la Sociedad S cuenta con empleados capaces de tomar, y que realmente toman, la decisión de asumir la cartera de patentes. Todas las decisiones relacionadas con el programa de concesión de licencias fueron tomadas por empleados de la Sociedad S, todas las negociaciones con los licenciatarios fueron llevadas a cabo por empleados de la Sociedad S y fueron empleados de la Sociedad S quienes supervisaron el cumplimiento de los términos de las licencias por parte de los licenciatarios independientes. A efectos de este ejemplo, se supone que el precio pagado por la Sociedad S a cambio de las patentes fue un precio de plena competencia que reflejaba las correspondientes valuaciones de las partes con respecto al futuro programa de concesión de licencias y el rendimiento que previsiblemente se derivaría de la explotación de las patentes en el momento de su cesión a la Sociedad S. A efectos de este ejemplo, se asume que no es aplicable el enfoque para los intangibles de difícil valoración que se describe en la Sección D.4.

11. Tras la cesión, la Sociedad S concedió las patentes bajo licencia a empresas independientes durante unos años. Posteriormente, el valor de las patentes aumentó considerablemente por circunstancias externas que no eran previsibles en el momento en que las patentes fueron cedidas a la Sociedad S. La Sociedad S vende a continuación las patentes a un comprador externo por un precio que supera el precio que ella le pagó originalmente a Premiere por las patentes. Los empleados de la Sociedad S toman todas las decisiones relacionadas con la venta de las patentes, negocian las condiciones de la venta, y gestionan y controlan en todos los aspectos la venta de las patentes.

12. En estas circunstancias, la Sociedad S tiene derecho a conservar el producto de la venta, incluidos los importes atribuibles a la apreciación del valor de las patentes como consecuencia de las circunstancias externas imprevistas.

Ejemplo 5

13. Los hechos son los mismos que en el Ejemplo 4, a excepción de que en lugar de apreciarse, el valor de la patentes disminuye durante el tiempo que pertenecen a la Sociedad S como consecuencia de circunstancias externas que no son previsibles. En estas circunstancias, la Sociedad S tiene derecho a conservar el producto de la venta, lo que significa que incurrirá en una pérdida.

Ejemplo 6

14. En el Año 1, un grupo multinacional formado por la Sociedad A (una sociedad constituida en el país A) y la Sociedad B (una sociedad constituida en el país B) decide desarrollar un intangible, que se prevé que será muy rentable partiendo de la base de los intangibles que ya tiene la Sociedad B, su trayectoria y su experimentado personal de investigación y desarrollo. Se espera que el desarrollo del intangible dure cinco años hasta que sea posible su explotación comercial. Si su desarrollo resulta un éxito, es previsible que el intangible tenga valor durante los diez años siguientes al inicio de su explotación. En el acuerdo de desarrollo firmado por las Sociedades A y B, la Sociedad B llevará a cabo y controlará todas las actividades relacionadas con el desarrollo, la mejora, el mantenimiento, la protección y la explotación del intangible. La Sociedad A aportará todos los fondos necesarios para el desarrollo del intangible (se prevé que los costes de desarrollo asciendan a 100 millones de dólares anuales durante 5 años), y se convertirá en propietario legal del intangible. Una vez desarrollado, se prevé que el intangible genere beneficios de 550 millones

de dólares al año (años 6 a 15). La Sociedad B obtendrá una licencia sobre el intangible de la Sociedad A y realizará pagos contingentes a la Sociedad A por el derecho a utilizar el intangible, basándose en la retribución de licenciatarios supuestamente comparables. Tras los pagos contingentes proyectados, la Sociedad B percibirá unas rentas previstas de 200 millones de dólares al año por la venta de productos basados en el intangible.

15. Un análisis funcional llevado a cabo por la administración tributaria del país B con respecto a los acuerdos evalúa las funciones realizadas, los activos utilizados y los riesgos asumidos por la Sociedad A y por la Sociedad B. El análisis por el que se define la transacción llega a la conclusión de que, aunque la Sociedad A es el propietario legal de los intangibles, su aportación al acuerdo radica exclusivamente en la aportación de financiación para el desarrollo de un intangible. Este análisis muestra que la Sociedad A contractualmente asume el riesgo financiero, tiene capacidad financiera para asumirlo y lo controla de conformidad con los principios expuestos en los párrafos 6.63 y 6.64. Teniendo en cuenta las aportaciones de la Sociedad A, así como las alternativas realistas de las Sociedades A y B, se determina que la remuneración prevista de la Sociedad A debería ser una retribución ajustada al riesgo por su compromiso de financiación. Supongamos que esta retribución se fija en 110 millones de dólares anuales (para los años 6 a 15), lo que equivale a una rentabilidad financiera prevista ajustada al riesgo del 11%.[21] La Sociedad B, en consecuencia, tendría derecho al resto de los beneficios previstos una vez deducida la remuneración prevista de la Sociedad A, esto es, a 440 millones de dólares al año (550 millones de dólares menos 110 millones de dólares), y no a los 200 millones de dólares declarados por el contribuyente. (Si nos basamos en el análisis funcional detallado y en la aplicación del método más adecuado, el contribuyente ha elegido erróneamente a la Sociedad B como parte analizada en lugar de elegir a la Sociedad A).

Ejemplo 7

16. Primero es la matriz de un grupo multinacional que opera en la industria farmacéutica y desarrolla actividades en el País M. Primero desarrolla patentes y otros intangibles relacionados con el Producto X y registra esas patentes en países de todo el mundo.

17. Primero contrata a su filial totalmente participada en el País N, la Sociedad S, para distribuir el Producto X por toda Europa y Oriente Medio asumiendo un riesgo limitado. El acuerdo de distribución establece que Primero, y no la Sociedad S, debe asumir el riesgo de responsabilidad y retirada del producto, y también que Primero tendrá derecho a todos los beneficios o las pérdidas que se generen en la venta del Producto X en el territorio una vez entregado a la Sociedad S el nivel de retribución convenido por sus funciones de distribución. Observando los términos del contrato, la Sociedad S compra el Producto X a Primero y lo distribuye a clientes independientes en los países de toda su zona geográfica de operación. En el desempeño de sus funciones de distribución, la Sociedad S cumple todos los requisitos normativos aplicables.

18. En los tres primeros años de actividad, la Sociedad S obtiene beneficios por sus funciones de distribución acordes con su caracterización de riesgo limitado y los términos del contrato de distribución. El rendimiento refleja el hecho de que Primero, y no ella, tiene derecho a conservar los ingresos obtenidos con la explotación de los intangibles con respecto al Producto X. Después de tres años de actividad, se pone en evidencia que el Producto X provoca graves efectos secundarios en un porcentaje significativo de los pacientes que utilizan el producto y es preciso retirar el producto sacándolo del mercado. La Sociedad S incurre en costes sustanciales como consecuencia de la retirada. Primero no

reembolsa a la Sociedad S estos costes asociados con la retirada ni por las reclamaciones por responsabilidad del producto.

19. En estas circunstancias, existe una inconsistencia entre el supuesto derecho de Primero a los beneficios de la explotación de los intangibles del Producto X y el hecho de que no haya asumido los costes asociados con los riesgos en los que se basa dicho supuesto. Sería adecuado practicar un ajuste de precios de transferencia para subsanar esta inconsistencia. Para determinar cuál es el ajuste correcto, habría que determinar la auténtica transacción entre las partes aplicando las disposiciones de la Sección D.1 del Capítulo I. Para ello, sería adecuado considerar los riesgos asumidos por cada una de las partes basándose en la conducta ejercida por cada una de ellas durante la vigencia del acuerdo, el control ejercido por ellas sobre los riesgos y otros hechos relevantes. Si se determina que la auténtica naturaleza de la relación entre las partes si es la propia de un acuerdo de distribución de riesgo limitado, entonces el ajuste más adecuado probablemente conllevaría la asignación de los costes relacionados con la retirada y las reclamaciones por responsabilidad del producto asumidos por la Sociedad S a Primero. Otra alternativa, aunque poco probable, si se determina en función de todos los hechos relevantes que la auténtica naturaleza de la relación entre las partes incluye el ejercicio del control del riesgo de retirada y responsabilidad del producto por parte de la Sociedad S, y si puede identificarse un precio de plena competencia tras un análisis de comparabilidad, sería aplicar un aumento de los márgenes de distribución de la Sociedad S a todos los años para reflejar la verdadera asignación de riesgos entre las partes.

Ejemplo 8

20. Primair, residente en el País X, fabrica relojes que se comercializan en muchos países de todo el mundo bajo la marca y el nombre comercial R. Primair es el propietario legal tanto de la marca como del nombre comercial R. El nombre R es muy conocido en los países donde se venden los relojes y ha obtenido un importante valor económico en esos mercados gracias a los esfuerzos de Primair. Sin embargo, los relojes R nunca han sido comercializados en el País Y, en cuyo mercado no se conoce el nombre R.

21. El Año 1, Primair decide entrar en el mercado del País Y, donde constituye una filial, participada enteramente, la Sociedad S, para que intervenga como distribuidor en el país Y. Al mismo tiempo, Primair suscribe un acuerdo de comercialización y distribución a largo plazo exento de regalías con la Sociedad S. En virtud del acuerdo, se confiere a la Sociedad S el derecho exclusivo a comercializar y distribuir relojes con la marca comercial R y utilizar el nombre comercial R en el País Y por un período de cinco años, con opción de prorrogarlo otros cinco años más. La Sociedad S no obtiene ningún otro derecho en relación con la marca y el nombre comercial R de Primair y, en concreto, tiene prohibido volver a exportar los relojes que llevan la marca y el nombre comercial R. La única actividad de la Sociedad S es la comercialización y distribución de los relojes que llevan la marca y el nombre comercial R. Se supone que los relojes R no forman parte de una cartera de productos distribuidos por la Sociedad S en el País Y. La Sociedad S no realiza ningún procesamiento secundario, ya que importa al País Y los relojes empaquetados, listos para ser vendidos al consumidor final.

22. En virtud del contrato entre Primair y la Sociedad S, la Sociedad S compra los relojes a Primair en la moneda del País Y, asume la propiedad de los relojes de marca y lleva a cabo la función de distribución en el País Y, incurre en los costes contables asociados (como los costes de existencias y financiación de cuentas a cobrar), y asume los riesgos correspondientes (como los riesgos de inventario, crédito y financiación). De conformidad con el contrato suscrito

por Primair y la Sociedad S, la Sociedad S tiene que actuar como agente comercializador para ayudar en el desarrollo del mercado de los relojes R en el País Y. La Sociedad S consulta con Primair la elaboración de la estrategia de comercialización de los relojes R en el País Y. Primair elabora el plan general de comercialización basado en gran medida en su experiencia en otros países, formula y aprueba los presupuestos de comercialización, y toma las decisiones finales sobre diseños publicitarios, posicionamiento de producto y principales mensajes publicitarios. La Sociedad S ofrece consultoría para cuestiones publicitarias en el mercado local, ayuda a poner en práctica la estrategia de comercialización bajo la dirección de Primair, y ofrece evaluaciones de la efectividad de los distintos elementos de la estrategia de comercialización. Como contrapartida por estas actividades de apoyo a la comercialización, la Sociedad S recibe de Primair unos honorarios por servicios basados en el nivel de gasto de comercialización incurrido e incluye un elemento adecuado de beneficio.

23. Supongamos, a efectos del presente ejemplo, que, basándose en un minucioso análisis de comparabilidad, que incluye un análisis funcional detallado, es posible concluir que el precio que la Sociedad S paga a Primair por los relojes R debería ser analizado por separado de la retribución que ésta percibe por las actividades de comercialización que realiza en nombre de Primair. Supongamos también que, basándose en las operaciones comparables identificadas, el precio pagado por los relojes es un precio de plena competencia y que este precio permite a la Sociedad S obtener un nivel de remuneración de plena competencia gracias a la venta de los relojes por las funciones de distribución que realiza, los activos que utiliza y los riesgos que asume.

24. En los Años 1 a 3, la Sociedad S se embarca en una estrategia que es consistente con su acuerdo con Primair para desarrollar el mercado en el País Y para los relojes R. En ese proceso, la Sociedad S incurre en gastos de mercadotecnia. Según lo convenido en el contrato, Primair reembolsa a la Sociedad S los gastos de mercadotecnia incurridos y le paga un margen sobre los mismos. Al final del Año 2, la marca y el nombre comercial R ya están bien consolidados en el País Y. Se determina que la remuneración obtenida por la Sociedad S por las actividades de comercialización realizadas en nombre de Primair se ajusta a condiciones de plena competencia, a juzgar por lo que se ha pagado a otros agentes externos de publicidad y marketing identificados y considerados comparables en el análisis de comparabilidad.

25. En estas circunstancias, Primair tiene derecho a conservar todos los rendimientos derivados de la explotación de la marca y el nombre comercial R en el mercado del País Y que excedan de la remuneración de plena competencia pagada a la Sociedad S por sus funciones y no se precisaría realizar ningún ajuste de precios de transferencia dadas las circunstancias.

Ejemplo 9

26. Los hechos son los mismos que en el Ejemplo 8, salvo por lo siguiente:

- De acuerdo con el contrato firmado por Primair y la Sociedad S, la Sociedad S ahora está obligada a desarrollar y ejecutar el plan de comercialización del País Y sin un control específico de elementos concretos del plan por parte de Primair. La Sociedad S asume los costes y determinados riesgos asociados con las actividades de comercialización. El acuerdo de Primair y la Sociedad S no especifica el importe de gasto de comercialización que espera que la Sociedad S incurra, sólo que tiene que hacer todo lo posible por comercializar los relojes. La Sociedad S no recibe ningún reembolso directo de Primair en lo que respecta a ningún gasto incurrido, ni recibe ninguna otra compensación indirecta ni implícita de Primair, y la Sociedad S sólo espera como compensación los beneficios de la venta de los relojes de la marca R a clientes externos en el mercado del país Y. Un minucioso análisis funcional revela que Primair ejerce un nivel de control menor sobre las actividades de comercialización que la Sociedad S que en el Ejemplo 8 en el sentido de que no revisa ni aprueba el diseño ni el presupuesto de comercialización del plan de comercialización. La Sociedad S asume distintos riesgos y recibe una remuneración diferente a la del Ejemplo 8. Los acuerdos contractuales entre Primair y la Sociedad S son distintos y los riesgos asumidos por la Sociedad S son mayores en el Ejemplo 9 que en el Ejemplo 8. La Sociedad S no recibe ningún reembolso directo de gastos ni otros honorarios por las actividades de comercialización. La única operación vinculada entre Primair y la Sociedad S en el Ejemplo 9 es la transferencia de los relojes de marca. Como resultado, la Sociedad S puede obtener su contrapartida a las actividades de comercialización que realiza sólo mediante la venta de los relojes de la marca R a clientes independientes.

- Habida cuenta de estas diferencias, Primair y la Sociedad S adoptan un menor precio para los relojes en el Ejemplo 9 que el precio determinado para los relojes a efectos del Ejemplo 8. A raíz de las diferencias identificadas en el análisis funcional, se utilizan diferentes criterios para identificar comparables y para realizar los ajustes de comparabilidad que en el caso del Ejemplo 8. Esto provoca que el beneficio total previsto de la Sociedad S en el Ejemplo 9 sea mayor que en el Ejemplo 8 dado que asume un mayor nivel de riesgo y funciones más amplias.

27. Supongamos que en los Años 1 a 3, la Sociedad S se embarca en una estrategia que es consistente con su acuerdo con Primair y que, en este proceso, desempeña funciones de comercialización e incurre en gastos de comercialización. Como consecuencia, la Sociedad S tiene unos elevados gastos de explotación y unos exiguos márgenes en los Años 1 a 3. A finales del Año 2, la marca y el nombre comercial R ya están consolidados en el País Y gracias a los esfuerzos de la Sociedad S. Cuando el comercializador/distribuidor realmente asume los costes y riesgos asociados de sus actividades de comercialización, la cuestión es el alcance en el que puede compartir los beneficios potenciales de esas actividades. Supongamos que las indagaciones de las administraciones tributarias del País Y concluyen que, basándose en una revisión de distribuidores comparables, es razonable pensar que la Sociedad S hubiera llevado a cabo las funciones realizadas y hubiera asumido su nivel real de gasto de comercialización si no estuviera vinculada con Primair.

28. Dado que la Sociedad S desempeña las funciones y asume los costes y riesgos asociados de sus actividades de comercialización a tenor de un contrato de derechos de distribución en exclusiva a largo plazo para los relojes R, no existe la oportunidad de que la Sociedad S se beneficie (o sufra las pérdidas) de las actividades de comercialización y distribución que lleva a cabo. Sobre la base del análisis de datos comparables razonablemente fiables, se concluye que, a efectos de este ejemplo, las ventajas obtenidas por la Sociedad S generan beneficios similares a los obtenidos por comercializadores y distribuidores independientes que asumen los mismos tipos de riesgos y gastos que la Sociedad S en los primeros años de acuerdos comparables de comercialización y distribución a largo plazo para productos igualmente desconocidos.

29. Atendiendo a las hipótesis anteriores, la remuneración de la Sociedad S se ajusta al principio de plena competencia y sus actividades de comercialización y distribución, incluidos sus gastos de comercialización, no son significativamente diferentes de los observados en comercializadores y distribuidores independientes en operaciones no vinculadas comparables. La información sobre acuerdos no vinculados comparables es la mejor referencia para la remuneración de plena competencia debida a la Sociedad S por la contribución al valor

intangible resultante de sus funciones, riesgos y costes. Esta remuneración refleja, por tanto, la contraprestación de plena competencia por la contribución de la Sociedad S y mide de forma correcta su parte de los ingresos generados por la explotación de la marca y el nombre comercial en el país Y. No es preciso otorgar a la Sociedad S ninguna otra remuneración adicional o separada.

Ejemplo 10

30. Los hechos de este ejemplo son los mismos que en el Ejemplo 9, salvo por que las funciones de desarrollo de mercado realizadas por la Sociedad S en este Ejemplo 10 son muchos más extensas que las que realiza la Sociedad S en el Ejemplo 9.

31. Cuando el comercializador/distribuidor realmente asume los costes y los riesgos de sus actividades de comercialización, la cuestión es el alcance en el que puede compartir los beneficios potenciales de esas actividades. Un minucioso análisis de comparabilidad identifica varias empresas no vinculadas que realizan funciones de comercialización y distribución en virtud de acuerdos de comercialización y distribución a largo plazo similares. Pero supongamos que el nivel de gastos de comercialización incurridos por la Sociedad S en los Años 1 a 5 es muy superior a los incurridos por los comercializadores y distribuidores independientes comparables identificados. Supongamos también que el elevado nivel de gasto incurrido por la Sociedad S refleja la realización por su parte de funciones adicionales y más intensivas que las realizadas por los comparables potenciales y que Primair y la Sociedad S esperan que esas funciones adicionales generen altos márgenes o mayores volúmenes de ventas para los productos. Dada la envergadura de las actividades de desarrollo de mercado realizadas por la Sociedad S, es evidente que la Sociedad S ha realizado una contribución funcional mayor al desarrollo del mercado y los intangibles de comercialización, y ha incurrido en costes significativamente mayores y ha asumido riesgos mayores que los identificados en empresas independientes potencialmente comparables (y costes y riesgos sustancialmente mayores a los del Ejemplo 9). También existen pruebas que apoyan la conclusión de que los beneficios de la Sociedad S son significativamente inferiores a los márgenes de beneficios de los comercializadores y distribuidores independientes potencialmente comparables durante los correspondientes años de acuerdos de comercialización y distribución a largo plazo similares.

32. Como en el Ejemplo 9, la Sociedad S asume los costes y riesgos asociados de sus actividades de comercialización a tenor de un contrato de derechos de comercialización y distribución en exclusiva a largo plazo para los relojes R, por lo que espera tener la oportunidad de beneficiarse (o sufrir las pérdidas) de las actividades de comercialización y distribución que lleve a cabo. Sin embargo, en este caso la Sociedad S ha desempeñado funciones y ha incurrido en gastos de comercialización mayores que los que las empresas independientes de las operaciones potencialmente comparables con derechos similares incurrieron en su propio beneficio, dando lugar a márgenes de beneficios significativamente menores para la Sociedad S que los obtenidos por esas empresas.

33. Basándose en estos hechos, es evidente que, al desempeñar esas funciones e incurrir esos gastos de comercialización sustancialmente superiores a los niveles de funciones y gastos de los comercializadores/distribuidores independientes en operaciones comparables, la Sociedad S no ha sido remunerada adecuadamente con los márgenes que obtiene con la distribución de los relojes R. En estas circunstancias, sería apropiado para la administración tributaria del país Y proponer un ajuste de precios de transferencia para remunerar a la Sociedad S por las actividades de comercialización que realiza (teniendo en cuenta los riesgos asumidos y los gastos incurridos) basándose en una remuneración consistente de

acuerdo con lo que hubieran ganado empresas independientes en operaciones comparables. Dependiendo de los hechos y circunstancias reflejados en un análisis de comparabilidad detallado, dicho ajuste podría basarse en:

- Una reducción del precio pagado por la Sociedad S por los relojes de la marca R adquiridos a Primair. Este tipo de ajuste podría basarse en aplicar el método del precio de reventa o el método del margen neto operacional utilizando los datos disponibles sobre los beneficios obtenidos por comercializadores y distribuidores comparables con un nivel comparable de gasto de comercialización y distribución si pueden identificarse dichos comparables.
- Un enfoque alternativo podría consistir en aplicar un método de la distribución del resultado residual que repartiría los beneficios combinados de las ventas de relojes de la marca R en el país Y dando primero a la Sociedad S y a Primair un rendimiento básico por las funciones que realizan y repartiendo después el resultado residual teniendo en cuenta las aportaciones relativas tanto de la Sociedad S como de Primair a la generación de ingresos y al valor de la marca y el nombre comercial de R.
- Remunerando directamente a la Sociedad S por el exceso de gasto de comercialización incurrido por encima del gasto incurrido por empresas independientes comparables incluido un elemento adecuado de rendimiento por las funciones y los riesgos reflejados por esos gastos.

34. En este ejemplo, el ajuste propuesto se basa en las funciones realizadas, los riesgos asumidos y los costes incurridos por la Sociedad S que han contribuido al desarrollo de los intangibles de comercialización por los que no había sido adecuadamente remunerada en virtud de su acuerdo con Primair. Si los acuerdos de la Sociedad S y Primair fueran tales que la Sociedad S pudiera esperar obtener una remuneración de plena competencia por su inversión adicional durante el plazo de vigencia restante del acuerdo de distribución, podría ser adecuado otro resultado.

Ejemplo 11

35. Los hechos en este ejemplo son los mismos que en el Ejemplo 9, salvo por que la Sociedad S ahora suscribe un acuerdo por tres años que no contempla el pago de regalías y cuyo objeto es la comercialización y distribución de los relojes en el mercado del País Y, sin opción de prórroga. Al final del período de tres años, la Sociedad S no suscribe ningún otro contrato con Primair.

36. Supongamos que queda demostrado que empresas independientes celebran acuerdos de distribución a corto plazo por los que incurren en gastos de comercialización y distribución, pero sólo cuando pretenden obtener un rendimiento proporcionado a las funciones realizadas, los activos utilizados y los riesgos asumidos durante el período de vigencia del contrato. Las evidencias obtenidas de empresas independientes comparables muestran que no invierten grandes sumas de dinero en el desarrollo de infraestructura de comercialización y distribución cuando sólo obtienen un acuerdo de comercialización y distribución a corto plazo, con el riesgo adicional de no poder renovarlo sin una remuneración. El potencial cortoplacismo del acuerdo de comercialización y distribución es tal que la Sociedad S no podría o tendría la posibilidad de beneficiarse del gasto en comercialización y distribución incurrido por su cuenta y riesgo. Por los mismos factores, los esfuerzos de la Sociedad S bien podrían beneficiar a Primair en el futuro.

37. Los riesgos asumidos por la Sociedad S son sustancialmente mayores que los del Ejemplo 9 y la Sociedad S no ha sido remunerada conforme al principio de plena competencia

por asumir esos riesgos adicionales. En este caso, la Sociedad S ha realizado actividades de desarrollo de mercado y ha incurrido en gastos de comercialización mayores que los que las empresas independientes comparables con derechos similares incurrieron en su propio beneficio, dando lugar a márgenes de beneficios significativamente menores para la Sociedad S que los obtenidos por esas empresas comparables. El cortoplacismo del contrato hace que sea poco razonable esperar que la Sociedad S tenga la oportunidad de obtener beneficios adecuados en virtud del contrato dentro del plazo de vigencia del acuerdo con Primair. En estas circunstancias, la Sociedad S tiene derecho a una contraprestación por su arriesgada contribución al valor de la marca y el nombre comercial de R durante el plazo de vigencia de su acuerdo con Primair.

38. Esta remuneración podría revestir la forma de retribución directa de Primair a la Sociedad S por el valor previsto creado por medio de los gastos de comercialización y las funciones de desarrollo de mercado que ha llevado a cabo. Otra alternativa sería que dicho ajuste adoptara la forma de reducción del precio pagado por la Sociedad S a Primair por los relojes R durante los Años 1 a 3.

Ejemplo 12

39. Los hechos de este ejemplo son los mismos que en el Ejemplo 9, con las siguientes adiciones:

- A finales del Año 3, la marca R se ha consolidado con éxito en el mercado del País Y y Primair y la Sociedad S renegocian su acuerdo inicial y suscriben un nuevo acuerdo de licencia a largo plazo. El nuevo acuerdo, que comenzará al inicio del Año 4, tiene un plazo de vigencia de cinco años y la Sociedad S tiene la opción de prorrogarlo por otros cinco años. En virtud de este acuerdo, la Sociedad S conviene en pagar unas regalías a Primair basadas en las ventas brutas de todos los relojes que portan la marca R. En todos los demás aspectos, el nuevo acuerdo recoge términos y condiciones idénticos a los del acuerdo anterior entre las partes. No se realiza ajuste alguno al precio a pagar a la Sociedad S por los relojes de marca como resultado de la introducción de las regalías.
- Las ventas de relojes R por parte de la Sociedad S en los Años 4 y 5 coinciden con las previsiones presupuestarias anteriores. Sin embargo, la introducción de las regalías a partir de los resultados del año 4 da lugar a una reducción sustancial de los márgenes de beneficio de la Sociedad S.

40. Supongamos que no hay evidencias de que comercializadores/distribuidores independientes de productos de marca análogos hayan accedido a pagar regalías a tenor de acuerdos similares. El nivel de gasto y actividad de comercialización de la Sociedad S, a partir del Año 4, es consistente con el de las empresas independientes.

41. A efectos de precios de transferencia, no cabría esperar en general que se pagaran regalías en operaciones de plena competencia en las que la entidad de comercialización y distribución no obtuviera derechos a efectos de precios de transferencia en las marcas comerciales e intangibles similares, a excepción del derecho a utilizar esos intangibles en la distribución de los productos de marca suministrados por la entidad legitimado a los beneficios derivados de la explotación de esos intangibles. Además, las regalías hacen que los márgenes de beneficio de la Sociedad S sean constantemente inferiores a los de empresas independientes que han realizado funciones, utilizado activos y asumido riesgos comparables durante los años correspondientes de acuerdos de comercialización y distribución a largo plazo similares. En consecuencia, sería adecuado realizar un ajuste de precios de transferencia que invalidara las regalías pagadas atendiendo a los hechos de este ejemplo.

Ejemplo 13

42. Los hechos de este ejemplo son los mismos que en el Ejemplo 10, con las siguientes adiciones:

- A finales del Año 3, Primair deja de fabricar los relojes y contrata a un tercero para que los fabrique en su nombre. Como consecuencia, la Sociedad S importará los relojes de marca directamente del fabricante y realizará un procesamiento secundario para aplicar el nombre y el logo de R y embalar los relojes antes de su venta al consumidor final. Posteriormente, venderá y distribuirá los relojes según se describe en el Ejemplo 10.
- Por estos motivos, al inicio del Año 4, Primair y la Sociedad S renegociarán su acuerdo anterior y suscribirán un nuevo acuerdo de licencia a largo plazo. El nuevo acuerdo, que comenzará al inicio del Año 4, tiene un plazo de vigencia de cinco años y la Sociedad S tiene la opción de prorrogarlo por otros cinco años.
- De conformidad con el nuevo acuerdo, la Sociedad S recibe el derecho exclusivo de procesar, comercializar y distribuir en el País Y los relojes que portan la marca comercial R a cambio de acceder a pagar unas regalías a Primair basadas en las ventas brutas de todos esos relojes. La Sociedad S no recibe contraprestación alguna de Primair por la renegociación del acuerdo inicial de comercialización y distribución. Se presupone, a efectos de este ejemplo, que el precio de compra que la Sociedad S paga por los relojes desde el principio del Año 4 es un precio de plena competencia y que no hay implícita en él ninguna contraprestación con respecto al nombre R.

43. En el marco de una inspección realizada por las administraciones tributarias del País Y en el Año 6, se determina, tras realizar un análisis funcional adecuado, que el nivel de gastos de comercialización incurrido por la Sociedad S durante los Años 1 a 3 supera con creces los incurridos por comercializadores y distribuidores independientes con acuerdos similares de comercialización y distribución a largo plazo. También se determinó que el nivel y la intensidad de las actividades de comercialización realizadas por la Sociedad S superaban las de los comercializadores y distribuidores independientes, y que la actividad relativamente mayor ha logrado aumentar con éxito los volúmenes e incrementar los márgenes generales del grupo Primair derivados de las ventas en el país Y. Dada la envergadura de las actividades de desarrollo de mercado realizadas por la Sociedad S, incluido el control estratégico en esas actividades, queda patente, a juzgar por el análisis funcional y de comparabilidad, que la Sociedad S ha asumido costes y riesgos significativamente mayores que las empresas independientes comparables. También existen pruebas de que los márgenes de beneficio individuales materializados por la Sociedad S son significativamente inferiores a los márgenes de beneficios de los comercializadores y distribuidores independientes comparables durante los correspondientes años de acuerdos de comercialización y distribución a largo plazo similares.

44. La inspección realizada en el País Y también identifica que en los Años 4 y 5, la Sociedad S asume los costes y riesgos asociados de sus actividades de comercialización a tenor del nuevo acuerdo de licencia a largo plazo con Primair y, dado el carácter largoplacista del acuerdo, la Sociedad S podría tener una oportunidad de beneficiarse (o incurrir en una pérdida) como consecuencia de sus actividades. Sin embargo, la Sociedad S ha realizado actividades de desarrollo de mercado y ha incurrido en gastos de comercialización mucho mayores que los que los licenciatarios independientes comparables con acuerdos de licencia similares asumieron e incurrieron en su propio beneficio, dando lugar a márgenes de beneficios previstos para la Sociedad S significativamente menores que los obtenidos por esas empresas comparables.

45. Basándose en estos hechos, la Sociedad S debería recibir una remuneración adicional por las funciones de desarrollo de mercado que realiza, los activos que utiliza y los riesgos que asume. Durante los Años 1 a 3, las posibles bases para este tipo de ajuste serían las descritas en el Ejemplo 10. Durante los Años 4 y 5, las bases para el ajuste serían similares, salvo por que el ajuste podría reducir los pagos de regalías de la Sociedad S a Primair, y no el precio de compra de los relojes. Dependiendo de los hechos y circunstancias, también habría que tener en cuenta si la Sociedad S tendría que haber recibido una remuneración por la renegociación del acuerdo al término del Año 3 de conformidad con las directrices recogidas en la Parte II del Capítulo IX.

Ejemplo 14

46. Shuyona es la matriz de un grupo de empresas multinacionales. Shuyona está constituida y opera en el País X. El grupo Shuyona se dedica a la producción y venta de bienes de consumo. Para mantener y, en su caso, mejorar su posicionamiento en el mercado, el grupo Shuyona lleva a cabo continuas actividades de investigación para mejorar los productos existentes y desarrollar nuevos productos. El Shuyona mantiene dos centros de I+D, uno gestionado por Shuyona en el país X y el otro gestionado por la Sociedad S, una filial de Shuyona que opera en el País Y. El centro de I+D de Shuyona es responsable del programa global de investigación del grupo Shuyona. El centro de I+D de Shuyona diseña los programas de investigación, elabora y controla los presupuestos, toma las decisiones referentes a dónde se realizarán las actividades de I+D, supervisa el avance de todos los proyectos de I+D y, en general, controla la función de I+D para el grupo multinacional, actuando bajo la dirección estratégica de la alta dirección del grupo Shuyona.

47. El centro de I+D de la Sociedad S no participa de forma generalizada en todos los proyectos, sino que tan solo lo hace en los proyectos concretos que el centro de I+D de Shuyona le asigna. Las sugerencias del personal de I+D de la Sociedad S para modificar el programa de investigación tienen que ser aprobadas formalmente por el centro de I+D de Shuyona. El centro de I+D de la Sociedad S informa de sus avances al menos una vez al mes al personal de supervisión del centro de I+D de Shuyona. Si la Sociedad S supera los presupuestos establecidos por Shuyona para su trabajo, es la dirección de I+D de Shuyona quien debe aprobar dichos gastos. Los contratos entre el centro de I+D de Shuyona y el centro de I+D de la Sociedad S especifican que Shuyona asumirá todos los riesgos y costes asociados a las actividades de I+D realizadas por la Sociedad S. Todas las patentes, los diseños y demás intangibles desarrollados por el personal investigador de la Sociedad S son registrados por Shuyona, de conformidad con los contratos suscritos por las dos empresas. Shuyona paga a la Sociedad S honorarios de servicio por sus actividades de investigación y desarrollo.

48. El análisis de precios de transferencia de estos hechos comenzaría reconociendo que Shuyona es el propietario legal de los intangibles. Shuyona controla y gestiona tanto su propio trabajo de I+D como el de la Sociedad S. Realiza las funciones importantes relacionadas con ese trabajo como son la presupuestación, la elaboración de los programas de investigación, el diseño de los proyectos, y la financiación y el control de los gastos. En estas circunstancias, Shuyona tiene derecho a los rendimientos que se deriven de la explotación de los intangibles desarrollados por medio de las actividades de I+D de la Sociedad S. La Sociedad S tiene derecho a recibir una remuneración por las funciones que realiza, los activos que utiliza y los riesgos que asume. Para determinar el importe de la remuneración que debería pagarse a la Sociedad S, habría que considerar como factores de comparabilidad las aptitudes y la eficiencia relativas del personal de I+D de la Sociedad S, la naturaleza de la investigación llevada a cabo y otros factores que contribuyen al valor.

En la medida en que sea preciso practicar ajustes de precios de transferencia para reflejar la suma que un proveedor de servicios de I+D comparable recibiría por sus servicios, esos ajustes por lo general se referirían al año en que se presta el servicio y no afectarían al derecho de Shuyona a los rendimientos futuros derivados de la explotación de los intangibles desarrollados con las actividades de I+D de la Sociedad S.

Ejemplo 15

49. Shuyona es la matriz de un grupo de empresas multinacionales. Shuyona está constituida y opera exclusivamente en el País X. El grupo Shuyona se dedica a la producción y venta de bienes de consumo. Para mantener y, en su caso, mejorar su posicionamiento en el mercado, el grupo Shuyona lleva a cabo continuas actividades de investigación para mejorar los productos existentes y desarrollar nuevos productos. Shuyona mantiene dos centros de I+D, uno gestionado por Shuyona en el País X y el otro gestionado por la Sociedad S, una filial de Shuyona que opera en el país Y.

50. El grupo Shuyona vende dos líneas de producto. Todas las actividades de I+D relacionadas con la línea de producto A están bajo la dirección de Shuyona. Todas las actividades de I+D relacionadas con la línea de producto B se llevan a a cabo en el centro de I+D que dirige la Sociedad S. La Sociedad S también funciona como sede regional del grupo Shuyona en Norteamérica y es el responsable global de la explotación del negocio relacionado con la línea de producto B. Sin embargo, todas las patentes desarrolladas mediante las actividades de investigación de la Sociedad S las registra Shuyona. Shuyona no realiza ningún pago o tan solo un pago nominal a la Sociedad S por las invenciones patentables desarrolladas en el centro de I+D de la Sociedad S.

51. Los centros de I+D de Shuyona y la Sociedad S operan de forma autónoma. Cada uno asume sus propios costes de explotación. Bajo la dirección política general de la alta dirección de Shuyona, el centro de I+D de la Sociedad S desarrolla sus propios programas de investigación, elabora sus propios presupuestos, determina cuándo deberían terminar o modificarse los proyectos de I+D, y contrata a su propio personal de I+D. El centro de I+D de la Sociedad S rinde cuentas al equipo directivo de la línea de producto B en la Sociedad S, y no rinde cuentas al centro de I+D de Shuyona. Los equipos de I+D de Shuyona y la Sociedad S a veces se reúnen para comentar métodos de investigación y cuestiones que afectan a ambos.

52. El análisis de precios de transferencia de este patrón de hechos comenzaría por reconocer que Shuyona es el propietario legal / registrador de los intangibles desarrollados por la Sociedad S. En cambio, a diferencia de la situación expuesta en el Ejemplo 14, Shuyona no realiza ni ejerce el control de las funciones de investigación que lleva a cabo la Sociedad S, incluidas funciones importantes relacionadas con la gestión, el diseño, la presupuestación y la financiación de esa investigación. Por consiguiente, el hecho de que Shuyona sea el propietario legal de los intangibles no le legitima ni le atribuye los rendimientos generados por los intangibles de la línea de producto B. Las administraciones tributarias podrían llegar a un resultado acertado de precios de transferencia reconociendo que Shuyona es el propietario legal de los intangibles pero observando que, habida cuenta de las contribuciones de la Sociedad S en forma de funciones, activos y riesgos, podría asegurarse una remuneración adecuada a la Sociedad S por sus contribuciones confirmando que la Sociedad S no debería pagar ninguna regalía ni efectuar ningún otro pago a Shuyona por el derecho a utilizar ninguno de los intangibles desarrollados con éxito por ella, de forma que los rendimientos futuros derivados de la explotación de esos intangibles por parte de la Sociedad S se atribuyeran a la Sociedad S y no a Shuyona.

53. Si Shuyona explota los intangibles de la línea de producto B por ella misma, Shuyona debería proporcionar una remuneración adecuada a la Sociedad S por las funciones que realiza, los activos que utiliza y los riesgos que asume en relación con el desarrollo de los mismos. Para determinar el nivel de remuneración adecuado para la Sociedad S, el hecho de que la Sociedad S realice todas las funciones importantes asociadas al desarrollo de intangibles probablemente impediría tratar a la Sociedad S como parte analizada en un acuerdo de servicios de I+D.

Ejemplo 16

54. Shuyona es la matriz de un grupo de empresas multinacionales. Shuyona está constituida y opera exclusivamente en el país X. El grupo Shuyona se dedica a la producción y venta de bienes de consumo. Con el fin de mantener y, en su caso, mejorar su posición en el mercado, el grupo Shuyona lleva a cabo una investigación para mejorar los productos existentes y desarrollar nuevos productos. El grupo Shuyona tiene dos centros de I+D, uno gestionado por Shuyona en el país X y otro por la Sociedad S, una filial de Shuyona, que opera en el país Y. La relación entre el centro de I+D de Shuyona y el centro de I+D de la sociedad S se describe en el Ejemplo 14.

55. En el año 1, Shuyona vende todos los derechos sobre patentes y otros intangibles relacionados con la tecnología, entre los que se incluyen los derechos de uso de los intangibles cuya investigación está en desarrollo, a una nueva filial, Sociedad T, radicada en el País Z. La sociedad T establece una fábrica en el País Z y comienza a suministrar productos a miembros del grupo Shuyona por todo el mundo. A los efectos de este ejemplo, suponemos que la remuneración pagada por la Sociedad T por las patentes transferidas y los intangibles conexos se basa en la valoración de los flujos de caja futuros que se prevé que generarán los intangibles transferidos en el momento de la transmisión.

56. Al mismo tiempo en que se produce la transferencia de patentes y otros intangibles relacionados con la tecnología, la sociedad T firma un contrato de investigación con Shuyona y otro diferente con la sociedad S. De acuerdo con estos acuerdos, la sociedad T asume contractualmente el riesgo financiero asociado al eventual fracaso de los proyectos de I+D futuros, asume el coste de toda la actividad I+D futura y se compromete a pagar a Shuyona y a la Sociedad S honorarios por el servicio en función del coste de las actividades I+D asumidas más un recargo equivalente al margen de beneficio sobre el coste obtenido por determinadas sociedades independientes que prestan servicios de investigación.

57. La sociedad T no tiene personal técnico capacitado para realizar o supervisar las actividades de investigación. Shuyona sigue desarrollando y diseñando el programa de I+D relativo al desarrollo futuro de los intangibles transferidos, estableciendo sus propios presupuestos de I+D, fijando el nivel de personal dedicado a I+D y tomando decisiones relativas a la continuación o no de determinados proyectos de I+D. Además, Shuyona sigue supervisando y controlando las actividades de I+D de la Sociedad S de la forma descrita en el Ejemplo 14.

58. El análisis de precios de transferencia de este escenario debe empezar por identificar las relaciones comerciales o financieras entre las partes y las condiciones y circunstancias económicamente relevantes que llevan aparejadas esas relaciones con el fin de definir con precisión la operación vinculada de acuerdo con los principios del Capítulo I, Sección D.1. En este ejemplo son hipótesis clave que la Sociedad T actúa como fabricante y no realiza actividades asociadas a adquisición, el desarrollo o la explotación de los intangibles y no controla los riesgos en relación con la adquisición de los intangibles ni su posterior desarrollo. Por el contrario, todas las actividades de desarrollo y funciones de gestión de

riesgos relacionadas con los intangibles son llevadas a cabo por Shuyona y la Sociedad S, aunque es Shuyona la que controla el riesgo. Un examen minucioso de la operación indica que debería definirse con precisión como la prestación de financiación por parte de la sociedad T por un importe equivalente al coste de los intangibles adquiridos y el posterior desarrollo. Una hipótesis clave en este ejemplo es que, aunque la sociedad A contractualmente asume el riesgo financiero y tiene capacidad financiera para asumirlo, no lo controla de conformidad con los principios expuestos en los párrafos 6.63 y 6.64. Consecuentemente, además de la compensación por la fabricación, la Sociedad T tiene derecho a percibir sólo un rendimiento libre de riesgo por sus actividades de financiación. (Se incluyen más directrices en la Sección D.1 del Capítulo I y, en concreto, en el párrafo 1.103.)

Ejemplo 17

59. La Sociedad A es una sociedad farmacéutica plenamente integrada dedicada al descubrimiento, desarrollo, producción y venta de preparados farmacéuticos, que desarrolla sus operaciones en el país X. Para realizar sus actividades de investigación, la Sociedad A normalmente contrata organizaciones de investigación por contrato (*contract research organization* o CRO, en inglés) para desarrollar diferentes actividades de I+D, entre las que se incluyen el diseño y la dirección de ensayos clínicos de productos que está desarrollando la Sociedad A. Sin embargo, estas organizaciones de investigación por contrato no participan en la investigación teórica para descubrir nuevos compuestos farmacéuticos. En los casos en los que la Sociedad A contrata a organizaciones de investigación por contrato para realizar actividades de investigación clínica, los investigadores de la Sociedad A participan activamente en el diseño de los estudios de investigación de las organizaciones de investigación por contrato, proporcionándoles resultados e información derivada de investigaciones anteriores, estableciendo presupuestos y plazos a sus proyectos, y llevando a cabo controles de calidad periódicos de sus actividades. Conforme a estos acuerdos, las organizaciones de investigación por contrato reciben la remuneración acordada por los servicios y no tienen una participación continua en los beneficios derivados de las ventas de los productos desarrollados gracias a su investigación.

60. La Sociedad A transfiere patentes e intangibles conexos relativos al Producto M, un preparado incipiente que se considera que tiene potencial para el tratamiento del Alzheimer, a la sociedad S, una filial de la Sociedad A que opera en el País Y (la operación se refiere estrictamente a intangibles existentes y no incluye remuneración por futuros servicios de I+D de la Sociedad A). A los efectos de este ejemplo, suponemos que el pago de la Sociedad S por la transferencia de intangibles relacionados con el Producto M se basa en una valoración de los flujos de caja futuros previstos. La Sociedad S no cuenta con personal técnico capacitado para diseñar, realizar o supervisar las actividades de investigación que están en desarrollo en relación con el Producto M. Por consiguiente, la Sociedad S contrata a la Sociedad A para llevar a cabo el programa de investigación del Producto M de la misma manera que se hacía antes de la transferencia de intangibles a la Sociedad S. La Sociedad S se compromete a financiar toda la investigación que se está desarrollando del Producto M, asumir el riesgo financiero de su posible fracaso y pagar los servicios de la Sociedad A basados en el coste más unos márgenes de las organizaciones de investigación por contrato similares a aquellos con los que la Sociedad A normalmente opera.

61. El análisis de precios de transferencia de estos hechos empieza reconociendo que, tras la transferencia, la Sociedad S es la propietaria de los intangibles del Producto M según los relevantes contratos y registros. Sin embargo, la Sociedad A sigue realizando y controlando funciones y gestionando riesgos con relación a los intangibles propiedad de

la Sociedad S, entre ellos, las importantes funciones descritas en el párrafo 6.56, y tiene derecho a remuneración por estas aportaciones. En estas circunstancias, las operaciones de la Sociedad A con las organizaciones de investigación por contrato no son comparables a los acuerdos entre la Sociedad S y la Sociedad A con relación al Producto M y no pueden utilizarse como parámetro de referencia para la remuneración de plena competencia que debe entregarse a la Sociedad A por su actividad constante de I+D con relación a los intangibles del Producto M. La Sociedad S no realiza ni controla las mismas funciones ni controla los mismos riesgos en sus operaciones con la Sociedad A que la Sociedad A en sus operaciones con las organizaciones de investigación por contrato.

62. Aunque la Sociedad S sea la titular de los intangibles, no tendría derecho a todos los beneficios derivados de su explotación. Dado que la Sociedad S carece de la capacidad de control de los riesgos derivados de la investigación, debería considerarse que la Sociedad A soporta una parte sustancial de los riesgos relevantes y además debería recibir una remuneración por sus funciones, entre las que se incluyen las relevantes funciones descritas en el párrafo 6.56. La Sociedad A debe tener derecho a un mayor rendimiento que los de las organizaciones de investigación por contrato bajo estas circunstancias.

63. Un examen minucioso de la operación de este ejemplo indica que debería definirse con precisión como la prestación de financiación por parte de la Sociedad S por un importe equivalente al coste de los intangibles adquiridos y el posterior desarrollo. Como consecuencia, la Sociedad S sólo tendría derecho a un rendimiento financiero. El nivel de rendimiento financiero depende del control del riesgo financiero de conformidad con las directrices recogidas en la Sección D.1 del Capítulo I y los principios subrayados en los párrafos 6.63 y 6.64. La Sociedad A tendría derecho a conservar el resto de los beneficios o pérdidas.

Ejemplo 18

64. Primarni está constituida y opera en el País A, y tiene una empresa asociada, la Sociedad S, que está constituida y opera en el País B. Primarni desarrolla un invento patentado y genera conocimientos técnicos relacionados con el Producto X. Obtiene patentes válidas en todos los países relevantes para este ejemplo. Primarni y la Sociedad S suscriben un acuerdo de licencia por escrito en virtud del cual Primarni otorga a la Sociedad S el derecho a utilizar las patentes del Producto X y los conocimientos técnicos para fabricar y vender el Producto X en el País B, mientras Primarni conserva los derechos de la patente y los conocimientos técnicos sobre el Producto X en toda Asia, África y en el País A.

65. Supongamos que la Sociedad S utiliza las patentes y los conocimientos técnicos para fabricar el Producto X en el País B. Vende el Producto X a clientes tanto asociados como independientes en el País B. Además, vende el Producto X a distribuidores asociados con sede en Asia y África. Los distribuidores distribuyen las unidades que compran del Producto X a clientes de Asia y África. Primarni no ejerce los derechos de patente que conserva en Asia y África para impedir la venta del Producto X por parte de la Sociedad S a los distribuidores que operan en Asia y África.

66. En estas circunstancias, la conducta de las partes sugiere que la operación entre Primarni y la Sociedad S es, en realidad, una licencia sobre la patente y los conocimientos técnicos del Producto X para el País B, más Asia y África. En un análisis de precios de transferencia de las operaciones de la Sociedad S con Primarni, debería considerarse que la licencia de la Sociedad S se extiende a Asia y África, y no limitarse al País B, basándose en la conducta de las partes. La tasa de regalías debería recalcularse para tener en cuenta las ventas totales proyectadas de la Sociedad S en todos los territorios incluidos los de las entidades asiáticas y africanas.

Ejemplo 19

67. La Sociedad P, residente en el País A, se dedica a la distribución, explotando varios grandes almacenes en el País A. Con los años, la Sociedad P ha desarrollado conocimientos técnicos especiales y un concepto de marketing único para la explotación de sus grandes almacenes. Se supone que los conocimientos técnicos y el concepto de marketing único son intangibles en el sentido de la Sección A del Capítulo VI. Tras años de explotar el negocio con éxito en el País A, la Sociedad P constituye una filial, la Sociedad S, en el País B. La Sociedad S abre y explota nuevos grandes almacenes en el País B, obteniendo márgenes de beneficio sustancialmente superiores a los obtenidos por los distribuidores de otro modo comparables del País B.

68. En un análisis funcional detallado se pone de manifiesto que la Sociedad S utiliza en sus actividades en el País B, los mismos conocimientos técnicos y el mismo concepto de marketing que los utilizados por la Sociedad P en sus actividades en el País A. En estas circunstancias, la conducta de las partes revela que se ha realizado una operación que consiste en la transferencia del derecho a utilizar los conocimientos técnicos y el concepto de marketing único de la Sociedad P a la Sociedad S. En circunstancias comparables, partes independientes habrían celebrado un contrato de licencia que otorgara a la Sociedad S el derecho a utilizar en el País B los conocimientos y el concepto de marketing único desarrollado por la Sociedad P. En consecuencia, un posible remedio para las administraciones tributarias es un ajuste del precio de transferencia que imponga el pago de regalías de la Sociedad S a la Sociedad P por el uso de esos intangibles.

Ejemplo 20

69. Ilcha está constituida en el País A. El grupo de empresas Ilcha lleva mucho tiempo fabricando y vendiendo el Producto Q en los Países B y C a través de su filial enteramente participada, la Sociedad S1, que está constituida en el País B. Ilcha posee patentes asociadas al diseño del Producto Q y ha desarrollado una marca comercial y otros intangibles de comercialización que son únicos. Las patentes y las marcas comerciales están registradas por Ilcha en los Países B y C.

70. Por motivos empresariales fundamentados, Ilcha decide que el negocio del grupo en los Países B y C mejoraría si sus actividades se llevaran a cabo por separado en sendas filiales en cada uno de los países. Así pues, Ilcha constituye una filial enteramente participada en el País C, la Sociedad S2. Con respecto a las actividades de negocio del país C:

- La Sociedad S1 transfiere a la Sociedad S2 los activos materiales de fabricación y comercialización anteriormente utilizados por la Sociedad S1 en el País C.
- Ilcha y la Sociedad S1 acuerdan terminar el contrato que otorga a la Sociedad S1 los siguientes derechos en relación con el Producto Q: el derecho a fabricar y distribuir el Producto Q en el país C, el derecho a utilizar las patentes y marcas comerciales para la realización de sus actividades de fabricación y distribución del País C, y el derecho a utilizar relaciones con clientes, listas de clientes, el fondo de comercio y otros elementos en el País C (en adelante, los "Derechos")
- Ilcha suscribe nuevos contratos de licencia a largo plazo con la Sociedad S2 por los que le otorga los Derechos en el país C.

Las filiales recientemente constituidas se encargarán en lo sucesivo del negocio del Producto Q en el País C, mientras la Sociedad S1 sigue llevando el negocio del Producto Q en el País B.

71. Se supone que, durante sus años de explotación, la Sociedad S1 ha desarrollado un valor empresarial sustancial en el País C y que una empresa independiente estaría dispuesta a pagar por ese valor empresarial en una adquisición. También se supone que, a efectos de valoración contable y empresarial, una parte de ese valor empresarial se trataría como fondo de comercio en una asignación del precio de compra en el contexto de una venta del negocio en el país de la Sociedad S1 a un tercero.

72. De conformidad con los hechos y circunstancias del caso, se está transfiriendo valor a la sociedad S2 al combinarse (i) la transmisión de la parte de los activos tangibles del negocio de la Sociedad S1 a la Sociedad S2 en el País C, y (ii) la entrega por parte de la Sociedad S1 de los Derechos y el consiguiente otorgamiento de los Derechos por parte de Ilcha a la Sociedad S2. Se producen tres operaciones diferentes:

- la transmisión de la parte de los activos materiales de la Sociedad S1 a la Sociedad S2 en el País C;
- la entrega por parte de la Sociedad S1 de sus derechos a tenor de la licencia bajo una nueva licencia que los devuelve a Ilcha; y
- el consiguiente otorgamiento de una licencia por parte de Ilcha a la Sociedad S2.

A efectos de precios de transferencia, los precios pagados por Ilcha y por la Sociedad S2 en conexión con estas operaciones deberían reflejar el valor del negocio que incluiría los importes que se tratarían como valor del fondo de comercio a efectos contables.

Ejemplo 21

73. Första es una empresa de bienes de consumo constituida en el País A, donde opera. Antes del año 1, Första fabrica el Producto Y en el País A y lo vende a través de sus filiales de distribución en muchos países del mundo. El Producto Y goza de un buen reconocimiento y tiene mayor atractivo que sus competidores, del que Första obtiene una prima como legítimo titular y desarrollador de la marca comercial y el fondo de comercio asociado que dan lugar a esa prima.

74. En Al año 2, Första constituye la Sociedad S, una filial enteramente participada, en el País B. La Sociedad S actúa como distribuidor maestro y centro de facturación. Första sigue enviando el Producto Y directamente a sus filiales de distribución, pero la titularidad de los productos pasa a la Sociedad S, que los refactura a las filiales de distribución.

75. A partir del Año 2, la Sociedad S empieza a reembolsar a las filiales de distribución una parte de sus gastos publicitarios. El precio de los Productos Y de la Sociedad S a las filiales de distribución se ajustan al alza de forma que los márgenes de beneficio de explotación de estas filiales se mantienen constantes a pesar del traslado del coste publicitario a la Sociedad S. Supongamos que los márgenes de beneficio de operación obtenidos por las filiales de distribución se ajustan a los criterios de plena competencia tanto antes como después del Año 2 habida cuenta de los cambios concomitantes en el precio del producto y en el reembolso de los costes publicitarios. La Sociedad S no realiza funciones en relación con la publicidad ni controla ningún riesgo asociado a la comercialización de los productos.

76. En el Año 3, se reducen los precios que Första carga a la Sociedad S. Första y la Sociedad S alegan que esa reducción del precio está justificada porque la Sociedad S ahora tiene derecho a los beneficios asociados a los intangibles. Sostiene que esos beneficios son atribuibles a los intangibles en relación con el Producto Y creado gracias a los gastos publicitarios que ha asumido.

77. En esencia, la sociedad S no tiene derecho sobre los ingresos derivados de la explotación de los intangibles con respecto al Producto Y. No realiza funciones, no asume riesgos y, en esencia, no incurre en costes relacionados con el desarrollo, la mejora, el mantenimiento y la protección de los intangibles. Los ajustes de precios de transferencia para incrementar los beneficios de Första en el Año 3 y posteriormente serían adecuados.

Ejemplo 22

78. La Sociedad A tiene una licencia del gobierno para desarrollar actividades mineras y otra para la explotación de una vía de ferrocarril. La licencia minera tiene un valor de mercado por sí sola de 20. La licencia del ferrocarril tiene un valor de mercado por sí sola de 10. La Sociedad A carece de otros activos.

79. Birincil, una entidad independiente de la Sociedad A, adquiere el 100% del capital en la Sociedad A por 100. La asignación del precio de compra de Birincil llevada a cabo a efectos contables con respecto a la adquisición atribuye 20 del precio de compra a la licencia minera, 10 a la licencia del ferrocarril y 70 al fondo de comercio creado por las sinergias existentes entre estas dos licencias.

80. Inmediatamente después de la adquisición, Birincil hace que la Sociedad A transfiera sus licencias para actividades mineras y de ferrocarril a la Sociedad S, una filial de Birincil.

81. En el análisis de precios de transferencia del precio de plena competencia pagado por la Sociedad S en la operación con la Sociedad A, es importante identificar de forma específica los intangibles transferidos. Como en el caso de la adquisición de plena competencia de la Sociedad A por parte de Birincil, habría que considerar el fondo de comercio asociado con las licencias transferidas a la Sociedad S, ya que por lo general se supondría que el valor no desaparece, ni se destruye por el hecho de que se produzca una reestructuración interna del negocio.

82. Como tal, el precio de plena competencia de la operación entre las Sociedades A y S debería tener en cuenta la licencia minera y la licencia del ferrocarril, y el valor asignado al fondo de comercio a efectos contables. La suma pagada por Birincil por las acciones de la Sociedad A (100) representa un precio de plena competencia para esas acciones y es un dato útil sobre el valor combinado de los intangibles.

Ejemplo 23

83. Birincil adquiere el 100% del capital en una empresa independiente, la sociedad T, por un precio de 100. La sociedad T es una empresa que se dedica a actividades de investigación y desarrollo y ha desarrollado parcialmente varias tecnologías prometedoras, pero sus ventas son mínimas. El precio de compra se justifica primordialmente por el valor de las tecnologías prometedoras desarrolladas tan solo en parte y por el potencial del personal de la sociedad T para seguir desarrollando las tecnologías en el futuro. La asignación del precio de compra pagado por Birincil realizada a efectos contables con respecto a la adquisición atribuye 20 del precio de compra a bienes materiales e intangibles identificados, incluidas las patentes, y 80 al fondo de comercio.

84. Inmediatamente después de la adquisición, Birincil hace que la Sociedad T transfiera todos sus derechos en las tecnologías desarrolladas y parcialmente desarrolladas, incluidas las patentes, los secretos comerciales y los conocimientos técnicos especializados a la Sociedad S, una filial de Birincil. La Sociedad S firma simultáneamente un contrato de

investigación con la Sociedad T, en virtud del cual la plantilla de la Sociedad T seguirá trabajando exclusivamente en el desarrollo de las tecnologías transferidas y en el desarrollo de nuevas tecnologías en nombre de la Sociedad S. El contrato establece que la Sociedad T será remunerada por sus servicios de investigación mediante pagos equivalentes a sus costes más un margen, y que todos los derechos a los intangibles desarrollados o mejorados en virtud del contrato de investigación pertenecerán a la Sociedad S. Consecuentemente, la Sociedad S financiará todas las actividades de investigación y desarrollo en el futuro y asumirá el riesgo financiero de que algunas o todas ellas no resulten en el desarrollo de productos comercialmente viables. La Sociedad S cuenta con una gran plantilla de investigadores, que incluye personal directivo responsable de tecnologías del mismo tipo que las adquiridas a la Sociedad T. Una vez concluidas las operaciones en cuestión, el personal directivo e investigador de la Sociedad S asumirá toda la responsabilidad administrativa de la dirección y el control del trabajo de los investigadores de la Sociedad T. La Sociedad S aprueba nuevos proyectos, elabora y planifica los presupuestos y, en otros aspectos, controla el continuo trabajo de investigación y desarrollo que se realiza en la Sociedad T. Todo el personal investigador de la Sociedad T seguirá formando parte de la plantilla de la Sociedad T y seguirá dedicándose exclusivamente a la prestación de servicios en virtud del contrato de investigación con la Sociedad S.

85. Al realizar el análisis de precios de transferencia con respecto al precio de plena competencia que la Sociedad S pagará por los intangibles transferidos por la Sociedad T, y al precio que pagará por los servicios continuos de I+D que prestará la Sociedad T, es importante identificar los intangibles específicos transferidos a la Sociedad S y los mantenidos por la Sociedad T. Las definiciones y valoraciones de intangibles contenidas en la asignación del precio de compra no son determinantes a efectos de precios de transferencia. La suma pagada por Birincil (100) por las acciones de la Sociedad T representa un precio de plena competencia para esas acciones y es un dato útil sobre el valor del negocio de la Sociedad T. El valor total de ese negocio debería reflejarse bien en el valor de los activos materiales e intangibles transferidos a la Sociedad S o bien el valor de los activos materiales e intangibles y la plantilla conservada por la Sociedad T. Dependiendo de los hechos, una parte sustancial del valor descrito en la asignación del precio de compra como fondo de comercio de la Sociedad T podrá ser transferido a la Sociedad S junto con el resto de intangibles de la Sociedad T. Dependiendo de los hechos, parte del valor descrito en la asignación del precio de compra como fondo de comercio también habrá sido conservada por la Sociedad T. Según los principios de precios de transferencia de plena competencia, la Sociedad T debería estar legitimada a una remuneración por ese valor, ya sea como parte del precio pagado por la Sociedad S por los derechos transferidos a los intangibles tecnológicos, o por medio de la retribución que se pagará a la Sociedad T en los años posteriores a la operación por los servicios de I+D llevados a cabo por su plantilla. En general, habría que asumir que el valor no desaparece, ni se destruye, por el hecho de que se lleve a cabo una reestructuración interna del negocio. Si la transmisión de intangibles a la Sociedad S se hubiera realizado en otro momento distinto al de la adquisición, sería preciso realizar otro estudio para saber si entretanto se había producido una apreciación o depreciación del valor de los intangibles transferidos.

Ejemplo 24

86. Zhu es una empresa que se dedica a la consultoría para el desarrollo de programas informáticos. En el pasado, Zhu ha desarrollado programas informáticos que ejecutan operaciones en cajeros automáticos para su cliente, el Banco A. En este proceso, Zhu creó y conservó una participación en el código informático creado y protegido mediante copyright

que potencialmente puede ser utilizado por otros clientes de la banca en situación similar al Banco A, aunque sería necesario realizar algunas revisiones y personalizaciones.

87. Supongamos que la Sociedad S, una empresa asociada de Zhu, firma otro contrato para desarrollar un programa informático que permita ejecutar operaciones de cajeros automáticos para otro banco, el Banco B. Zhu acepta colaborar con su empresa asociada aportando empleados que trabajaron en el proyecto del Banco A para que trabajen en el proyecto de la Sociedad S para el Banco B. Esos empleados tienen acceso a diseños y conocimientos técnicos de programas informáticos desarrollados en el proyecto del Banco A, entre los que se incluye el código informático propio. La Sociedad S utiliza ese código y los servicios de los empleados de Zhu para llevar a cabo su proyecto para el Banco B. Finalmente, la sociedad S entrega al Banco B un sistema informático para gestionar su red de cajeros automáticos, que incluye la licencia necesaria para utilizar el programa informático desarrollado en el proyecto. Parte del código propio desarrollado por Zhu en su proyecto para el Banco A está incorporada en el programa informático entregado por la Sociedad S al Banco B. El código desarrollado en el proyecto del Banco A e incorporado en el programa informático del Banco B tendría envergadura suficiente como para justificar una reclamación por infracción del copyright si un tercero lo copiara sin autorización.

88. Un análisis de precios de transferencia de estas operaciones debería reconocer que la Sociedad S ha recibido dos ventajas de Zhu que merecen una remuneración. En primer lugar, recibieron servicios de los empleados de Zhu que pudieron colaborar en el proyecto para el Banco B. En segundo lugar, recibió derechos al programa informático propio de Zhu que fue utilizado como base para el sistema informático entregado al Banco B. La remuneración que debería pagar la Sociedad S a Zhu debería incluir una remuneración tanto por los servicios como por los derechos al programa informático.

Ejemplo 25

89. Prathamika es la matriz de un grupo de empresas multinacionales. Prathamika se ha visto envuelta en varios litigios importantes y su departamento jurídico interno ha adquirido gran pericia en la gestión de grandes litigios en nombre de Prathamika. Mientras gestionaba estos litigios, Prathamika ha desarrollado herramientas informáticas propias de gestión documental que son únicas en su sector.

90. La sociedad S es una empresa asociada de Prathamika. La Sociedad S se ve inmersa en un complejo litigio que se asimila a aquellos en los que se ha especializado el departamento jurídico de Prathamika. Prathamika accede en poner a dos personas de su equipo jurídico a disposición de la Sociedad S para que trabajen en el litigio que afecta a la Sociedad S. Los empleados de Prathamika asumen la responsabilidad de gestionar los documentos relacionados con el litigio. Al asumir esta responsabilidad, hacen uso del programa informático de gestión documental de Prathamika. Sin embargo, no ofrecen a la Sociedad S el derecho a utilizar el programa informático de gestión documental en otros litigios ni lo ponen a disposición de los clientes de la Sociedad S.

91. En estas circunstancias, no sería adecuado considerar que Prathamika ha transferido derechos en los intangibles a la Sociedad S en el marco del contrato de servicios. Sin embargo, el hecho de que los empleados de Prathamika tuvieran experiencia y herramientas informáticas disponibles que les permitieran prestar sus servicios con mayor eficacia y eficiencia debería tenerse en cuenta en un análisis de comparabilidad en relación con el importe de cualquier honorario de servicio que se cargue por los servicios prestados por los empleados de Prathamika.

Ejemplo 26

92. Osnovni es la matriz de un grupo multinacional que se dedica al desarrollo y la venta de productos informáticos. Osnovni adquiere el 100% del capital en la Sociedad S, una sociedad que cotiza en bolsa y que opera en el mismo país que Osnovni, por un precio de 160. En el momento de la adquisición, las acciones en el capital de la Sociedad S tenían un valor agregado de 100. Las pujas por el negocio de la Sociedad S oscilaron entre 120 y 130.

93. La Sociedad S sólo tenía un valor nominal de inmovilizado material en el momento de la adquisición. Su valor estaba formado principalmente por derechos en intangibles desarrollados y parcialmente desarrollados relacionados con los productos informáticos y sus especialistas. La asignación del precio de compra realizada a efectos contables por Osnovni asignaba 10 a activos materiales, 60 a intangibles y 90 al fondo de comercio. Osnovni justificó el precio de compra de 160 en presentaciones a su consejo de administración haciendo referencia a la naturaleza complementaria de los productos existentes del grupo Osnovni y los productos y productos potenciales de la Sociedad S.

94. La Sociedad T es una filial enteramente participada de Osnovni. Tradicionalmente, Osnovni concede una licencia exclusiva sobre los derechos de la totalidad de sus intangibles en relación con los mercados de Europea y Asia a la Sociedad T. A efectos de este ejemplo, se presupone que todos los acuerdos referidos a las licencias históricas de los derechos europeos y asiáticos a la Sociedad T antes de la adquisición de la Sociedad S se ajustan al principio de plena competencia.

95. Inmediatamente después de la adquisición de la Sociedad S, Osnovni la liquida y a continuación otorga una licencia exclusiva y perpetua a la Sociedad T para los derechos a los intangibles relacionados con los productos de la Sociedad S en los mercados europeo y asiático.

96. Al determinar el precio de plena competencia de los intangibles de la Sociedad S licenciados a la Sociedad T en virtud de los acuerdos anteriores, debería tenerse en cuenta la prima sobre el valor bursátil original de las acciones de la Sociedad S incluida en el precio de adquisición. En la medida en que la prima refleja la naturaleza complementaria de los productos del grupo Osnovni con los productos adquiridos en los mercados europeo y asiático licenciados a la Sociedad T, ésta debería pagar un importe por los intangibles y los derechos en los intangibles de la Sociedad S transferidos que refleje un parte adecuada de la prima del precio de compra. En la medida en que la prima del precio de compra sea atribuible exclusivamente a las complementariedades de producto fuera de los mercados de la Sociedad T, la prima del precio de compra no debería tenerse en cuenta al determinar el precio de plena competencia pagado por la Sociedad T por los intangibles de la Sociedad S en relación con el mercado geográfico de la Sociedad T. El valor asignado a intangibles en la asignación del precio de adquisición llevada a cabo a efectos contables no es determinante a efectos de precios de transferencia.

Ejemplo 27

97. La Sociedad A es la matriz de un grupo multinacional que opera en el País X. La sociedad A tiene patentes, marcas comerciales y conocimientos técnicos relacionados con varios productos que fabrica y vende el grupo multinacional. La Sociedad B es una filial enteramente participada de la Sociedad A. Todas las operaciones de la Sociedad B se realizan en el país Y. La Sociedad B también tiene patentes, marcas comerciales y conocimientos técnicos relacionados con el Producto M.

98. Por motivos empresariales fundamentados que guardan relación con las actividades de coordinación de la protección de patentes y prevención de falsificaciones, el grupo multinacional decide centralizar la titularidad de sus patentes en la Sociedad A. Consecuentemente, la Sociedad B vende las patentes del Producto M a la Sociedad A por un precio cerrado. La Sociedad A asume la responsabilidad de realizar todas las funciones operativas y asume todos los riesgos relacionados con las patentes del Producto M tras la venta. Basándose en un detallado análisis funcional y de comparabilidad, el grupo multinacional llega a la conclusión de que no puede identificar operaciones no vinculadas comparables que puedan utilizarse para determinar el precio de plena competencia. La Sociedad A y la Sociedad B concluyen razonablemente que la aplicación de técnicas de valoración representa el método de precios de transferencia que es más adecuado utilizar para determinar si el precio convenido es consistente con las premisas de la plena competencia.

99. El personal de valoración aplica un método de valoración que valora directamente los bienes y las patentes para alcanzar un valor presente neto después de impuestos de 80 para la patente del Producto M. El análisis se basa en las tasas de regalías, las tasas de descuento y las vidas útiles que se acostumbra a utilizar en el sector en el que compite el Producto M. Sin embargo, existen diferencias significativas entre el Producto M y los correspondientes derechos de patente del Producto M, y los que son habituales en el sector. El acuerdo de regalías utilizado en el análisis no cumpliría, así pues, las normas de comparabilidad que requiere el análisis del método del precio libre comparable. La valoración trata de ajustar estas diferencias.

100. Al realizar el análisis, la Sociedad A también realiza un análisis basado en los flujos de caja descontados del negocio del Producto M en su totalidad. Ese análisis, basado en parámetros de valoración habitualmente utilizados por la Sociedad A en la evaluación de posibles adquisiciones, sugiere que todo el negocio del Producto M tiene un valor presente neto de 100. La diferencia de 20 entre la valoración de 100 de todo el negocio del Producto M y la valoración de 80 de la patente por sí sola no parece reflejar adecuadamente el valor presente neto de las remuneraciones funcionales rutinarias correspondientes a las funciones que realiza la Sociedad B ni reconocer ningún valor por las marcas comerciales y los conocimientos técnicos conservados por la Sociedad B. En estas circunstancias, se recomendaría volver a revisar la fiabilidad del valor de 80 adscrito a la patente.

Ejemplo 28

101. La Sociedad A es la matriz de un grupo multinacional que opera en el País S. La Sociedad B pertenece a ese grupo multinacional y opera en el País T, y la Sociedad C también pertenece al grupo multinacional y opera en el País U. Por motivos empresariales válidos, el grupo multinacional decide centralizar todos sus intangibles relacionados con el negocio que se lleva a cabo fuera del País S en una misma ubicación. Consecuentemente, se venden los intangibles de la Sociedad B a la Sociedad C por un precio cerrado, lo que incluye las patentes, las marcas comerciales, los conocimientos técnicos y las relaciones con clientes. Al mismo tiempo, la Sociedad C contrata a la Sociedad B para que actúe como fabricante por contrato de los productos que anteriormente producía y vendía la Sociedad B asumiendo todos los riesgos. La Sociedad C cuenta con el personal y los recursos necesarios para gestionar las líneas de negocio adquiridas, incluido el futuro desarrollo de los intangibles necesarios para el negocio de la Sociedad B.

102. El grupo multinacional no logra identificar operaciones no vinculadas comparables que puedan utilizarse en un análisis de precios de transferencia para averiguar el precio de

plena competencia que debe pagar la Sociedad C a la Sociedad B. Basándose en un análisis funcional y de comparabilidad detallado, el grupo multinacional concluye que el método de precios de transferencia más adecuado conlleva la aplicación de técnicas de valoración para determinar el valor de los intangibles transferidos. Al realizar su valoración, el grupo multinacional no logra segregar de modo fiable los flujos de caja específicos asociados con todos los intangibles concretos.

103. En estas circunstancias, para determinar la remuneración de plena competencia que debería pagar la Sociedad C por los intangibles vendidos por la Sociedad B, podría ser adecuado valorar los intangibles transferidos en su conjunto en lugar de tratar de valorarlos cada uno por separado. Este sería el caso, concretamente, si existiera una diferencia significativa entre la suma de las mejores estimaciones de valor disponibles de los intangibles identificados individualmente y el resto de activos al valorarlos por separado y el valor del negocio en su conjunto.

Ejemplo 29

104. Pervichnyi es la matriz de un grupo multinacional constituido en el País X, donde desarrolla sus actividades. Antes del Año 1, Pervichnyi desarrolló patentes y marcas comerciales en relación con su Producto F. Fabrica el Producto F en el País X y suministra el producto a filiales de distribución de todo el mundo. A efectos de este ejemplo, se supone que los precios cargados a las filiales de distribución siempre han sido de plena competencia.

105. Al inicio del Año 1, Pervichnyi constituye una filial enteramente participada, la Sociedad S, en el País Y. Para ahorrar costes, Pervichnyi transfiere toda su producción del Producto F a la Sociedad S. Al constituir la Sociedad S, Pervichnyi vende las patentes y marcas comerciales relacionadas con el producto F a la Sociedad S por un precio cerrado. En estas circunstancias, Pervichnyi y la Sociedad S tratan de identificar un precio de plena competencia para los intangibles transferidos utilizando una técnica de valoración de flujos de caja descontados.

106. Según este análisis de valoración, Pervichnyi podría haber generado unos flujos de caja residuales después de impuestos (una vez remuneradas todas las actividades funcionales de otros miembros del grupo multinacional según el principio de plena competencia) que tendrían un valor presente de 600 si hubiera seguido fabricando el Producto F en el País X. La valoración desde la perspectiva del comprador muestra que la Sociedad S podría generar unos flujos de caja residuales después de impuestos con un valor presente de 1100 si hubiera tenido los intangibles y hubiera fabricado el producto en el País Y. La diferencia en el valor presente de los flujos de caja residuales después de impuestos de Pervichnyi y el valor presente de los flujos de caja residuales después de impuestos de la Sociedad S se atribuye a diversos factores.

107. Otra opción para Pervichnyi sería conservar la propiedad de los intangibles y contratar a la Sociedad S o a otro proveedor alternativo para fabricar los productos en su nombre en el País Y. En este escenario, Pervichnyi calcula que podría generar generar unos flujos de caja después de impuestos con un valor presente de 875.

108. Para fijar una contrapartida de plena competencia para los intangibles transferidos por Pervichnyi a la Sociedad S, es importante tener en cuenta las perspectivas de ambas partes, las opciones que siendo realistas tienen a su disposición y los hechos y circunstancias particulares del caso. Pervichnyi ciertamente no vendería los intangibles a un precio que produjera unos flujos de caja residuales después de impuestos con un valor presente inferior

a 600, que son los flujos de caja residuales que podría generar si conservara el intangible y siguiera operando del modo en que lo había hecho históricamente. Además no hay motivos para creer que Pervichnyi fuera a vender el intangible por un precio que produjera unos flujos de caja residuales después de impuestos con un valor presente inferior a 875. Si Pervichnyi pudiera captar el ahorro en costes de producción contratando a otra entidad para fabricar en su nombre en un entorno de bajo coste, una opción que siendo realistas tendría a su disposición sería llevar a cabo dicha operación de subcontratación de la fabricación. Esa opción realmente disponible debería ser considerada a la hora de determinar el precio de venta del intangible.

109. No cabría esperar que la Sociedad S pagara un precio que, habida cuenta de todos los hechos y circunstancias relevantes, le generara un rendimiento después de impuestos menor al que conseguiría si no realizara la operación. De conformidad con la valoración de los flujos de caja descontados, el valor presente neto de los flujos de caja residuales después de impuestos que podría generar utilizando el intangible en su negocio sería de 1 100. Podría negociarse un precio que le generara a Pervichnyi un rendimiento equivalente o mayor a sus otras opciones disponibles, y dar a la sociedad S un rendimiento positivo sobre su inversión considerando todos los factores relevantes, incluido el modo en que tributaría la propia operación.

110. Un análisis de precios de transferencia que utilice un enfoque de flujos de caja descontados tendría que considerar el modo en que las empresas independientes que operan según el principio de plena competencia tendría en cuenta el ahorro en costes y los efectos fiscales proyectados al fijar el precio de los intangibles. No obstante, ese precio estaría en el rango comprendido entre el precio que daría a Pervichnyi unos flujos de caja residuales después de impuestos equivalentes al de las opciones disponibles desde un punto de vista realista, y un precio que daría a la Sociedad S un rendimiento positivo sobre su inversión y riesgos, considerando el modo en que tributaría la propia operación.

111. Obviamente, los hechos de este ejemplo y el análisis anterior han sido simplificados en gran medida en comparación con el análisis que sería preciso realizar en una operación real. No obstante, el análisis refleja la importancia de considerar todos los hechos y circunstancias relevantes al realizar un análisis de flujos de caja descontados, evaluando las perspectivas de ambas partes en ese análisis, y teniendo en cuenta las opciones disponibles desde un punto de vista realista para cada una de ellas al realizar el análisis de precios de transferencia.

SERVICIOS INTRAGRUPO DE BAJO VALOR AÑADIDO

Revisiones al Capítulo VII de las Directrices sobre precios de transferencia

Resumen

La Acción 10 del Plan de Acción BEPS llama a los países del G20 y la OCDE a desarrollar normas de precios de transferencia para implantar mecanismos de protección frente a tipos de pagos comunes que erosionan la base imponible como los honorarios por administración y gastos de oficina matriz.

Este capítulo del Informe introduce un enfoque simplificado optativo para servicios de bajo valor añadido. Además de eso, introduce algunos cambios y aclaraciones a otros párrafos del Capítulo VII de las Directrices sobre precios de transferencia. Las Secciones A a C y los cambios a algunos de los párrafos de estas secciones se incluyen en este Informe para proporcionar un contexto a la nueva Sección D sobre servicios intragrupo de bajo valor añadido del Capítulo VII de las Directrices sobre precios de transferencia.[22]

La Sección D sobre servicios intragrupo de bajo valor añadido proporciona pautas encaminadas a la consecución del equilibrio necesario entre la asignación adecuada de los gastos de los servicios de bajo valor añadido entre las empresas del grupo multinacional de conformidad con el principio de plena competencia y la necesidad de proteger la base imponible de los países ordenantes de pagos. En particular, este Informe propone un enfoque simplificado electivo que:

- Especifica una amplia categoría de servicios intragrupo que representan un limitado margen de beneficio sobre los costes correspondientes;
- Aplica un criterio de reparto uniforme a todos los beneficiarios de esos servicios intragrupo; y
- Proporciona mayor transparencia mediante requisitos más específicos de presentación de información, que incluyen documentación que muestra la determinación de la base específica de costes.

El enfoque trata de garantizar a los países ordenantes de pagos que el sistema a través del cual se atribuyen los costes conduzca a un tratamiento equitativo de todas las empresas asociadas que operan en circunstancias similares. Además, el enfoque trata de garantizar que no se produce ningún sobreprecio por un acuerdo general en las categorías de costes incluidas en la base de costes y por un acuerdo general sobre el margen moderado del

5% que debería cargarse. Por último, la transparencia del enfoque deja claro a los países ordenantes de pagos si se han interpuesto sociedades instrumentales, que pueden tener una baja funcionalidad o ninguna y tratar de inflar sus cargos por servicios intragrupo.

Las directrices establecen que, gracias a la creación del enfoque simplificado optativo, se simplifica y se modera la prueba del beneficio por parte del país ordenante del pago. Si se aplica el enfoque simplificado optativo, la hipótesis de que las empresas sólo están dispuestas a incurrir en costes si hay un motivo empresarial para ello y la garantía de que el enfoque conduce a un tratamiento equitativo de estos costes para los miembros del grupo multinacional en circunstancias similares, sustituye a la prueba detallada del beneficio recibido que se acostumbra a realizar para otros cargos por servicios intragrupo. Este enfoque permite a las administraciones fiscales liberar recursos para identificar y examinar los casos de precios de transferencia cuando el riesgo de encontrar problemas de BEPS es más significativo.

No obstante, una serie de países han indicado que los cargos excesivos por servicios de gestión intragrupo y los gastos de la sede central son uno de sus mayores desafíos en el ámbito de BEPS. Para dar confort a esos países en cuanto a que el enfoque simplificado optativo no dará lugar a pagos que erosionen la base imponible, el enfoque indica que los países que se planteen su implantación podrán hacerlo combinándolo con la introducción de un umbral. Si los pagos de servicios intragrupo por servicios de bajo valor añadido que hay que considerar en virtud de este enfoque superan ese umbral, las administraciones tributarias podrán realizar un análisis completo de precios de transferencia que incluya exigir pruebas que demuestren de forma detallada los beneficios recibidos. En combinación con el mandato dado por el Grupo de Trabajo sobre Desarrollo del G20 a organismos internacionales sobre el desarrollo de conjuntos de herramientas que se puedan implantar en los países en desarrollo y que protejan a estos países de los pagos que erosionan la base imponible, el objetivo de esta medida ayudará a los países en desarrollo a proteger su base imponible de los cargos excesivos por servicios intragrupo.

Para que el enfoque simplificado que se comenta en este capítulo del Informe sea efectivo, debe adoptarse y aplicarse a una escala geográfica lo más amplia posible y debe ser respetado por los países tanto del proveedor como del beneficiario de los servicios intragrupo. En reconocimiento de la importancia de este giro y de su amplia introducción, los países que participan en el proyecto BEPS han convenido un enfoque de dos fases para su implantación. El primer paso consiste en que un gran número de países permita este mecanismo optativo refrendando su aplicabilidad en su territorio antes de 2018. El segundo paso reconoce que sería útil seguir analizando el diseño del umbral y otras inquietudes que plantea la implantación a algunos países para alcanzar una adopción aún más generalizada del enfoque simplificado. Por lo tanto, se realizará una labor de seguimiento del diseño del umbral y de otras cuestiones relacionadas con la implantación. Esta labor se concluirá antes de finales de 2016 y permitirá que otros países se unan al grupo de países que ya permiten el mecanismo optativo. En el marco de la labor de seguimiento relacionada con la implantación, se establecerá con claridad los países que se unen al enfoque del puerto seguro para los servicios intragrupo de bajo valor añadido. Actualmente, la mayoría sustancial de Países Asociados BEPS ha indicado que permitirá el enfoque simplificado lo antes posible desde el momento en que la introducción de dicho enfoque sea viable dada su situación nacional. El resto de Países Asociados BEPS ha indicado que está considerando la introducción, pero que su decisión final depende del resultado de la labor de seguimiento que se va a realizar de cara a la implantación.

Las disposiciones actuales del Capítulo VII de las Directrices sobre precios de transferencia se suprimen en su totalidad y se sustituyen por el siguiente texto.

A. Introducción

7.1 En este capítulo se abordan las cuestiones que surgen al determinar, a efectos de precios de transferencia, si los servicios han sido prestados por un miembro de un grupo multinacional a otros miembros de ese grupo y, en tal caso, el establecer el precio de plena competencia de esos servicios intragrupo. El capítulo no entra, salvo incidentalmente, en si los servicios se han prestado a tenor de un acuerdo de reparto de costes, ni tampoco, en tal caso, en cuál sería su precio de plena competencia adecuado. Los acuerdos de reparto de costes se tratan en el Capítulo VIII.

7.2 Casi todos los grupos multinacionales tienen que fijar un amplio abanico de servicios que ponen a disposición de todos sus miembros, sobre todo, servicios administrativos, técnicos, financieros y comerciales. Estos servicios pueden incluir funciones de gestión, coordinación y control para todo el grupo. El coste que representa la prestación de estos servicios puede ser asumido inicialmente por la matriz, por una o varios miembros del grupo designados específicamente (un "centro de servicios del grupo"), o por otros miembros del grupo. Una empresa independiente que necesite un servicio podría contratar los servicios a un proveedor de servicios especializado en ese tipo de servicios o podría realizar el servicio ella misma (esto es, internamente). Del mismo modo, un miembro de un grupo multinacional que necesite un servicio podría contratarlo a una empresa independiente o a una o varias empresas asociadas del mismo grupo multinacional (esto es, dentro del grupo), o puede realizar el servicio por él mismo. Los servicios intragrupo a menudo incluyen servicios que suelen prestar externamente empresas independientes (como servicios jurídicos y contables), además de los que ordinariamente prestan internamente (por ejemplo, por la empresa para sí misma, como la auditoría central, el asesoramiento financiero o la formación de personal). Para el grupo multinacional, no es ventajoso incurrir en costes innecesarios, sino que, por el contrario, sí redunda en sus intereses prestar servicios intragrupo de forma eficiente. La aplicación de las directrices de este capítulo debería asegurar la identificación adecuada de los servicios y la asignación correcta de sus costes asociados dentro del grupo multinacional de conformidad con el principio de plena competencia.

7.3 Los acuerdos intragrupo de prestación de servicios a veces están vinculados a los acuerdos de transmisión de bienes o intangibles (o de concesión de licencias sobre los mismos). En algunos casos, como en los contratos de conocimientos técnicos que contienen un elemento de servicio, puede ser difícil determinar dónde está exactamente el límite entre la transmisión de intangibles o los derechos en los intangibles y la prestación de los servicios. Los servicios auxiliares con frecuencia van asociados a la transmisión de tecnología. Por eso, puede que sea necesario considerar los principios para la agregación y segregación de operaciones del Capítulo III en las que se produce una transmisión mixta de bienes y servicios.

7.4 Los servicios intragrupo pueden variar considerablemente entre unos grupos multinacionales y otros, al igual que la medida en que esos servicios aportan un beneficio, o un beneficio esperado, a uno o varios miembros del grupo. Cada caso depende de sus hechos y circunstancias y de los acuerdos suscritos dentro del grupo. Por ejemplo, en un grupo descentralizado, la matriz puede limitar sus actividades intragrupo para monitorear sus inversiones en sus filiales en calidad de accionista. En cambio, en un grupo centralizado o integrado, el consejo de administración o la alta dirección de la matriz pueden tomar decisiones importantes que afectan a las filiales, y la matriz puede respaldar la implementación de estas decisiones llevando a cabo actividades generales y administrativas para sus filiales así como actividades operativas como la gestión de tesorería, el marketing y la gestión de la cadena de suministro.

B. Principales consideraciones

7.5 En el análisis de precios de transferencia de los servicios intragrupo se plantean dos cuestiones. La primera es saber si se han prestado efectivamente los servicios intragrupo. La segunda es establecer la remuneración de esos servicios a efectos fiscales según el principio de plena competencia. A continuación se estudian ambas cuestiones.

B.1. Determinando si los servicios se han prestado

B.1.1. Prueba del beneficio

7.6 En aplicación del principio de plena competencia, la cuestión de si se ha prestado un servicio intragrupo cuando una actividad es realizada por uno o más miembros del grupo en beneficio de otro u otros, depende de si la actividad proporciona valor económico o comercial para un miembro del grupo que mejora o mantiene así su posición comercial. Puede responderse a esta cuestión preguntándose si, en circunstancias comparables, una empresa independiente hubiera estado dispuesta a pagar a otra empresa independiente por la ejecución de esta actividad o si la hubiera ejecutado ella misma internamente. Si una empresa independiente no hubiera estado dispuesta a pagar por la actividad ni a ejecutarla por ella misma, en términos generales no debe considerarse a dicha actividad como un servicio intragrupo de conformidad con el principio de plena competencia.

7.7 El análisis precedente depende, obviamente, de los hechos y circunstancias reales, no siendo posible en abstracto definir categóricamente las actividades que constituyen o no una prestación de servicios intragrupo. No obstante, pueden ofrecerse algunas indicaciones que permitan dilucidar cómo debería aplicarse el análisis a ciertas categorías comunes de actividades ejercidas en el seno de los grupos multinacionales.

7.8 Para satisfacer las necesidades identificadas de una o varias empresas que forman parte del grupo, un miembro de ese mismo grupo realiza servicios intragrupo. En este caso, se puede responder directamente a la cuestión de si se ha prestado un servicio. En general, en circunstancias comparables, una empresa independiente hubiera satisfecho la necesidad identificada ejerciendo ella misma la actividad o recurriendo a un tercero. En consecuencia, en este caso normalmente se deducirá que existe un servicio intragrupo. Por ejemplo, se determinará la existencia de un servicio intragrupo cuando una empresa asociada repara los bienes de equipo empleados por otra empresa miembro de un grupo multinacional en el ámbito de sus actividades de fabricación. No obstante, es esencial entregar documentación fiable a las administraciones tributarias para verificar que el proveedor del servicio ha incurrido en esos costes.

B.1.2. Actividades de accionistas

7.9 Debe procederse a un análisis más complejo cuando una empresa asociada acomete actividades que afectan a varios miembros del grupo o al conjunto del grupo. En un número reducido de casos, puede realizarse una actividad intragrupo para miembros del grupo, aun cuando estos no tengan necesidad de ella (y por lo tanto no estarían dispuestos a pagar por ella si fueran empresas independientes). Se trataría de un tipo de actividad que un miembro del grupo (normalmente, la sociedad matriz o una sociedad *holding* regional) realiza únicamente debido a sus intereses en uno o varios miembros del grupo, es decir, en su calidad de accionista. Esta clase de actividad no se consideraría un servicio intragrupo, por lo que no justificaría una retribución con cargo a las sociedades que se beneficien de la misma. Por el contrario, los costes asociados a este tipo de actividad habrían de ser asumidos y adjudicados al nivel del accionista. Cabe referirse a ellas como "actividades de accionista" a fin de diferenciarlas del concepto más amplio de "actividades de tutela" empleado en el Informe de 1979. Las actividades de tutela abarcan un conjunto de actividades ejercidas por un accionista que pueden incluir la prestación de servicios a otros miembros del grupo, por ejemplo, los servicios que prestaría un centro de coordinación. Estas últimas actividades, distintas de las "de accionista", pueden comprender servicios de planificación pormenorizados para operaciones concretas, gestión en caso de emergencia, asesoría técnica (resolución de problemas) o, en ciertos casos, la asistencia en la gestión de tareas cotidianas.

7.10 Los ejemplos siguientes constituirían costes asociados con las actividades de accionista de acuerdo con el criterio expuesto en el párrafo 7.6:

a) Los costes asociados a la estructura jurídica de la sociedad matriz, tales como la organización de las juntas generales de accionistas de la sociedad matriz, la emisión de acciones de esta sociedad, los gastos de su admisión a cotización en bolsa y los gastos de funcionamiento del consejo de supervisión;

b) Los costes relativos a los requisitos de información o rendición de cuentas (incluidos los requisitos de presentación de informes financieros y auditoría) de la matriz, incluida la consolidación de informes, los costes relacionados con la auditoría por parte de la matriz de las cuentas de las filiales llevadas a cabo exclusivamente en beneficio de la matriz, y los costes relacionados con la formulación de las cuentas anuales consolidadas del grupo multinacional (si bien, en la práctica, los costes incurridos a nivel local por las filiales no tendrían que ser repercutidos a la matriz o sociedad de cartera cuando resulta desproporcionadamente caro identificarlos y aislarlos);

c) Los costes de captación de fondos para la adquisición de sus participaciones y los gastos derivados de las relaciones de la matriz con sus inversores, como los costes de la estrategia de comunicación de la matriz con los accionistas, analistas financieros, fondos y otras partes interesadas en la matriz;

d) Los costes relacionados con el cumplimiento por parte de la matriz de la legislación tributaria relevante;

e) Los costes que van aparejados al gobierno corporativo del grupo multinacional en su conjunto.

Por el contrario, si por ejemplo una sociedad matriz obtiene fondos por cuenta de otro miembro del grupo para la adquisición de una nueva sociedad, normalmente se considera que la sociedad matriz está ofreciendo un servicio al miembro del grupo. El Informe de 1984 también citaba "los costes de actividades de gestión y control (seguimiento) relacionados con la gestión y la protección de las inversiones representadas por las participaciones". Para determinar si estas actividades entran o no dentro de la definición de actividades del accionista, tal y como se definen en estas Directrices, habría que saber si una empresa independiente, en circunstancias comparables, hubiera estado dispuesta a pagar por esas actividades o las hubiera realizado ella misma. Cuando un miembro del grupo realiza actividades como las descritas anteriormente por motivos distintos de la mera participación que posee en el resto de miembros del grupo, esa empresa del grupo no está realizando actividades de accionista sino que, por el contrario, debería considerarse que está prestando un servicio a la matriz o sociedad tenedora de acciones al que serían de aplicación las directrices del presente capítulo.

B.1.3. Duplicación

7.11 En general, no deberían considerarse servicios intragrupo las actividades que acomete un miembro del grupo, por el mero hecho de duplicar un servicio que realiza para sí mismo otro miembro del grupo o que realiza un tercero por cuenta de este otro miembro del grupo. Habría que hacer una excepción en el caso de que los servicios se dupliquen sólo temporalmente, por ejemplo, cuando un grupo multinacional se reorganiza para centralizar sus funciones de dirección. Otra excepción sería cuando la duplicación tiene como finalidad reducir el riesgo de decisiones empresariales desacertadas (por ejemplo, solicitando una segunda opinión jurídica sobre un tema). Al considerar una posible duplicación de servicios es preciso identificar la naturaleza de los servicios de forma detallada y los motivos por los que la empresa parece duplicar los costes, lo que iría en contra de unas prácticas eficientes. El hecho de que una empresa lleve a cabo, por ejemplo, servicios de marketing internamente y también asuma un gasto por los servicios de marketing de una empresa del grupo no determina en sí una duplicación, ya que este tipo de actividades cubren un ámbito amplio con numerosos niveles de actividad. Para determinar que los servicio intragrupo son diferentes, adicionales o complementarios a las actividades realizadas internamente hay que examinar la información presentada por el contribuyente. Entonces se aplicaría la prueba del beneficio a estos elementos no duplicativos de los servicios intragrupo. Algunos sectores regulados exigen que las funciones de control se realicen a escala local así como de forma consolidada por la matriz; estos requisitos no deberían llevarnos a invalidar las causas de la duplicación.

B.1.4. Beneficios indirectos o incidentales

7.12 En algunos casos, el servicio intragrupo realizado por un miembro del grupo, como un accionista o un centro de coordinación, sólo afecta a algunos miembros aunque indirectamente genere beneficios a otros miembros del grupo. A modo de ejemplo, se podría citar el reorganizar el grupo, adquirir nuevos miembros o cerrar una división. Estas actividades podrían representar servicios intragrupo para los miembros del grupo implicados, por ejemplo, aquellos miembros que efectúan las adquisiciones o cierran una de sus divisiones, pero también pueden generar ventajas económicas para otros miembros del grupo no implicados directamente en la posible decisión, ya que el análisis podría darles información útil sobre sus propias actividades de negocio. Normalmente, no se considera que esos otros miembros del grupo beneficiados hayan recibido un servicio intragrupo, dado que las actividades que originan esas ventajas no responden al tipo de servicio por el que una empresa independiente normalmente estaría dispuesta a pagar.

7.13 Asimismo, no debería considerarse que una empresa asociada se beneficia de un servicio intragrupo cuando obtiene ventajas incidentales que sólo se generan por formar parte de una empresa mayor y no por ejercer una actividad específica. Por ejemplo, no hay prestación de servicios cuando una empresa asociada, por el mero hecho de ser filial, tiene una mejor calificación crediticia que si no lo fuera; pero se suele considerar que existe un servicio intragrupo cuando su mejor calificación crediticia se debe a un aval de otro miembro del grupo o cuando la empresa se beneficia de una medida concertada deliberada del grupo relacionada con sus campañas globales de comercialización y relaciones públicas. A estos efectos, debe distinguirse entre la asociación pasiva y la promoción activa de las características del grupo multinacional que refuerza positivamente la capacidad de obtención de beneficios de determinados miembros del grupo. Hay que tener en cuenta los hechos y circunstancias que concurren en cada caso. Véase la Sección D.8 del Capítulo I sobre sinergias del grupo multinacional.

B.1.5. Servicios centralizados

7.14 Otras actividades que pueden afectar al grupo en su conjunto son aquellas centralizadas en la sociedad matriz o en uno o varios centros de servicios de grupo (como una sede regional de la compañía) y puestas a disposición del grupo (o de varios de sus miembros). Las actividades que se centralizan dependen del tipo de negocio y de la estructura organizativa del grupo pero, en general, suelen incluir servicios administrativos tales como planificación, coordinación, control presupuestario, asesoría financiera, contabilidad, auditoría, servicios jurídicos, gestión de cobros, servicios informáticos; servicios financieros tales como la supervisión de los flujos de tesorería y la solvencia, las ampliaciones de capital, los contratos de préstamo, la gestión de riesgo de tipo de interés y de cambio, y las refinanciaciones; asistencia en las áreas de producción, compras, distribución y comercialización; y servicios de gestión de recursos humanos, tales como la selección y formación de personal. A menudo, los centros de servicio del grupo también realizan trabajos de gestión de pedidos, atención al cliente y centro de llamadas, labores de I+D, o gestionan y protegen los activos intangibles de una parte o del conjunto del grupo multinacional. En general, las actividades de este tipo se consideran servicios intragrupo dado que son el tipo de actividades por las que una empresa independiente estaría dispuesta a pagar o que ejecutaría por sí misma.

B.1.6. Forma de la remuneración

7.15 Al considerar si empresas independientes hubieran facturado la prestación de servicios, también sería importante considerar la forma que adoptaría la remuneración en condiciones de plena competencia si la operación hubiera ocurrido entre empresas independientes que operaran en el mercado libre. Por ejemplo, en lo que se refiere a servicios financieros tales como préstamos, operaciones de cambio de moneda y operaciones de cobertura, la remuneración normalmente se incorporaría al margen, por lo que no cabe esperar que se aplique una tarifa adicional por el servicio prestado. Del mismo modo, en algunos servicios de compra o adquisición, puede incorporarse un elemento de comisión al precio del producto o servicio adquirido, por lo que no sería adecuado aplicar un honorario adicional por el servicio prestado.

7.16 Se plantea otro problema en lo que se refiere a los servicios prestados "a demanda". La cuestión es saber si la disponibilidad de estos servicios constituye un servicio distinto en sí mismo para el que habría que fijar una remuneración de plena competencia (además de la remuneración de los servicios efectivamente prestados). La sociedad matriz o el centro de servicios del grupo puede estar dispuesto a prestar, por ejemplo, asesoramiento de tipo financiero, administrativo, técnico, jurídico o fiscal, y asistir a todos los miembros del grupo en cualquier momento. En ese caso, el servicio consiste en tener a disponibilidad de las empresas asociadas personal, equipos, etc. Existen servicios intragrupo en la medida en que cabe plantearse razonablemente que una empresa independiente, en circunstancias comparables, incurriría en gastos en concepto de "iguala" para asegurar la disponibilidad de los servicios en cuestión cuando surja la necesidad de recurrir a ellos. No es extraño, por ejemplo, que una empresa independiente pague una "cuota" anual a un despacho de abogados que le pueda proporcionar asesoramiento jurídico y le represente en posibles litigios. También puede citarse como ejemplo los contratos de servicios que permiten beneficiarse de forma prioritaria de los servicios de asistencia técnica para una red informática en caso de avería.

7.17 Estos servicios podrán obtenerse a demanda, ser más o menos numerosos y revestir una importancia variable de un año a otro. Es poco probable que una empresa independiente incurra en gastos en concepto de iguala cuando la necesidad potencial de servicios es remota, cuando la ventaja de contar con estos servicios sea desdeñable o cuando puedan obtenerse con inmediatez a través de otra vía sin que sea necesario suscribir contratos de asistencia permanente. En consecuencia, debe tenerse en cuenta el beneficio que aportan a una sociedad del grupo los acuerdos de prestación de servicios a demanda, examinando quizá el número de veces que se ha recurrido a ellos a lo largo de varios años, en lugar de únicamente en el año en que se ha de efectuar un pago, para determinar si se ha prestado un servicio intragrupo.

7.18 El hecho de que se haya efectuado un pago a una empresa asociada en concepto de supuestos servicios puede ser de utilidad para determinar si esos servicios se han prestado o no efectivamente, pero la simple calificación de un pago como "comisión por gastos de gestión" no debe considerarse, a primera vista, como la prueba de que ha habido prestación de servicios. Asimismo, la ausencia de pagos o contratos no debe llevar automáticamente a la conclusión de que no se ha prestado ningún servicio intragrupo.

B.2. Determinación de la retribución de plena competencia

B.2.1. Términos generales

7.19 Una vez determinado que se ha realizado un servicio intragrupo se debe precisar, al igual que para otras transferencias intragrupo, si el importe de la remuneración, cuando exista, se ajusta al principio de plena competencia. Esto significa que el precio facturado por los servicios intragrupo debería ser el que habrían fijado y aceptado dos empresas independientes en circunstancias comparables. En consecuencia, estas operaciones no deben someterse a un tratamiento fiscal distinto al de las operaciones comparables entre empresas independientes por el mero hecho de haberse realizado entre empresas asociadas.

B.2.2. Identificación de los acuerdos efectivos para la remuneración de los servicios intragrupo

7.20 Para identificar el importe realmente facturado en concepto de servicios, si lo hubiera, la administración tributaria deberá identificar qué acuerdos, en su caso, se han concluido realmente entre las dos empresas asociadas para facilitar la facturación por prestación de servicios entre ellas.

B.2.2.1. Métodos de cargo directo

7.21 En ciertos casos, es fácil identificar los acuerdos para la remuneración de los servicios intragrupo. Por ejemplo, cuando el grupo multinacional recurre al cargo directo, es decir, cuando se cargan directamente determinados servicios a las empresas asociadas. En general, el método de cargo directo es de gran interés práctico para las administraciones tributarias, puesto que permite identificar de forma precisa el servicio realizado y la base de cálculo del pago. En consecuencia, el método de cargo directo permite determinar con mayor facilidad si el importe cobrado es consistente o no con el principio de plena competencia.

7.22 Los grupos multinacionales pueden adoptar un sistema de cargo directo, especialmente cuando además de los servicios prestados a empresas asociadas también prestan servicios similares a empresas independientes. Si determinados servicios no sólo se proveen a empresas asociadas sino también a empresas independientes en condiciones comparables y como una parte sustancial del negocio, podría presumirse que el grupo multinacional tiene la posibilidad de justificar el cálculo del cargo facturado sobre una base independiente (por ejemplo, registrando contablemente los trabajos efectuados, los honorarios cobrados y los gastos incurridos en la ejecución de los contratos suscritos con terceros). En consecuencia, se fomenta la utilización del cargo directo por parte de las multinacionales en relación con sus operaciones con empresas asociadas. Sin embargo, debe admitirse que este criterio no es siempre el más apropiado si, por ejemplo, los servicios prestados a terceros tienen un carácter ocasional o marginal.

B.2.2.2. Métodos de cargo indirecto

7.23 En la práctica, puede resultar difícil aplicar el método de cargo directo para los servicios intragrupo. De ahí que algunos grupos multinacionales hayan desarrollado otros métodos de facturación para los servicios prestados por las matrices o por los centros de servicios de grupo. En estos casos, puede que los grupos multinacionales vean que disponen de pocas alternativas a excepción del uso de los métodos de asignación y reparto de costes que, con frecuencia, precisan de cierto grado de estimación o valoración aproximada como base de cálculo de la retribución de plena competencia de acuerdo con los principios de la Sección B.2.3 siguiente. Estos métodos se califican normalmente como métodos de cargo indirecto y deben permitirse siempre que se dedique suficiente atención al valor de los servicios prestados a sus destinatarios y a la medida en que se presten servicios comparables entre empresas independientes. Estos métodos de cálculo no son aceptables cuando ciertos servicios específicos, que constituyen la actividad principal de la empresa, se prestan no sólo a empresas asociadas sino también a terceros independientes. Aunque hay que hacer cuanto sea preciso para proceder a un cargo razonable por el servicio prestado, toda facturación debe sustentarse en un beneficio identificable y razonablemente previsible. Cualquier método de cargo indirecto debe responder a las características comerciales de cada caso (por ejemplo, el criterio de reparto deberá ser racional en función de las circunstancias), contener cláusulas de salvaguardia contra cualquier manipulación, observar los principios de contabilidad básicos y ser capaz de generar cargos o asignaciones de costes proporcionales a los beneficios obtenidos o razonablemente previstos por el destinatario del servicio.

7.24 En ciertos casos, la naturaleza del servicio prestado puede exigir un método de cargo indirecto. Ejemplo de ello serían los casos en que sólo puede cuantificarse de forma aproximada o estimada la parte del valor de los servicios prestados a las diversas entidades. Este problema puede plantearse, por ejemplo, cuando las actividades de promoción de ventas realizadas a nivel central (con ocasión de exposiciones internacionales, en prensa internacional o por medio de otras campañas publicitarias centralizadas) pueden afectar a la cantidad de bienes producidos o vendidos por un cierto número de sociedades filiales. Otro caso sería cuando un registro y análisis separado de las actividades de prestación de servicios correspondientes a cada beneficiario implique una carga administrativa desproporcionada respecto de las propias actividades. En estos casos, la facturación podría determinarse mediante un reparto entre todos los beneficiarios potenciales de los costes que no pueden imputarse directamente, es decir, que no pueden asignarse de forma específica a los destinatarios efectivos de los distintos servicios. Para cumplir con el principio de plena competencia, el método de asignación elegido debe alcanzar un resultado compatible con lo que empresas independientes comparables hubieran estado dispuestas a aceptar.

7.25 La asignación debe basarse en una medida adecuada de la utilización del servicio que también sea fácil de comprobar, como por ejemplo, el volumen de negocios, el personal contratado o en otro criterio operativo como el número de pedidos tramitados. La idoneidad del método de reparto puede depender de la naturaleza y de la utilización del servicio. Por ejemplo, la utilización o la prestación de servicios de nómina puede estar más relacionado con el número de empleados que con el volumen de negocios, en tanto que la asignación de costes en concepto de iguala por el servicio prioritario de realización de copias de seguridad podría hacerse en proporción al gasto en equipos informáticos de los distintos miembros del grupo.

7.26 Cuando se aplica un método de cargo indirecto, puede difuminarse la relación entre lo facturado y los servicios prestados, complicando el cálculo del beneficio obtenido. De hecho, puede significar que la empresa a la que se factura un servicio no haya establecido relación alguna entre lo facturado y el servicio. Aumenta pues, el riesgo de doble imposición, dado que es más difícil determinar una deducción en concepto de costes incurridos por cuenta de los miembros del grupo si la remuneración no puede identificarse de forma directa, o si el destinatario del servicio no puede deducir los pagos efectuados por su incapacidad de demostrar que se han prestado los servicios.

B.2.2.3. Forma de la remuneración

7.27 La remuneración de los servicios prestados a una empresa asociada puede incluirse en el precio de otras operaciones. Por ejemplo, el precio de la concesión de una licencia de una patente o de conocimientos técnicos, puede incluir un pago en concepto de servicios de asistencia técnica o servicios centralizados realizados al licenciatario, o de asesoramiento de gestión en la comercialización de los bienes producidos al amparo de esa licencia. En estos casos, la administración tributaria y los contribuyentes tendrán que comprobar que no se facture ningún pago adicional en concepto de servicios prestados y que no haya doble deducción.

7.28 En lo que se refiere a los acuerdos para el pago de una iguala por los servicios prestados a demanda (a los que se refieren los apartados 7.16 y 7.17), puede ser necesario examinar las condiciones de utilización efectiva de esos servicios dado que dichos acuerdos pueden prever que no se facture el uso efectivo de esos servicios siempre que su nivel de utilización no sobrepase una cuantía predeterminada.

B.2.3. Cálculo de la contraprestación de plena competencia

7.29 Para determinar el precio de plena competencia de los servicios intragrupo, debe considerarse tanto el punto de vista del proveedor del servicio como el del beneficiario. A estos efectos, los factores relevantes comprenden el valor del servicio para el destinatario y el importe que una empresa independiente comparable hubiera estado dispuesta a pagar por ese servicio en circunstancias comparables, así como los costes para el proveedor del servicio.

7.30 Por ejemplo, desde el punto de vista de una empresa independiente que necesita un servicio, los proveedores del mismo en ese mercado pueden estar dispuestos o no, o ser capaces o no, de ofrecer el servicio al precio que la empresa independiente acepta pagar. Si los proveedores del servicio están en condiciones de prestarlo a un precio que se sitúe dentro del rango de precios aceptables para las empresas independientes, podrá cerrarse el acuerdo. Los elementos que considerará el proveedor de los servicios son el precio por debajo del cual no aceptaría ofrecerlo y su coste, aunque estos factores no determinan necesariamente el resultado en todos los casos.

B.2.3.1. Métodos

7.31 El método que deba emplearse para determinar los precios de plena competencia aplicables a los servicios intragrupo debe elegirse de acuerdo con los principios enunciados en los Capítulos I, II y III. A menudo, la aplicación de estos principios llevará a la utilización del método del precio libre comparable o de un método de coste (método del coste incrementado o método del margen neto operacional basado en el coste) para fijar los precios de los servicios intragrupo. En general, el método del precio libre comparable será el más apropiado cuando exista un servicio comparable prestado entre empresas independientes en el mercado en el que opera el beneficiario del servicio, o cuando una empresa asociada preste servicios a una empresa independiente en circunstancias comparables. Por ejemplo, este podría ser el caso cuando se prestan servicios de contabilidad, auditoría, jurídicos o informáticos, siempre que las operaciones vinculadas y las operaciones independientes sean comparables. Un método basado en el coste sería apropiado en ausencia de un precio libre comparable cuando la naturaleza de las actividades desarrolladas, los activos empleados y los riesgos asumidos son comparables a los de empresas independientes. Como se indica en el Capítulo II, Parte II, al aplicar el método del coste incrementado debe haber consistencia entre las operaciones vinculadas y las no vinculadas para las categorías de costes consideradas. En ciertos casos excepcionales, por ejemplo cuando es difícil aplicar el método del precio libre comparable o un método basado en el coste, podrá aplicarse más de un método (véase el párrafo 2.11) para determinar correctamente el precio de plena competencia.

7.32 Puede ser necesario efectuar un análisis funcional de los distintos miembros del grupo para establecer la relación entre sus actividades y resultados y los servicios en cuestión. Asimismo, tal vez sea necesario considerar no sólo el impacto inmediato de un servicio, sino también sus efectos a largo plazo, teniendo presente que algunos costes nunca generarán realmente los beneficios que cupo esperar razonablemente de ellos en el momento en que se incurrieron. Por ejemplo, los gastos ocasionados por la preparación de una operación de comercialización podrían parecer excesivos a primera vista para ser asumidos por un miembro del grupo, a tenor de sus recursos actuales; para determinar si el importe facturado en ese caso es de plena competencia hay que tener en cuenta los beneficios esperados de la operación y la posibilidad de que el importe y el plazo de la facturación en algunos acuerdos de plena competencia pudieran depender de los resultados de la operación. En estos casos, el contribuyente debería poder demostrar la razonabilidad de los importes facturados a sus asociados.

7.33 Cuando se considera que un método basado en el coste es el más apropiado para las circunstancias del caso, el análisis requerirá el examen de si los costes incurridos por el proveedor de servicios del grupo precisan de algún ajuste que valide la comparación de las operaciones vinculadas y no vinculadas.

7.34 Cuando una empresa asociada interviene únicamente como agente o como intermediario en una prestación de servicios es importante, al aplicar un método basado en el coste, que el rendimiento o el recargo sobre los costes resulte apropiado para el ejercicio de las funciones del agente en lugar de para la propia prestación de los servicios. En ese caso no sería apropiado fijar un precio de plena competencia incrementando un margen sobre los costes de los servicios sino sobre los costes inherentes a la propia función del agente. Por ejemplo, una empresa asociada puede soportar los costes relativos al alquiler de los espacios publicitarios por cuenta de los miembros del grupo, costes que los miembros del grupo habrían soportado directamente si hubieran sido independientes. En ese caso, podrá ser apropiado repercutir esos costes a los destinatarios del grupo sin incremento alguno, reservando el incremento únicamente a los costes incurridos por el intermediario en el ejercicio de sus funciones de agente.

B.2.3.2. Consideraciones sobre la inclusión de un elemento de beneficio

7.35 Dependiendo del método empleado para determinar una remuneración de plena competencia por los servicios intragrupo, puede plantearse si es necesario que el precio facturado permita al proveedor de los servicios obtener beneficios. En una operación de plena competencia, una empresa independiente normalmente trataría de facturar sus servicios de modo que obtuviera beneficios en lugar de prestarlos a precio de coste. Para determinar la remuneración de plena competencia también habrá que tener en cuenta las alternativas económicas disponibles para el destinatario del servicio. Sin embargo, hay circunstancias (como por ejemplo las que se presentan en el estudio de las estrategias de negocio en el Capítulo I) en las que una empresa independiente puede no obtener beneficio sólo por la prestación del servicio, por ejemplo, cuando el proveedor del servicio tiene unos costes (previsibles o reales) que exceden del valor normal de mercado y, a pesar de ello, acepta prestar ese servicio para aumentar su rentabilidad, quizás completando así su gama de actividades. En consecuencia, no es siempre necesario que el precio de plena competencia se traduzca en un beneficio para la empresa asociada que presta un servicio intragrupo.

7.36 Por ejemplo, puede que el valor de mercado de los servicios intragrupo no sea superior al de los costes incurridos por su proveedor. Esto podría ocurrir cuando, por ejemplo, el servicio no constituye una actividad normal o recurrente del proveedor, ofreciéndose ocasionalmente a los miembros del grupo multinacional para su comodidad. Para determinar si los servicios intragrupo generan el mismo valor por el dinero invertido que el que podría obtener una empresa independiente, la comparación de las funciones y los beneficios esperados permitiría juzgar la comparabilidad de las operaciones. Un grupo multinacional podrá decidir la prestación de un servicio intragrupo, en lugar de un servicio externo ofrecido por un tercero, por una amplia variedad de razones, tal vez porque se obtienen otros beneficios intragrupo (para los que podría ser adecuada una remuneración de plena competencia). En ese caso no sería apropiado aumentar el precio del servicio por encima del nivel calculado aplicando el método del precio libre comparable simplemente para permitir a la empresa asociada obtener un beneficio. Este resultado sería contrario al principio de plena competencia. Sin embargo, debe garantizarse que se tienen en cuenta adecuadamente todos los beneficios para el destinatario.

7.37 Si bien, por principio, la administración tributaria y el contribuyente deben esforzarse en establecer el precio de plena competencia correcto, no debe olvidarse que pueden existir razones de orden práctico por las que una administración tributaria pueda estar excepcionalmente dispuesta, en el marco de sus facultades discrecionales, a renunciar al cálculo y a la imposición de un precio de plena competencia para la realización de ciertos servicios, con independencia de que permita a un contribuyente, en las circunstancias adecuadas, proceder a la simple asignación de los costes de prestación de esos servicios. Por ejemplo, un análisis coste-beneficio podría demostrar que la recaudación tributaria adicional que pudiera obtenerse no justifica los costes y las cargas administrativas que ocasionaría la determinación de lo que podría constituir, en ciertos casos, un precio de plena competencia. En esos casos, la facturación de todos los costes relevantes y no de un precio de plena competencia podría ofrecer un resultado satisfactorio para las empresas multinacionales y para las administraciones tributarias. Sin embargo, es poco probable que las administraciones tributarias hagan esta concesión cuando la prestación de un servicio constituye la actividad principal de la empresa asociada, cuando el elemento de beneficio es relativamente significativo o cuando puede aplicarse un método de cargo directo como base para fijar el precio de plena competencia.

C. Algunos ejemplos de servicios intragrupo

7.38 En esta sección se exponen algunos ejemplos de problemas que se plantean en la determinación de precios de transferencia relacionados con la prestación de servicios intragrupo. Los casos citados se indican sólo a título ilustrativo. Al tratar los casos particulares será necesario considerar los hechos y circunstancias reales que permitan juzgar la aplicabilidad de los métodos de determinación de precios de transferencia.

7.39 Un primer ejemplo lo constituyen las actividades de gestión de cobro o factoring, cuando un grupo multinacional decide centralizarlas por razones económicas. Por ejemplo, podría ser prudente centralizar las actividades de gestión de cobro para gestionar mejor los riesgos de liquidez, tipo de cambio y deuda, y para lograr eficiencias administrativas. Un centro de gestión de cobro o factoring que asume esta responsabilidad está realizando servicios intragrupo que debería facturar a un precio de plena competencia. La aplicación del método del precio libre comparable puede ser adecuada en ese caso.

7.40 La contratación de servicios de fabricación o montaje es otro ejemplo de una actividad que puede comportar servicios intragrupo. Las actividades pueden revestir muy diversas formas, entre ellas la que habitualmente se conoce como manufactura por contrato. En algunos casos de manufactura por contrato, el fabricante puede operar con instrucciones muy precisas de su cliente acerca de lo que debe fabricar, en qué cantidades y con qué calidad. En algunos casos, puede que el cliente le proporcione la materia prima o los componentes. El fabricante tiene la garantía de que el cliente le comprará toda la producción, siempre que cumpla con los requisitos de calidad. En ese caso, puede considerarse que el fabricante está realizando un servicio de bajo riesgo a su cliente, y que el método del coste incrementado podría ser el más apropiado, siempre que se respeten los principios del Capítulo II.

7.41 La investigación es otro ejemplo de actividad que puede constituir servicios intragrupo. Los términos de la actividad pueden fijarse en un contrato detallado con la parte que contrata el servicio, normalmente conocido como investigador por contrato. La actividad puede requerir personal altamente cualificado y puede variar considerablemente tanto en naturaleza como en importancia para el éxito del grupo. Los acuerdos concretos pueden revestir formas diversas, que van desde el establecimiento de programas detallados concebidos por el empresario principal, a los acuerdos por los que la sociedad encargada de las investigaciones organiza libremente sus trabajos en el marco de líneas definidas en términos generales. En este último caso, las funciones complementarias, consistentes en la identificación de las áreas de investigación que ofrecen las perspectivas comerciales más interesantes y la evaluación de los riesgos de investigaciones fracasadas, pueden jugar un papel determinante en los resultados del grupo en su conjunto. Por eso, es sumamente importante realizar una análisis funcional pormenorizado y obtener un claro entendimiento de la naturaleza exacta de la investigación y de cómo llevará a cabo las actividades la empresa, antes de considerar cuál sería la metodología más acertada para establecer los precios de transferencia. La consideración de las opciones realmente disponibles para la parte que encarga la investigación también puede resultar útil para elegir el método de precios de transferencia más adecuado. Véase la Sección B.2 del Capítulo VI.

7.42 Otro ejemplo de servicios intragrupo es la gestión de licencias. A estos efectos habría que distinguir entre la administración y protección de los derechos concernientes a los activos intangibles de la explotación de esos derechos. El control de una licencia podría confiarse a un centro de servicios responsable del seguimiento de los posibles incumplimientos respecto a la licencia y de la ejecución de los derechos de esa licencia.

D. Servicios intragrupo de bajo valor añadido

7.43 En esta sección se recogen pautas específicas en relación con la categoría concreta de servicios intragrupo que constituyen servicios intragrupo de bajo valor añadido. En la Sección D.1 se define qué es un servicio intragrupo de bajo valor añadido. En la Sección D.2 se establece un enfoque simplificado optativo para la determinación de la remuneración de plena competencia para los servicios intragrupo de bajo valor añadido, incluida una prueba simplificada del beneficio. En la Sección D.3 se incluyen pautas sobre los requisitos de documentación e información que debería cumplir un grupo multinacional que decidiera aplicar este enfoque simplificado. Por último, en la Sección D.4 se abordan algunas cuestiones relacionadas con la imposición de retenciones a los cargos por servicios intragrupo de bajo valor añadido. En resumen, el enfoque simplificado reconoce que el precio de plena competencia de dichos servicios guarda una estrecha relación con los costes, asigna los gastos incurridos en la prestación de cada categoría de esos servicios a las empresas del grupo que se benefician y hacen uso de los mismos y, por último, aplica el mismo margen de beneficio a todas las categorías de servicios. Los grupos multinacionales que decidan no adoptar el enfoque simplificado descrito en esta sección deberán aplicar las disposiciones de las Secciones A y B anteriores a las cuestiones de precios de transferencia relativas a los servicios intragrupo de bajo valor añadido.

D.1. Definición de serviciso intragrupo de bajo valor añadido

7.44 En esta sección se comentan todos los aspectos referentes a la definición de los servicios intragrupo de bajo valor añadido para la aplicación del enfoque simplificado optativo que se comenta en la Sección D.2. Comienza indicando las características que deben tener los servicios intragrupo de bajo valor añadido para poder optar a la aplicación del enfoque simplificado optativo. A continuación identifica una serie de actividades que no reúnen los requisitos para ser consideradas servicios intragrupo de bajo valor añadido a efectos del enfoque simplificado optativo. Por último, contiene una lista de ejemplos de servicios que probablemente tendrían las características necesarias para ser considerados servicios intragrupo de bajo valor añadido a efectos de la aplicación del enfoque simplificado.

7.45 Los servicios intragrupo de bajo valor añadido a efectos del enfoque simplificado son aquellos que prestan uno o varios miembros de un grupo multinacional por cuenta de otros miembros del grupo, que:

- tienen un carácter auxiliar o de apoyo,
- no constituyen la actividad principal del grupo multinacional (es decir, no representan actividades que generan beneficios ni contribuyen a las actividades con importancia económica del grupo multinacional),
- no requieren del uso de intangibles únicos y valiosos, ni conducen a la creación de intangibles únicos y valiosos, y
- no conllevan la asunción o el control de un nivel alto o significativo de riesgo, ni generan un nivel de riesgo significativo para el proveedor del servicio.

7.46 Las pautas recogidas en esta sección no son aplicables a los servicios que generalmente se considerarían servicios intragrupo de bajo valor añadido cuando dichos servicios se presten a clientes independientes o no vinculados con los miembros del grupo multinacional. En tales supuestos, cabe esperar que existan comparables internos fiables que puedan utilizarse para determinar el precio de plena competencia de los servicios intragrupo.

7.47 Las siguientes actividades no recaerían dentro del ámbito de aplicación del enfoque simplificado descrito en esta sección:

- servicios que constituyen la actividad principal del grupo multinacional,
- servicios de investigación y desarrollo (incluido el desarrollo de programas informáticos, salvo que se incluyan en el ámbito de los servicios de tecnología de la información descritos en el punto 7.49),
- servicios de fabricación y producción,
- actividades de compra relacionadas con materias primas u otros materiales que se utilicen en el proceso de fabricación o producción,
- actividades de venta, distribución y comercialización,
- transacciones financieras,
- extracción, exploración o transformación de recursos naturales,
- seguros y reaseguros, o
- servicios de alta dirección de empresas (distintos de la supervisión por parte de la dirección de servicios que se consideren servicios intragrupo de bajo valor añadido según la definición del párrafo 7.45).

7.48 El hecho de que una actividad no reúna los requisitos para poder optar al enfoque simplificado, según se define en el párrafo 7.45, no debería interpretarse como si esa actividad generara un alto rendimiento. Es posible que la actividad siga aportando un bajo valor, por lo que su remuneración de plena competencia, si la hubiera, debería determinarse de conformidad con las pautas que se enuncian en los párrafos 7.1 a 7.42.

7.49 Las siguientes actividades constituyen ejemplos de servicios que probablemente responderían a la definición de servicios intragrupo de bajo valor añadido, propuesta en el párrafo 7.45:

- servicios de contabilidad y auditoría, como por ejemplo: recopilación y revisión de la información para su utilización en los estados financieros, llevanza de libros contables, formulación de cuentas anuales, preparación o asistencia en auditorías operativas y financieras, comprobación de la autenticidad y fiabilidad de los registros contables, y asistencia en la preparación de presupuestos mediante la recopilación de datos y la obtención de información;
- servicios de procesamiento y gestión de cuentas por cobrar/pagar, como por ejemplo: recopilación de la información de facturación del cliente/usuario, y comprobación y procesamiento del control de crédito;
- actividades de recursos humanos, tales como:
  - selección y gestión de personal, como por ejemplo: procesos de contratación, asistencia en la evaluación de candidatos, selección y nombramiento de personal, proceso de incorporación de personal, evaluación de rendimiento y asistencia

en la definición de planes de desarrollo profesional y en la gestión de despidos, asistencia en programas para el personal despedido;

- formación y capacitación del personal, como por ejemplo: evaluación de las necesidades formativas, creación de programas internos de capacitación y desarrollo, creación de programas de desarrollo de capacidades de gestión y desarrollo profesional;
- servicios salariales, como por ejemplo: asistencia y establecimiento de políticas de retribución y prestaciones para empleados (incluida la asistencia sanitaria, los seguros de vida, las opciones de compra de acciones y los planes de pensiones); control de asistencia y cumplimiento del horario laboral; y servicios de pago de nóminas (incluida la tramitación de impuestos y el cumplimiento de las demás obligaciones tributarias);
- desarrollo y supervisión de protocolos de salud y prevención de riesgos laborales y ambientales, así como también de las normas de seguridad e higiene en el puesto de trabajo;

- supervisión y recopilación de datos en materia de salud y prevención de riesgos laborales, ambientales, seguridad e higiene en el puesto de trabajo y normas de regulación de la actividad empresarial;
- servicios de tecnología de la información, cuando no constituyan la actividad principal del grupo, como por ejemplo: instalación, mantenimiento y actualización de los sistemas de tecnología de la información utilizados en la actividad empresarial; soporte para el sistema de información (pudiendo incluir los sistemas de información usados en contabilidad, producción, relaciones con el cliente, recursos humanos, pago de nóminas y sistema de correo electrónico); cursos de formación para el uso de aplicaciones de los sistemas de información y del equipamiento asociado utilizado para recabar, procesar y aportar datos; desarrollo de guías para el usuario sobre la tecnología de la información; suministro de servicios de telecomunicaciones; organización de servicios de asistencia técnica; habilitación y mantenimiento de sistemas de seguridad para la tecnología de la información; mantenimiento y supervisión de redes informáticas (red de área local, red de área extendida e Internet);
- apoyo a las comunicaciones internas y externas y a las relaciones con el público (a excepción de actividades de publicidad o mercadotecnia específicas, además del desarrollo de estrategias conexas);
- servicios jurídicos, como por ejemplo: servicios de asesoría jurídica general y consultoría jurídica interna, tales como la asistencia en la redacción y revisión de contratos, acuerdos y otros documentos jurídicos; dictámenes jurídicos y opinión profesional; representación legal de la compañía (contenciosos judiciales, comisiones de arbitraje y procedimientos administrativos); investigaciones y estudios legales, y tareas jurídicas y administrativas para el registro y la protección de la propiedad intangible;
- actividades inherentes al cumplimiento de las obligaciones tributarias, como por ejemplo: recopilación de información y preparación de declaraciones de impuestos (impuesto sobre la renta, impuestos sobre las ventas, impuesto sobre el valor añadido, impuesto sobre el patrimonio, aduanas e impuestos especiales); pago de impuestos; contestación a requerimientos por parte de administraciones tributarias, y asesoramiento fiscal; y
- servicios generales de carácter administrativo.

7.50 Los siguientes ejemplos ilustran un aspecto importante de la definición de servicios de bajo valor añadido, concretamente, el hecho de que no deben incluir servicios que constituyan la actividad principal del grupo multinacional. Los servicios que en apariencia revisten una naturaleza análoga (en el ejemplo que se ofrece, un análisis de riesgo de crédito) pueden constituir o no servicios intragrupo de bajo valor añadido, dependiendo de las circunstancias y el contexto específicos. Los ejemplos también ilustran el hecho de que los servicios pueden no reunir los requisitos para ser considerados servicios intragrupo de bajo valor añadido porque, en su contexto específico, generan un riesgo significativo o intangibles únicos o valiosos.

a) La empresa A, ubicada en el país A, es un fabricante y distribuidor mayorista de calzado en la región noroccidental. Su filial totalmente participada, la empresa B que se encuentra situada en el país B, es distribuidora mayorista en la región sudoriental del calzado fabricado por A. Como parte de sus operaciones, la empresa A efectúa habitualmente un análisis de riesgo de crédito de sus clientes basándose en los informes que adquiere de una agencia que elabora informes crediticios. A su vez, la empresa A efectúa, por cuenta de la empresa B, el mismo tipo de análisis de riesgo de crédito de los clientes de la empresa B, empleando los mismos enfoques y métodos para ello. En virtud de los hechos y circunstancias del caso, se puede concluir razonablemente que el servicio que la empresa A presta a la empresa B constituye un servicio intragrupo de bajo valor añadido.

b) La empresa X es una filial de un grupo financiero de inversión con presencia mundial. La empresa X efectúa un análisis de riesgo de crédito de potenciales contrapartes en relación con operaciones que llevan asociados contratos de derivados financieros y elabora informes crediticios para dicho grupo financiero. El grupo utiliza precisamente esos informes elaborados por la empresa X para determinar los precios de los derivados financieros para los clientes del grupo. El personal de la empresa X ha desarrollado conocimientos especializados y hace uso de toda una serie de modelos, algoritmos y software dedicados al análisis de riesgo de crédito que han sido creados internamente. Teniendo en cuenta los hechos y circunstancias del caso que nos ocupa, no se puede concluir que el servicio prestado por la empresa X al grupo financiero de inversión con presencia mundial constituye un servicio intragrupo de bajo valor añadido.

7.51 La definición de servicios intragrupo de bajo valor añadido alude al carácter auxiliar o de apoyo de dichos servicios, que no constituyen en ningún caso la actividad principal del grupo multinacional. La prestación de servicios intragrupo de bajo valor añadido puede, de hecho, representar el negocio principal de la persona jurídica proveedora del servicio, como puede ser un centro de servicios compartidos, siempre que esos servicios no guarden relación alguna con la actividad principal del grupo. A modo de ejemplo, tomemos el caso de una multinacional dedicada al desarrollo, producción, venta y comercialización de productos lácteos a nivel mundial. El grupo constituye una empresa de servicios compartidos, cuya única actividad consiste en actuar como centro global de apoyo informático. Desde la perspectiva del proveedor del servicio, la prestación del servicio de apoyo informático constituye la actividad principal de la empresa. Sin embargo, desde el punto de vista tanto de los destinatarios del servicio como del grupo multinacional en su conjunto, dicho servicio no constituye una actividad principal, por lo que puede considerarse como un servicio intragrupo de bajo valor añadido.

D.2. Determinación simplificada de la retribución de plena competencia de servicios intragrupo de bajo valor añadido

7.52 La presente subsección describe los elementos de un mecanismo simplificado de facturación para los servicios intragrupo de bajo valor añadido. Este método simplificado parte de la premisa de que todos los costes por servicios intragrupo de bajo valor añadido incurridos en el apoyo al negocio de los miembros del grupo multinacional deben ser asignados a dichos miembros. Entre las ventajas básicas del uso del enfoque simplificado se encuentran: (1) la reducción de los esfuerzos en materia de cumplimiento en lo referente a la prueba de beneficio y la demostración de los cargos de plena competencia, (2) la provisión de una mayor certidumbre para los grupos multinacionales en cuanto a que el precio cargado por las actividades en cuestión será aceptado por las administraciones tributarias que hayan adoptado el enfoque simplificado cuando se hayan cumplido las condiciones para dicho enfoque que se mencionan en el punto 7.45, y (3) el proporcionar a las administraciones tributarias de documentación específica que permita una revisión eficiente de los riesgos de cumplimiento. Un grupo multinacional que decida adoptar este enfoque simplificado lo aplicará en la mayor medida posible y de forma uniforme en el conjunto del grupo en todos los países donde opere.

7.53 En los casos en que la administración tributaria no haya adoptado el enfoque simplificado, pero el grupo multinacional cumpla los requisitos locales en esa jurisdicción, tal circunstancia no impedirá que el grupo multinacional aplique el enfoque simplificado en otras jurisdicciones. Además, no todos los grupos multinacionales están integrados verticalmente y pueden tener subgrupos regionales o divisionales con sus propias estructuras de gestión y apoyo. Así pues, las multinacionales pueden elegir adoptar o no el método simplificado al nivel de una filial sub-tenedora de acciones y aplicarlo uniformemente en todas las filiales de esa sub-tenedora de acciones. Cuando el grupo multinacional elige y aplica el enfoque simplificado, se considera que la remuneración de los servicios intragrupo de bajo valor añadido que es y ha sido determinada de conformidad con las directrices de este subapartado cumplen el principio de plena competencia. Un enfoque alternativo posible para abordar las cuestiones que se comentan en este subapartado sería el uso de acuerdos de reparto de costes (ARC), que se trata en el Capítulo VIII.

D.2.1. Aplicación de la prueba del beneficio a los servicios intragrupo de bajo valor añadido

7.54 Como se comenta en el párrafo 7.6, a tenor del principio de plena competencia, sólo surge la obligación de pagar por un servicio intragrupo cuando se cumple la prueba del beneficio, es decir, la actividad debe aportar al miembro del grupo a quien se quiere cobrar el servicio un valor económico o comercial que mejore o mantenga su posición comercial, lo que a su vez viene determinado por la evaluación de si una empresa independiente en circunstancias comparables hubiera estado dispuesta a pagar por la actividad realizada en su nombre por un tercero o la hubiera realizado ella misma internamente. No obstante, dada la naturaleza de los servicios intragrupo de bajo valor añadido que se mencionan en esta sección, estas determinaciones pueden resultar difíciles o requerir un esfuerzo mayor que lo que garantiza la suma del cargo. Así pues, las administraciones tributarias por lo general deberían abstenerse de revisar o impugnar las pruebas del beneficio cuando se haya aplicado el enfoque simplificado en las condiciones y circunstancias descritas anteriormente en esta sección y, en particular, de conformidad con la documentación e información citadas en la Sección D.3 más adelante.

7.55 Aunque los servicios intragrupo de bajo valor añadido pueden suponer un beneficio para todos sus beneficiarios, pueden surgir dudas en cuanto al alcance de esos beneficios y si empresas independientes hubieran estado dispuestas a pagar por el servicio o lo hubieran realizado ellas mismas. Cuando el grupo multinacional ha seguido las pautas facilitadas para el enfoque simplificado relativas a la documentación e información que se recogen en la Sección D.3 más adelante, debería aportar evidencias suficientes que demostraran que se ha cumplido la prueba del beneficio, dado que se trata de servicios intragrupo de bajo valor añadido. Al evaluar la prueba del beneficio, las administraciones tributarias sólo deberían considerar las categorías de servicio en lugar de fijarse en los cargos específicos. Así, el contribuyente sólo tendrá que demostrar que se ha prestado asistencia, por ejemplo, en la tramitación de nóminas, en lugar de verse obligado a especificar las acciones concretas llevadas a cabo que han dado lugar a los costes facturados. Siempre que se facilite a la administración tributaria la información indicada en el párrafo 7.64, debería bastar con una única factura anual donde se describa la categoría de los servicios para justificar el cargo, lo que suprimiría la necesidad de presentar correspondencia u otro medio de justificación de cada actuación. Con respecto a los servicios intragrupo de bajo valor añadido que sólo benefician a una entidad perceptora dentro del grupo multinacional, se espera que los beneficios para ese beneficiario del servicio puedan demostrarse por separado.

D.2.2. Determinación de la base de costes colectivos

7.56 El primer paso para aplicar el enfoque simplificado a los servicios intragrupo de bajo valor añadido es el cálculo, con carácter anual, por parte del grupo multinacional de la totalidad de los costes incurridos por todos los miembros del grupo en la prestación de servicios intragrupo de bajo valor añadido. Los costes que se agregarán serán los costes directos e indirectos de la prestación de los servicios, así como, cuando proceda, la parte correspondiente de los gastos operativos (por ejemplo, los gastos de supervisión, generales y administrativos). Los costes deberán agruparse en función de la categoría de los servicios, identificando los centros contables de costes utilizados para agregar los gastos. A efectos de la aplicación del párrafo 7.61, habrá que identificar los costes repercutidos sin ninguna parte de beneficio que se hayan agregado a los gastos colectivos. La base de costes colectivos debe excluir los costes atribuibles a una actividad interna que beneficia únicamente a la entidad prestataria (incluidas las actividades de accionista ejecutadas por la sociedad tenedora de acciones).

7.57 El segundo paso consiste en que el contribuyente identifique y elimin de la partida de gastos colectivos aquellos costes imputables a los servicios prestados por un miembro del grupo únicamente en nombre de otro de los miembros del grupo. En lo que respecta a la conformación de la rúbrica de costes en concepto de pago de nóminas, cuando, por ejemplo, la empresa A del grupo preste exclusivamente servicios de pago de nóminas a la empresa B del grupo, habrá que individualizar los costes relevantes y omitirlos de la mencionada rúbrica. Por el contrario, si la empresa A del grupo ejecuta los servicios de pago de nóminas para sí misma y por cuenta de la empresa B, los costes afectos a dicho servicio se considerarán gastos colectivos.

7.58 Llegados a esta fase del cálculo, el contribuyente ha debido identificar y aislar la totalidad de los gastos asociados a categorías de servicios de bajo valor añadido que tienen por destinatarios a varios miembros del grupo multinacional.

D.2.3. Asignación y reparto de los costes de los servicios intragrupo de bajo valor añadido

7.59 El tercer paso de este método de facturación simplificada de los servicios intragrupo de bajo valor añadido es proceder a asignar los costes considerados gastos colectivos entre los distintos miembros del grupo beneficiarios del servicio. El contribuyente seleccionará uno o varios criterios de asignación aplicables a estos efectos en virtud de las siguientes consideraciones. El criterio o criterios de asignación y reparto han de tener en cuenta la naturaleza del servicio y han de aplicarse de forma uniforme a toda asignación y reparto de costes referente a la misma categoría de servicios. Con arreglo a las pautas que se exponen en el párrafo 7.25, los criterios de asignación y reparto seleccionados para los costes de cada categoría relevante de servicios deben reflejar de manera razonable el nivel de beneficio que se espera que proporcione a cada destinatario de cada servicio en concreto. Por regla general, dichos criterios de asignación y reparto deben reflejar la necesidad existente para cada servicio en cuestión. A modo de ejemplo, en caso de los servicios de recursos humanos, el criterio de asignación y reparto podría basarse en el número de empleados de cada empresa del grupo; en caso de servicios de tecnología de la información, se podría utilizar su parte proporcional del total de usuarios; en caso de servicios de gestión de flota, se podría utilizar su parte proporcional del total de vehículos; en el caso de servicios de contabilidad, se podría utilizar su parte proporcional del total de operaciones relevantes o su parte proporcional del total de activos. En muchos casos, la parte proporcional de la cifra total de ventas o volumen de negocio puede ser un criterio relevante.

7.60 Los ejemplos de criterio de asignación y reparto expuestos en el párrafo precedente no constituyen un listado exhaustivo. En función de los hechos y circunstancias, se puede emplear criterios de asignación y reparto más sofisticados. No obstante, debe darse un equilibrio entre el grado de sofisticación teórica y de aplicación práctica, sin perder de vista que los costes incurridos no generen un alto valor añadido al grupo. En este contexto, puede no ser necesario aplicar múltiples criterios de reparto siempre que el contribuyente pueda explicar las razones que le llevan a concluir que un único criterio refleja de manera fiable los beneficios respectivos. Por motivos de uniformidad, deberá emplearse el mismo criterio o criterios de reparto para atribuir entre los beneficiarios del grupo los costes del mismo tipo de servicios intragrupo de bajo valor añadido, debiendo utilizarse el mismo criterio racional año tras año, a menos que exista una razón justificada para el cambio. De igual modo, las administraciones tributarias y los contribuyentes deben tener en cuenta que la modificación de un criterio de asignación y reparto racional puede entrañar complicaciones nada desdeñables. Se espera que el contribuyente documente y justifique (véase el párrafo 7.64 más adelante) las razones por las que considera que el criterio de asignación y reparto escogido arroja resultados que reflejan de manera razonable los beneficios que es probable que se deriven para cada destinatario del servicio.

D.2.4. Margen de beneficio

7.61 Para determinar el precio de mercado de los servicios intragrupo de bajo valor añadido, el proveedor de servicios a la multinacional deberá aplicar un margen de beneficio o incremento sobre todos los costes colectivos, a excepción de aquellos que se repercutan de acuerdo con los párrafos 2.93 y 7.34. Se aplicará el mismo margen a todos los servicios de bajo valor añadido, independientemente de la categoría del servicio. Por lo general, el margen aplicado por el contribuyente será del 5% de los costes determinados de acuerdo con la Sección D.2.2. El margen de beneficio a tenor del enfoque simplificado no tiene que justificarse con un estudio de referencias existentes en el mercado. Podrá aplicarse el mismo margen a los servicios intragrupo de bajo valor añadido realizados por un miembro del grupo únicamente en nombre de otro, cuyos costes se identifiquen por separado de acuerdo con las pautas establecidas en el párrafo 7.57. Cabe señalar que los márgenes de beneficio en estos servicios intragrupo de bajo valor añadido no deben emplearse, sin la debida justificación y análisis, como referencia para la fijación del precio de plena competencia de servicios que no se engloban bajo la definición de servicios intragrupo de bajo valor añadido, o servicios análogos no sometidos al método de facturación simplificada opcional.

D.2.5. Facturación de servicios de bajo valor añadido

7.62 Sin perjuicio de lo dispuesto en el párrafo 7.55, el importe de los servicios facturados a cualquier miembro del grupo multinacional será el resultado de la suma de (i) los costes incurridos por otro miembro del grupo en la prestación de servicios específicamente al miembro de acuerdo con el segundo paso, según se detalla en el párrafo 7.57, más el margen de beneficio seleccionado, y de (ii) la parte correspondiente de los gastos colectivos asignada al miembro de acuerdo con el tercer paso descrito en el párrafo 7.59, utilizando el criterio de asignación y el margen de beneficio seleccionados. Dicho importe deberá abonarse al miembro del grupo que haya incurrido en los costes y, cuando sean varios los miembros del grupo que incurriesen en dichos gastos, en proporción a la participación de cada miembro en los gastos colectivos.

D.2.6. Umbral para la aplicación del enfoque simplificado

7.63 Las administraciones tributarias que adopten el enfoque simplificado a los servicios intragrupo de bajo valor añadido que se describe en esta sección podrán incluir un umbral adecuado a partir del cual revisar los casos de aplicación de dicho enfoque. Este umbral podría basarse, por ejemplo, en ratios financieros fijos de la parte receptora (como una parte proporcional de los costes de los servicios intragrupo con respecto a los costes totales o la cifra de negocio o el beneficio antes de la facturación de los servicio intragrupo) o determinarse haciendo referencia a un ratio del coste total de servicios con respecto a la cifra de negocio del grupo multinacional o algún otro parámetro adecuado. Cuando se adopte este tipo de enfoque, la administración tributaria no estaría obligada a aceptar el enfoque simplificado si el nivel de honorarios por servicios intragrupo de bajo nivel supera el umbral y podría requerir un análisis funcional y de comparabilidad completo que incluyera la aplicación de la prueba del beneficio a determinados cargos por servicio.

D.3. Documentación e información

7.64 Todo grupo multinacional que opte por aplicar este método simplificado deberá preparar la siguiente información y documentación, debiendo aportarla a petición de la administración tributaria de cualquier entidad del grupo que efectúe o perciba pagos en concepto de servicios intragrupo de bajo valor añadido:

- Una descripción de las categorías de los servicios intragrupo de bajo valor añadido prestados; la identidad de los beneficiarios; las razones que acrediten que cada categoría de servicios representa servicios intragrupo de bajo valor añadido con arreglo a la definición de los mismos que figura en la Sección D.1; la justificación de la prestación de servicios en el contexto del negocio de la multinacional; una descripción de los beneficios reales o susceptibles de obtenerse de cada categoría de servicios; una exposición de los criterios de asignación y reparto elegidos y los motivos por los que dichos criterios arrojan resultados que reflejan razonablemente los beneficios obtenidos, y la confirmación del margen de beneficio aplicado;

- Los acuerdos o contratos por escrito de prestación de servicios y cualquier modificación a los acuerdos o contratos en los que se plasme la voluntad de los distintos miembros del grupo de someterse a los métodos de asignación presentes en este apartado. Estos acuerdos o contratos por escrito pueden revestir la forma de un documento contemporáneo donde se identifiquen a las entidades involucradas, la naturaleza de los servicios, y los términos y condiciones en los que se prestarán los servicios;
- La documentación y los cálculos en base a los que se fijan la base de costes colectivos conforme a lo descrito en la Sección D.2.2, y el margen de beneficio aplicado a los mismos, en particular un listado exhaustivo de todas las categorías y cuantías de los costes correspondientes, incluidos los costes de los servicios prestados únicamente a un miembro del grupo;
- Los cómputos que muestren la aplicación de los criterios de asignación y reparto especificados.

D.4. Imposición de retenciones a los cargos por servicios intragrupo de bajo valor añadido

7.65 La imposición de retenciones a la prestación de servicios intragrupo de bajo valor añadido puede impedir que el proveedor del servicio recupere la totalidad de los costes incurridos en la prestación de servicios. Cuando se incluye un elemento de beneficio o margen en el cargo por los servicios, se anima a las administraciones tributarias que impongan retenciones a aplicarlas sólo al importe de dicho elemento de beneficio o margen.

ACUERDOS DE REPARTO DE COSTES

Revisiones al Capítulo VIII de las Directrices sobre precios de transferencia

Resumen

Los acuerdos de reparto de costes ("ARC") son acuerdos contractuales especiales entre empresas para compartir las contribuciones y los riesgos inherentes al desarrollo, producción u obtención conjuntos de servicios o activos tangibles o intangibles, entendiéndose que se espera que dichos servicios o activos tangibles o intangibles produzcan beneficios para los negocios de cada uno de los participantes. Si no se valoran adecuadamente las aportaciones al ARC y los beneficios derivados del mismo, se pueden trasladar los beneficios de la ubicación donde se crea el valor por medio de las actividades económicas llevadas a cabo.

En la Acción 8 del Plan de Acción BEPS se trata la determinación del precio de transferencia de los intangibles y se llama al desarrollo de normas para impedir la erosión de la base imponible y el traslado de beneficios mediante el traspaso de intangibles entre miembros de un grupo empresarial sin que medie una remuneración de plena competencia, así como a una actualización de las directrices en materia de acuerdos de reparto de costes. Las directrices recogidas en este capítulo abordan esa última parte de la Acción 8 y sustituirán a las directrices que actualmente se recogen en el Capítulo VIII de las Directrices sobre precios de transferencia.

Este capítulo del Informe presenta pautas generales para determinar si las condiciones que establecen las empresas asociadas en las operaciones amparadas por un ARC se atienen al principio de plena competencia. Para ello, las pautas que se incluyen en este capítulo tratan algunas de las oportunidades para erosionar la base imponible y trasladar beneficios consecuencia del uso de ARC.

Las partes que operan a tenor de acuerdos con características económicas similares deberían recibir rendimientos previstos similares, con independencia de que los acuerdos contractuales de cada caso en particular merezcan o no el calificativo de ARC. Las pautas aseguran que no se utilicen los ARC para sortear las nuevas pautas para la aplicación del principio de plena competencia en relación con operaciones que conllevan la asunción de riesgos, ni las referidas a los intangibles. El análisis de los ARC se atiene al marco establecido en esas directrices con el fin de:

- Asegurar la aplicabilidad del mismo marco analítico para definir la operación real, incluida la asignación del riesgo, a los ARC así como a otros tipos de acuerdos contractuales.

- Asegurar la aplicabilidad de las mismas pautas de valoración y determinación del precio de los intangibles, incluidos los intangibles de difícil valoración, a los ARC así como a otros tipos de acuerdos contractuales.
- Asegurar que el análisis de los ARC se basa en los acuerdos efectivamente alcanzados por las empresas asociadas y no en unos términos contractuales que no reflejan la realidad económica.
- Asegurar que una empresa asociada sólo puede participar en un ARC si hay una expectativa razonable de que se beneficie de los objetivos de la actividad del ARC y ejerce el control de los riesgos específicos que asume en virtud del mismo y tiene la capacidad financiera para asumirlos.
- Asegurar que las aportaciones realizadas a un ARC, con especial hincapié en intangibles, no se valoren al coste cuando es poco probable disponer de una base fiable para determinar el valor de las aportaciones relativas de cada uno de los participantes, dado que esto puede conducir a resultados inconsistentes con el principio de plena competencia.

En resumen, las directrices garantizan que los ARC se analicen adecuadamente y que arrojen resultados que sean consistentes con la forma y el lugar donde se ha creado el valor.

Las disposiciones actuales del Capítulo VIII de las Directrices sobre precios de transferencia se suprimen en su totalidad y se sustituyen por el siguiente texto.

A. Introducción

8.1 El presente capítulo tiene por objeto los acuerdos de reparto de costes (ARC) entre dos o más empresas asociadas. La finalidad de este capítulo consiste en aportar pautas generales para determinar si las condiciones que establecen las empresas asociadas en las operaciones amparadas por un ARC se atienen al principio de plena competencia. El análisis de la estructura de tales acuerdos deberá inspirarse en las disposiciones de este capítulo y en otras disposiciones de estas Directrices, basándose en una adecuada documentación del acuerdo.

8.2 La sección B ofrece una definición y visión general del concepto de ARC, y la sección C proporciona orientaciones acerca de la aplicación del principio de plena competencia a los ARC. La sección C contiene orientaciones sobre la forma de medir las contribuciones a un ARC, la posible necesidad de pagos compensatorios (esto es, pagos entre los participantes a fin de ajustar sus cuotas proporcionales en las contribuciones), e indicaciones en torno a la forma en que las contribuciones y los pagos compensatorios deben ser tratados a efectos fiscales. Trata también de la identificación de los participantes en el ARC y de los problemas referentes a la incorporación o salida de participantes, así como la terminación del ARC. Por último, la sección D expone sugerencias para la estructuración y documentación de ARC.

B. Concepto de ARC

B.1. Aspectos generales

8.3 Un ARC es un acuerdo contractual entre empresas para compartir las contribuciones y los riesgos inherentes al desarrollo, producción u obtención conjuntos de servicios o activos tangibles o intangibles, entendiéndose que se espera que dichos servicios o activos tangibles o intangibles produzcan beneficios para los negocios de cada uno de los participantes. Un ARC es un acuerdo contractual y no necesariamente una entidad jurídica independiente ni un lugar fijo de negocios de todos los participantes. Un ARC no exige que los participantes combinen sus actividades, por ejemplo, para explotar juntos cualquier intangible resultante o repartirse los ingresos o beneficios. Por el contrario, los participantes de un ARC podrán explotar su participación en los resultados del ARC a través de su negocio individual. Los problemas de precios de transferencia se centran en las relaciones comerciales o financieras entre los participantes y las aportaciones realizadas por cada uno de ellos que crean las oportunidades para alcanzar esos resultados.

8.4 Como se indica en la Sección D.1 del Capítulo I, la definición de la operación realmente llevada a cabo es la primera fase de cualquier análisis de precios de transferencia. El acuerdo contractual constituye el punto de partida para la definición de la operación real. En este sentido, no existe diferencia a efectos de un análisis de precios de transferencia entre un ARC y otro tipo de acuerdo contractual cuando coincide la división de responsabilidades, riesgos y resultados previstos determinada por el análisis funcional de la operación. Las directrices para la identificación del resto de atributos económicos fundamentales son aplicables por igual a un ARC que a cualquier otro tipo de acuerdo contractual, incluida la evaluación de si las partes que contractualmente asumen los riesgos efectivamente los asumen atendiendo al marco de análisis de riesgos que se define en el párrafo 1.60 de estas Directrices. Como consecuencia, las partes que operan a tenor de acuerdos con características económicas similares debería recibir rendimientos esperados similares, con independencia de que los acuerdos contractuales de cada caso en particular merezcan o no el calificativo de ARC. Sin embargo, existen características específicas de los ARC que merecen una consideración especial.

8.5 Una característica clave de un ARC es el reparto de las aportaciones. Con arreglo al principio de plena competencia, en el momento de su firma, la cuota proporcional de cada participante en las contribuciones globales que se efectúen a un ARC ha de estar en consonancia con su cuota proporcional en los beneficios globales que se espera recibir en virtud del acuerdo. Además, en el caso de ARC que conlleven el desarrollo, producción u obtención de activos tangibles o intangibles, cada participante pasa a ser titular efectivo de un derecho en los activos intangibles o tangibles resultantes de las actividades del ARC, u obtiene el derecho a explotar tales activos. En el caso de ARC de servicios, cada participante está legitimado contractualmente a recibir servicios como consecuencia de la ejecución del ARC. En ambos casos, los participantes pueden explotar sus participaciones, derechos o intereses sin necesidad de dar ninguna otra contraprestación (a excepción de la aportación y los pagos compensatorios que se describen en las secciones C.4 y C.5, respectivamente) a ninguna otra parte por este concepto.

8.6 Algunos de los beneficios de las actividades del ARC pueden determinarse por anticipado, mientras que otros serán inciertos. Algunos tipos de actividades del ARC generarán beneficios inmediatos, mientras que otros requerirán un plazo más prolongado o cabe que no se materialicen. No obstante, en un ARC cada participante siempre espera un beneficio por su aportación, incluidos los consiguientes derechos de que el ARC sea administrado adecuadamente. El derecho de cada uno de los participantes sobre los resultados de las actividades del ARC deberá establecerse desde un principio, aun cuando ese derecho esté interrelacionado con los de otros participantes, por ejemplo porque la propiedad legal de los activos tangibles o intangibles que se desarrollen corresponda a uno solo de los participantes, aun teniendo todos ellos determinados derechos de uso o explotación de dichos activos en virtud de lo estipulado en los acuerdos contractuales (por ejemplo, la licencia perpetua y sin regalías para el territorio en el que opera cada uno de los participantes).

8.7 En algunos casos, los ARC pueden suponer una simplificación útil de múltiples operaciones (teniendo en cuenta que las consecuencias fiscales de las operaciones se determinan con arreglo a la legislación local aplicable). En caso de que las empresas asociadas realicen actividades para otros miembros del grupo y se beneficien simultáneamente de las actividades ejercidas por otros miembros del grupo, mediante un ARC es posible sustituir un entramado de pagos independientes intragrupo en condiciones de plena competencia por un sistema más sencillo de compensación de pagos, basado en las contribuciones y beneficios agregados correspondientes a todas las actividades objeto del ARC (véanse también los párrafos 3.9 a 3.17 de estas Directrices). Un ARC relativo a la contribución al desarrollo de intangibles puede eliminar la necesidad de celebrar complejos acuerdos de concesión recíproca y cruzada de licencias, con la consiguiente asignación de riesgos, y sustituirlos por un reparto más racionalizado de contribuciones y riesgos, de forma que la propiedad efectiva de los intangibles resultantes se comparta con arreglo a lo dispuesto en el ARC. Sin embargo, la racionalización organizativa que puede derivarse de la adopción de un ARC no afecta a la adecuada valoración de las contribuciones independientes de las partes.

8.8 A modo ilustrativo de un ARC, tomese el ejemplo de ungrupo multinacional que fabrica productos por medio de tres empresas que explotan cada una fábrica y tienen sus propios equipos de I+D dedicados a varios proyectos para mejorar los procesos de producción. Esas tres empresas suscriben un ARC cuyo objetivo es generar mejoras en los procesos de producción y, como consecuencia, concentran sus conocimientos especializados y comparten los riesgos. Como el ARC otorga a cada participante derechos sobre los resultados de los proyectos, el ARC sustituye a los acuerdos de licencias recíprocas y cruzadas que puedan haberse suscrito a falta de un ARC y si las empresas hubieran desarrollado individualmente determinados intangibles y se hubieran otorgado derechos entre ellas.

B.2. Relación con otros capítulos

8.9 Como se indica en el párrafo 8.4, no hay diferencia entre el marco analítico para el análisis de los precios de transferencia de un ARC en comparación con el análisis de otros tipos de relaciones contractuales. Las pautas recogidas en la Sección D del Capítulo I son relevantes para el análisis de todas las operaciones entre empresas asociadas, y se aplican a la identificación de las características económicamente relevantes de las relaciones comerciales o financieras entre las partes según vienen expresadas en el ARC. Los términos contractuales del ARC establecen el punto de partida para la definición de la operación entre las partes y del modo en que se pretenden atribuir las responsabilidades, los riesgos y los resultados anticipados en el momento de suscribir los acuerdos. No obstante, como se establece en esa pauta, la evidencia del comportamiento de las partes puede esclarecer o complementar aspectos del acuerdo. El marco de análisis del riesgo que se contempla en la Sección D.1.2.1 del Capítulo I es relevante para determinar si las partes asumen riesgos en virtud del ARC, como se comenta en la Sección C.2 de este capítulo, y las consecuencias de aportar fondos sin asumir riesgos o realizar otras funciones. El Capítulo VI proporciona pautas para la determinación de las condiciones de plena competencia en operaciones que conllevan el uso o la transmisión de intangibles. Los párrafos 6.60 a 6.64 ofrecen directrices relevantes para el ejercicio del control sobre el riesgo financiero cuando se utilizan fondos para invertir en proyectos de I+D. Las directrices de las Secciones D.3 y D.4 del Capítulo VI sobre intangibles de difícil valoración también es aplicable a los ARC. En el Capítulo VII se ofrecen pautas acerca de los problemas que se plantean en materia de precios de transferencia para determinar si un miembro de un grupo multinacional ha prestado servicios a otros miembros de ese grupo y, en caso afirmativo, para fijar el precio de plena competencia aplicable a esos servicios intragrupo. El objetivo del presente capítulo es proporcionar pautas suplementarias para el caso de que se agrupen recursos y competencias, y la retribución recibida consista, total o parcialmente, en una expectativa razonable de obtener beneficios recíprocos. Así pues, las disposiciones de los Capítulos VI y VII, así como todos los demás capítulos de estas Directrices, seguirán aplicándose en la medida relevante, por ejemplo para medir el valor de una contribución a un ARC a efectos de la determinación de las cuotas proporcionales de las contribuciones. Se exhorta a las empresas multinacionales que sigan las pautas de este capítulo con el fin de asegurar que sus ARC operan de conformidad con el principio de plena competencia.

B.3. Tipos de ARC

8.10 Son habituales dos tipos de ARC: los establecidos para el desarrollo, mejora, mantenimiento, protección o explotación conjuntos de activos tangibles o intangibles (en adelante, "ARC de desarrollo"), y los que tienen por objeto la prestación de servicios (en adelante, "ARC de servicios"). Aunque cada ARC concreto debe ser examinado a la luz de sus propios hechos y circunstancias, una diferencia fundamental entre estos dos tipos de ARC consiste en que a menudo se espera que los primeros generen beneficios futuros sostenidos para los participantes, mientras que los últimos frecuentemente sólo producirán beneficios inmediatos. Los ARC de desarrollo, sobre todo en lo referente a intangibles, a menudo conllevan importantes riesgos asociados con lo que podrían ser beneficios inciertos y lejanos en el tiempo, mientras los ARC de servicios suelen ofrecer beneficios más ciertos que conllevan menores riesgos. Estas distinciones son útiles porque la creciente complejidad de los ARC de desarrollo podría requerir pautas más pormenorizadas, sobre todo en lo tocante a la valoración de las contribuciones, que los ARC de servicios, como se comenta más adelante. Sin embargo, el análisis de un ARC no debería basarse en distinciones superficiales: en algunos casos, un ARC para la obtención de servicios inmediatos también puede crear o mejorar un intangible que ofrezca beneficios inciertos sostenidos, y algunos intangibles desarrollados a tenor de un ARC pueden proporcionar determinados beneficios a corto plazo relativamente ciertos.

8.11 En virtud de un ARC de desarrollo, cada participante obtiene una participación en los derechos sobre los activos tangibles o intangibles desarrollados. En el caso de los intangibles, con frecuencia se trata de derechos independientes para explotar el intangible en una determinada ubicación geográfica o para una aplicación concreta. Los derechos independientes obtenidos pueden constituir una auténtica propiedad legal, aunque también cabe la posibilidad de que sólo uno de los participantes sea el propietario legal del activo, mientras que los demás tengan un derecho de propiedad efectiva sobre el activo. Cuando un participante tiene un derecho de propiedad efectiva sobre un activo desarrollado al amparo del ARC, no será preciso abonar una regalía u otra contraprestación por usar el activo desarrollado en virtud del derecho que dicho participante ha adquirido en virtud del ARC (sin embargo, es posible que haya que ajustar las contribuciones de un participante si no son proporcionales a sus beneficios esperados; véase la sección C.5).

C. Aplicación del principio de plena competencia

C.1. Aspectos generales

8.12 Para que las condiciones de un ARC satisfagan el principio de plena competencia, el valor de las contribuciones de los participantes debe ser consistente con el que habrían pactado empresas independientes en circunstancias comparables, teniendo en cuenta su cuota proporcional en los beneficios totales anticipados que razonablemente esperan obtener en virtud del acuerdo. La diferencia entre una aportación a un ARC y cualquier otra transmisión intragrupo ordinaria de bienes o servicios estriba en que la totalidad o parte de la retribución pretendida por los participantes es el beneficio esperado mutuo y proporcional, que procede de la agrupación de recursos y habilidades. Además, particularmente en el caso de ARC de desarrollo, los participantes aceptan compartir las consecuencias positivas y negativas de los riesgos inherentes a la consecución de los resultados previstos del ARC. Por consiguiente, existe una distinción entre, digamos, la concesión bajo licencia intragrupo de un intangible en la que el licenciante ha asumido el riesgo de desarrollo por su cuenta y espera una remuneración a través de las tasas de licencia que recibirá una vez se haya terminado de desarrollar el intangible, y un ARC de desarrollo en el que todas las partes realizan contribuciones y participan en las consecuencias de la materialización de los riesgos en relación con el desarrollo del intangible y deciden que cada uno de ellos, por medio de estas aportaciones, adquiera un derecho en el intangible.

8.13 La expectativa de obtener un beneficio mutuo y proporcional es fundamental para que empresas independientes acuerden compartir las consecuencias de la materialización de los riesgos, y agrupar recursos y habilidades. Las empresas independientes exigen que el valor de la cuota proporcional de cada participante en las contribuciones totales efectivamente aportadas al acuerdo sea consistente con su cuota proporcional en los beneficios globales que se espera recibir en virtud del mismo. Por consiguiente, para aplicar el principio de plena competencia a un ARC ha de cumplirse el requisito previo necesario de que todas las partes del acuerdo tengan una expectativa razonable de conseguir un beneficio. El siguiente paso es calcular el valor de la contribución relativa de cada participante a la actividad conjunta, determinando finalmente si el reparto de las contribuciones ARC (ajustadas en función de los pagos compensatorios efectuados entre los participantes) se corresponde con su respectiva cuota en los beneficios esperados. Hay que reconocer que estas determinaciones pueden presentar un cierto grado de incertidumbre, sobre todo en lo que respecta a los ARC de desarrollo. Cabe la posibilidad de que las contribuciones sean asignadas entre los participantes en el ARC de forma que en algunos países se sobrevaloren los beneficios imponibles y en otros se infravaloren, si se contrastan con el principio de plena competencia. Por esta razón, los contribuyentes deben estar en condiciones de justificar los fundamentos de sus derechos en relación con el ARC (véase la sección E).

C.2. Determinación de los participantes

8.14 Dado que el concepto de beneficio mutuo es esencial en un ARC, una parte no puede ser considerada participante si no alberga una expectativa razonable de que se beneficiará de las actividades del ARC en sí mismas (y no simplemente por llevar a cabo la totalidad o parte de esas actividades), por ejemplo, a resultas de la explotación de su participación o sus derechos en los activos tangibles o intangibles, o del uso de los servicios proporcionados por el ARC. Por tanto, un participante debe tener asignado un derecho o participación en los servicios o activos tangibles o intangibles objeto del ARC, y tener la expectativa razonable de poder beneficiarse de ellos. Una empresa cuyo beneficio consista exclusivamente en el ejercicio de las actividades del ARC en sí, por ejemplo realizando funciones de investigación, pero que no recibe una participación en el resultado del ARC, no sería considerada participante del ARC, sino un proveedor de servicios con respecto al ARC. Por ello, debería ser retribuida por los servicios que preste en condiciones de plena competencia y al margen del ARC. Véase el párrafo 8.18. Del mismo modo, una parte no sería participante de un ARC si no puede explotar en modo alguno el resultado del ARC en su propio negocio.

8.15 Una parte tampoco sería considerada participante de un ARC si no ejerce el control de los riesgos específicos que asume en virtud del ARC o si carece de capacidad financiera para asumir dichos riesgos, ya que no tendría derecho a una parte en el resultado que es el objetivo del ARC sobre la base de las funciones que efectivamente realiza. Los principios generales enunciados en el Capítulo I de estas Directrices sobre la asunción de riesgos se aplican a las situaciones en las que existe un ARC. Cada participante realiza una aportación concreta a los objetivos del ARC y, contractualmente, asume determinados riesgos. Las directrices que se incluyen en la Sección D.1 del Capítulo I sobre la definición de la operación real se aplicarán al análisis de precios de transferencia en relación con estos riesgos. Esto también significa que la parte que asume los riesgos en virtud de un ARC basándose en un análisis conforme al paso 4(i) del marco para el análisis de riesgos que se describe en el párrafo 1.60 ("asume el riesgo en virtud del ARC") debe controlar los riesgos específicos que asume en virtud del ARC y debe tener la capacidad financiera para asumirlos. En particular, esto significa que un participante en un ARC ha de tener (i) la capacidad de tomar la decisión de asumir, dejar o rechazar la oportunidad que supone participar en el ARC, con sus riesgos inherentes, y debe ejercer de forma efectiva dicha toma de decisiones, y (ii) la capacidad para tomar decisiones sobre si responder y cuál debe ser su respuesta a los riesgos asociados a la oportunidad, ejerciendo también de forma efectiva dicha toma de decisiones. Aunque no es necesario que la parte realice actividades cotidianas de mitigación de riesgos en relación con las actividades del ARC, en estos casos, debe tener capacidad para determinar los objetivos de aquellas actividades de mitigación de riesgos que debería realizar un tercero, decidir confiar a ese tercero la realización de funciones de mitigación de riesgos, evaluar si se están cumpliendo adecuadamente los objetivos y, en caso necesario, decidir adaptar o poner fin al acuerdo, y debe realizar de forma efectiva dicha evaluación y toma de decisiones. De acuerdo con los principios de gestión prudente del negocio, el alcance de los riesgos que conlleva el acuerdo determinará el alcance de la capacidad y el control que serán necesarios. Las directrices que se contienen en los párrafos 6.60 a 6.64 son relevantes para evaluar si una parte que aporta fondos tiene la capacidad funcional para ejercer el control del riesgo financiero asociado a sus contribuciones al ARC y si, en la práctica, lleva a cabo esas funciones. En los ejemplos 4 y 5 del Anexo a este Capítulo se ilustra este principio.

8.16 En la medida en que las contribuciones concretas de los participantes del ARC difieran en naturaleza, por ejemplo, cuando los participantes realicen tipos de actividades de I+D muy diferentes o una de las partes aporte bienes y otra actividades de I+D, también se aplicará lo establecido en el párrafo 6.64. Así pues, cuando mayor sea el riesgo de desarrollo aparejado a las actividades de desarrollo realizadas por la otra parte y cuando mayor sea la relación del riesgo asumido por la primera parte a este riesgo de desarrollo, mayor será la necesidad de que la primera parte esté capacitada para evaluar el progreso del desarrollo del intangible y las consecuencias del mismo para la consecución de sus beneficios esperados, y mayor será la necesidad que tendrá esa parte de vincular su toma de decisiones efectiva en relación con sus aportaciones sostenidas al ARC a desarrollos operativos clave que pueden incidir en los riesgos específicos que asuma en virtud del ARC. Un ARC de desarrollo en el que los beneficios sean inciertos y lejanos en el tiempo es probable que genere mayores riesgos que un ARC de servicios cuyos beneficios son inmediatos.

8.17 Como se describe en los párrafos anteriores, no es necesario que los participantes del ARC realicen todas las actividades a tenor del ARC con personal propio. En algunos casos, los participantes en un ARC pueden decidir subcontratar ciertas funciones referidas a la actividad objeto del acuerdo a una entidad externa que no participe en él según lo establecido en el párrafo 8.14 anterior. En tales situaciones, cada uno de los participantes del ARC debería reunir los requisitos de ejercicio del control de los riesgos específicos que asume en virtud del mismo de forma individualizada. Dichos requisitos incluyen el control de las funciones subcontratadas por parte, al menos, de uno de los participantes del ARC. Cuando el objetivo del ARC es el desarrollo de un intangible, al menos uno de los participantes del acuerdo debe poder controlar las funciones importantes de desarrollo, mejora, mantenimiento, protección y explotación que se subcontratan. Cuando la aportación de un participante al ARC consiste en actividades distintas del control de las funciones subcontratadas, las directrices de los párrafos 8.15 son relevantes para evaluar si esa parte tiene la capacidad funcional para controlar los riesgos específicos que asume en virtud del ARC, sobre todo si estos riesgos están estrechamente vinculados con las funciones subcontratadas.

8.18 Cuando se subcontratan las actividades del ARC, sería adecuado retribuir con un cargo de plena competencia a la entidad por los servicios u otras aportaciones que se están proporcionando a los participantes del ARC. Cuando la entidad es una empresa asociada de uno o varios de los participantes del ARC, el cargo de plena competencia se determinaría conforme a los principios generales recogidos en los Capítulos I-III, incluida entre otras la contraprestación por las funciones realizadas, los activos utilizados y los riesgos asumidos, así como las contraprestaciones especiales que afectan al cargo de plena competencia por los servicios o en relación con cualquier intangible, como se describe en los Capítulos VII y VI (incluidas las directrices sobre intangibles de difícil valoración).

C.3. Beneficios esperados del ARC

8.19 Las cuotas en los beneficios esperados pueden estimarse en función de la previsión de los ingresos adicionales generados o de los ahorros de costes u otros beneficios que obtenga cada participante como consecuencia del acuerdo. En la práctica, en el caso de ARC se utiliza frecuentemente un sistema que consiste en reflejar las cuotas proporcionales de los participantes en los beneficios esperados aplicando un criterio de asignación relevante. Entre los posibles criterios de asignación se encuentran las ventas (volumen de negocio), los beneficios, las unidades utilizadas, producidas o vendidas, el número de empleados, etc.

8.20 En la medida en que se prevea que una parte significativa o la totalidad de los beneficios de las actividades del ARC se materializarán en el futuro y no sólo en el año en que se soportan los costes, muy habitual en el caso de ARC de desarrollo, la asignación de las contribuciones tendrá en cuenta las proyecciones acerca de las cuotas de los participantes en dichos beneficios. El uso de proyecciones puede plantear problemas a las administraciones tributarias a la hora de verificar las hipótesis sobre las que se han basado las proyecciones y al examinar casos en los que las proyecciones difieren considerablemente de los resultados reales. Estos problemas pueden verse agravados cuando las actividades del ARC finalicen varios años antes de que los beneficios se materialicen realmente. Puede resultar oportuno, especialmente cuando sea previsible que los beneficios se vayan a materializar en el futuro, que un ARC establezca de antemano posibles ajustes de las cuotas proporcionales en las contribuciones durante la vigencia del ARC a fin de reflejar los cambios a futuro de las circunstancias relevantes que ocasionarán variaciones en las cuotas relativas de beneficio. En los supuestos en que las cuotas efectivas en los resultados difieran notablemente de las proyecciones, las administraciones tributarias podrían examinar si las proyecciones realizadas habrían sido consideradas aceptables por empresas independientes en circunstancias comparables, tomando en consideración todos los hechos que eran razonablemente previsibles por los participantes, sin utilizar información que sólo posteriormente llegara a conocerse. Cuando los beneficios esperados de un ARC radiquen en un derecho en un intangible que es difícil de valorar al inicio del proyecto de desarrollo o si existen intangibles de difícil valoración antes de iniciar el proyecto que formarán parte de la contribución al proyecto del ARC, serán de aplicación las directrices de las Secciones D.3 y D.4 del Capítulo VI sobre intangibles de difícil valoración para determinar el valor de las contribuciones de cada uno de los participantes del ARC.

8.21 Si un acuerdo cubre múltiples actividades, será importante tener en cuenta esta circunstancia para elegir un método de asignación, de forma que el valor de las contribuciones efectuadas por cada participante se corresponda adecuadamente con los beneficios relativos esperados por los participantes. Un enfoque, aunque no el único, consiste en usar más de un criterio de asignación. Por ejemplo, si en un ARC hay cinco participantes, uno de los cuales no puede beneficiarse de ciertos servicios prestados en el marco del ARC, de no existir alguna forma de compensación o reducción de la contribución, las contribuciones relacionadas con dichos servicios sólo podrán asignarse a los otros cuatro participantes. En este caso, pueden utilizarse dos criterios para asignar las contribuciones. La idoneidad de un determinado criterio o criterios depende de la naturaleza exacta de las actividades del ARC y de la relación entre el criterio o los criterios de asignación y los beneficios esperados. Las pautas orientativas del capítulo VII sobre el uso de métodos indirectos de determinar un precio de plena competencia por los servicios (párrafos 7.23 a

7.26) pueden ser útiles a este respecto. En cambio, las tres empresas que explotan fábricas de producción en el ejemplo de ARC del párrafo 8.8 prevén todas beneficiarse de los diversos proyectos para mejorar los procesos de producción, por lo que podrían adoptar un criterio de asignación basado, por ejemplo, en el tamaño relativo de su capacidad de producción. El hecho de que una de las empresas decida no poner en práctica los resultados de un proyecto en particular, no debería afectar a la cuota relativa de beneficios ni al criterio de asignación utilizado. No obstante, en esas circunstancias, habría que prestar especial atención al motivo por el que la empresa decide no llevar a la práctica el resultado, si realmente tuvo alguna vez la intención de hacerlo, si los beneficios esperados deberían haber sido adaptados a medida que se desarrollaba el ARC y cuándo cambió de intención.

8.22 Sea cual sea el método aplicado para evaluar las cuotas relativas de los participantes en los beneficios esperados, puede que sea preciso introducir ajustes en la evaluación efectuada para tener en cuenta las diferencias entre las respectivas cuotas de beneficios esperados y los beneficios efectivos obtenidos por los participantes. El ARC debe ser sometido a una revisión periódica de las contribuciones frente a las cuotas de beneficios esperados a fin de determinar si las contribuciones futuras de los participantes han de ser ajustadas en consecuencia. En particular, los criterios de asignación que sean más relevantes para un determinado ARC pueden variar con el tiempo, lo que conduciría a realizar ajustes a futuro. Estos ajustes podrían reflejar el hecho de que las partes dispongan de información más fiable sobre acontecimientos previsibles (aunque inciertos) a medida que pase el tiempo, o la aparición de acontecimientos imprevisibles.

C.4. Valor de la contribución de cada participante

8.23 Con el fin de cerciorarse si un ARC satisface el principio de plena competencia (es decir, si la cuota proporcional de cada participante en las contribuciones globales al ARC es consistente con la cuota proporcional de cada participante en los beneficios globales esperados), es necesario medir el valor de las contribuciones de cada participante en el acuerdo.

8.24 Las contribuciones a un ARC pueden revestir muchas formas. En los ARC de servicios, las contribuciones consisten fundamentalmente en prestaciones de servicios. En los ARC de desarrollo, las contribuciones normalmente comprenden la ejecución de actividades de desarrollo (por ejemplo, I+D, marketing) y, a menudo, incluyen contribuciones adicionales características del ARC de desarrollo, tales como activos tangibles o intangibles preexistentes. Con independencia del tipo de ARC, todas las contribuciones con un valor actual o preexistente deberán identificarse y contabilizarse con arreglo al principio de plena competencia. Dado que el valor de la cuota relativa de cada participante en las contribuciones debería coincidir con su cuota en los beneficios esperados, es posible que sean necesarios pagos compensatorios para garantizar su concordancia. En este Capítulo, el término 'contribuciones' engloba las contribuciones tanto actuales como las preexistentes de los participantes en un ARC.

8.25 En virtud del principio de plena competencia, el valor de la contribución de cada participante ha de ser consistente con el valor que empresas independientes en circunstancias comparables habrían asignado a dicha contribución. Es decir, las contribuciones deben evaluarse en general por su valor en el momento en que se realizan, teniendo en cuenta que se comparten los riesgos, así como la naturaleza y el alcance de los correspondientes beneficios esperados para los participantes en el ARC, para ser consistente con el principio de plena competencia. Con objeto de fijar el valor de las contribuciones a un ARC, han de seguirse las pautas contenidas en las demás secciones de estas Directrices.

8.26 Al valorar las contribuciones, habría que distinguir entre las contribuciones de valor actual y aquellas de valor preexistente. Por ejemplo, en un ARC para el desarrollo de un intangible, la contribución de tecnología patentada por parte de uno de los participantes refleja una contribución de valor preexistente que es útil de cara al desarrollo del intangible que se pretende desarrollar con el ARC. El valor de esa tecnología debería determinarse aplicando el principio de plena competencia conforme a las directrices de los Capítulos I-III y del Capítulo VI, incluido, cuando proceda, el uso de las técnicas de valoración descritas en ese capítulo. La actividad actual de I+D realizada por una o varias empresas asociadas a tenor del ARC de desarrollo constituiría una contribución actual. El valor de las contribuciones funcionales actuales no se basa en el valor potencial de la aplicación resultante futura de la tecnología, sino en el valor de las funciones realizadas. El valor potencial de la aplicación resultante futura de la tecnología se tiene en cuenta por medio del valor de las contribuciones preexistentes y del reparto de los riesgos de desarrollo de forma proporcional a la cuota de beneficios esperados por los participaciones del ARC. El valor de las contribuciones actuales debería determinarse de conformidad con las directrices incluidas en los Capítulos I-III, VI y VII. Como se comenta en el párrafo 6.79, la remuneración basada en el reembolso del coste incrementado con un modesto margen de beneficio no siempre reflejará el valor anticipado, o el precio de plena competencia, de la aportación del equipo de investigación.

8.27 Aunque todas las contribuciones deberían medirse por su valor (véase, no obstante, el párrafo 8.28 más adelante), para los contribuyentes puede resultar más práctico pagar las contribuciones actuales al coste. Esto puede ser muy relevante, sobre todo, en el caso de los ARC de desarrollo. Si se adopta este criterio, las contribuciones preexistentes deberían recuperar el coste de oportunidad de los compromisos a priori para aportar recursos al ARC. Por ejemplo, un acuerdo contractual (como el ARC) que compromete al personal de I+D existente a realizar tareas en beneficio del ARC debería contemplar el coste de oportunidad de otras soluciones alternativas de I+D (como el valor actual del margen de plena competencia aplicado a los costes de I+D) en las contribuciones preexistentes, al tiempo que se aportan las actividades inmediatas al coste (véase el ejemplo 1A en el Anexo a este Capítulo).

8.28 Aunque no se puede dar por sentado que el valor de las contribuciones preexistentes se corresponda con el coste, a veces se puede utilizar el coste como medio práctico para medir el valor relativo de las contribuciones inmediatas. Cuando la diferencia entre el valor y el coste es relativamente insignificante, por motivos prácticos, las contribuciones inmediatas de este tipo pueden medirse al coste en estos casos de ARC de servicios. Sin embargo, en otras circunstancias (por ejemplo, cuando las contribuciones de los participantes son de distinta naturaleza e incluyen una combinación de tipos de servicios y activos intangibles u otros activos) es poco probable que midiendo las contribuciones inmediatas al coste se obtenga una base fiable para determinar el valor de las contribuciones relativas de los participantes, y puede conducir a resultados contrarios al principio de plena competencia. En el caso de ARC de desarrollo, la medición de las contribuciones inmediatas al coste (aparte de las directrices administrativas del párrafo 8.27) por lo general no sentará una base fiable para la aplicación del principio de plena competencia. En los Ejemplos 1 a 3 del Anexo a este Capítulo se ilustra este caso. Cuando se alega que los acuerdos entre partes independientes son comparables a los suscritos entre las empresas asociadas a tenor del ARC, y esos acuerdos independientes estipulan la realización de contribuciones al coste, es importante considerar la comparabilidad de todos los atributos económicos fundamentales de las operaciones en el contexto más amplio del acuerdo, lo que incluye el impacto de cualquier acuerdo más extenso de operaciones económicamente conexas que pueda existir entre las partes de operaciones no vinculadas, y el reparto de riesgos. Conviene prestar especial atención a si se realizan otros pagos en los acuerdos no vinculados; por ejemplo, pueden realizarse pagos por tramos o contribuciones compensatorias además del reembolso de los costes.

8.29 Dado que las contribuciones se basan en los beneficios esperados, esto significa que, en general, cuando se autoriza el método del reembolso de costes para valorar las contribuciones inmediatas, el análisis deberá basarse inicialmente en los costes presupuestados. Esto no supone necesariamente fijar los costes, ya que el marco presupuestario puede dar cabida a las fluctuaciones derivadas de factores tales como los cambios del nivel de la demanda (por ejemplo, expresando los costes presupuestados como porcentaje fijo de las ventas efectivas). Además, probablemente existirán diferencias entre los costes presupuestados y los costes efectivos durante la vigencia del ARC. En una situación de plena competencia, es probable que las partes prevean, en las condiciones pactadas, la forma de tratar dichas diferencias puesto que, tal como se indica en el párrafo 2.96, no es previsible que empresas independientes utilicen los costes presupuestados sin acordar qué factores se toman en consideración al formular el presupuesto y cómo van a tratarse las circunstancias imprevistas. Hay que prestar atención a los motivos de las diferencias significativas entre los costes presupuestados y los costes reales, ya que tales diferencias pueden indicar cambios en el ámbito de las actividades, que podrían no beneficiar a todos los participantes del mismo modo que las actividades inicialmente cubiertas. En términos generales, sin embargo, cuando se considere que los costes constituyen un fundamento adecuado para valorar las contribuciones, probablemente será suficiente utilizar a este respecto los costes efectivos.

8.30 Es importante que en el proceso de evaluación se tengan en cuenta todas las aportaciones realizadas por los participantes del acuerdo. Se incluyen las aportaciones realizadas por una o varias partes al comienzo del ARC (tales como contribuciones de intangibles preexistentes) así como las efectuadas de forma sostenida durante la vigencia del ARC. Deben considerarse las aportaciones de bienes o servicios destinados exclusivamente a las actividades del ARC, así como también los bienes o servicios (es decir, bienes y servicios compartidos) que se utilizan parcialmente en las actividades del ARC y parcialmente también en las actividades económicas autónomas del participante. Puede que sea difícil cuantificar las aportaciones referidas a bienes o servicios compartidos, por ejemplo cuando un participante aporta el uso parcial de activos como edificios de oficinas y sistemas de telecomunicaciones e información, o lleva a cabo funciones de supervisión, administración y secretaría para el ARC y para su propio negocio. Será necesario determinar, siguiendo una lógica económica, la proporción de los activos o servicios que se destinen a las actividades del ARC, con arreglo a los principios de contabilidad reconocidos y los hechos reales, y es posible que, cuando intervengan distintas jurisdicciones, sea necesario practicar ajustes, si son significativos, para conseguir una uniformidad. Una vez que se fije la proporción, la contribución puede medirse conforme a los principios recogidos en el resto de este Capítulo.

8.31 En los ARC de desarrollo, las contribuciones que consistan en controlar y gestionar el ARC, sus actividades y riesgos, probablemente serán funciones importantes, según se describe en el párrafo 6.56, para el desarrollo, mejora, mantenimiento, protección y explotación de los activos tangibles o intangibles, y deberán valorarse conforme a los principios establecidos en el Capítulo VI.

8.32 El siguiente escenario ilustra las pautas para la determinación de los participantes, el reparto de beneficios y el valor de las contribuciones de cada uno.

8.33 La Sociedad A con sede en el País A y la Sociedad B con sede en el País B pertenecen a un grupo multinacional y han celebrado un ARC para desarrollar intangibles. La Sociedad B está legitimada, en virtud del ARC, a explotar los intangibles en el

País B, del mismo modo que la Sociedad A puede hacerlo por los mismos motivos en el resto del mundo. Las partes prevén que la Sociedad A tendrá un 75% del total de ventas y la Sociedad B el 25% restante, y que se repartirán los beneficios que esperan que genere el ARC en una proporción del 75:25. Tanto A como B tienen experiencia en el desarrollo de intangibles y cuenta con su propio personal de investigación y desarrollo. Cada una controla su propio riesgo de desarrollo en virtud del ARC de acuerdo con los términos que se establecen en los párrafos 8.14 a 8.16. La Sociedad A aporta intangibles preexistentes al ARC que ha adquirido recientemente de un tercero. La Sociedad B aporta técnicas analíticas propias que ha desarrollado para mejorar la eficiencia y los plazos de salida al mercado. Ambas contribuciones preexistentes deben valorarse según los principios establecidos en los Capítulos I-III y VI. Las contribuciones inmediatas en forma de investigación cotidiana se realizarán en un 80% por la sociedad B y en un 20% por la Sociedad A bajo la dirección de un equipo gestor compuesto por personal de ambas empresas en una proporción de 90:10 a favor de la Sociedad A. Estos dos tipos de contribuciones inmediatas deberían analizarse y valorarse por separado siguiendo las directrices establecidas en los Capítulos I-III y VI. Cuando los beneficios esperados de un ARC radiquen en un derecho en un intangible que es difícil de valorar al inicio del proyecto de desarrollo o si existen intangibles de difícil valoración antes de iniciar el proyecto que formarán parte de la contribución al proyecto del ARC, serán de aplicación las pautas de las Secciones D.3 y D.4 del Capítulo VI sobre intangibles de difícil valoración para determinar el valor de las contribuciones de cada uno de los participantes del ARC.

C.5. Pagos compensatorios

8.34 Se entenderá que un ARC es consistente con el principio de plena competencia si el valor de la cuota proporcional de cada participante en las contribuciones globales al acuerdo (teniendo en cuenta cualesquiera pagos compensatorios ya realizados) se corresponde con la cuota de dicho participante en los beneficios esperados globales que procedan del acuerdo. Cuando el valor de las contribuciones de un participante a un ARC en el momento de su aportación no se corresponda con la cuota de dicho participante en los beneficios esperados en virtud del ARC, las contribuciones aportadas por al menos un participante serán insuficientes y las realizadas por al menos otro serán excesivas. En tal caso, conforme al principio de plena competencia sería necesario practicar un ajuste. Para ello normalmente se practicará un ajuste de la contribución, efectuando o imputando un (nuevo) pago compensatorio. Dichos pagos compensatorios incrementan el valor de las contribuciones del pagador y reducen el del beneficiario.

8.35 Los participantes pueden efectuar pagos compensatorios para 'complementar' el valor de las contribuciones, en caso de que sus contribuciones proporcionales sean inferiores a sus beneficios proporcionales esperados. Tales ajustes pueden ser previstos por las partes al celebrar el ARC o pueden resultar de una revisión periódica de su cuota en los beneficios esperados o del valor de sus contribuciones (véase el párrafo 8.22).

8.36 Asimismo es posible que las administraciones tributarias exijan pagos compensatorios cuando el valor de la cuota proporcional de las contribuciones de bienes o servicios realizadas por un participante haya sido incorrectamente calculado o cuando la cuota proporcional de los beneficios esperados haya sido incorrectamente valorada, por ejemplo cuando el criterio de asignación, al ser fijado o ajustado por cambio de circunstancias, no refleje adecuadamente la cuota proporcional de beneficios esperados. Normalmente el ajuste se hará efectuando o imputando un pago compensatorio entre uno o varios participantes en el período de que se trate.

8.37 En el caso de ARC de desarrollo, pueden surgir discrepancias en un año dado entre la cuota proporcional de un participante en las contribuciones globales y su cuota proporcional en los beneficios esperados globales. Si por lo demás dicho ARC es admisible y se ejecuta lealmente, a la luz de las recomendaciones de la Sección E, las administraciones tributarias no deberían, en general, practicar un ajuste basándose en los resultados de un único ejercicio fiscal. Debe examinarse también si la cuota proporcional de cada participante en las contribuciones globales se corresponde con su cuota proporcional en los beneficios globales esperados del acuerdo durante un determinado período de años (véanse los párrafos 3.75-3.79). Pueden realizarse varios pagos compensatorios independientes para las contribuciones preexistentes y las inmediatas, respectivamente. Alternativamente, puede que sea más fiable o más fácil de llevar a la práctica la realización de un pago compensatorio global por las contribuciones preexistentes e inmediatas en su conjunto. Véase el Ejemplo 4 en el anexo de este capítulo.

8.38 En el ejemplo de los párrafos 8.33, los participantes, las Sociedades A y B, esperan beneficiarse del ARC en una proporción de 75:25. En el primer año, el valor de sus contribuciones preexistentes asciende a 10 millones en el caso de la Sociedad A y a 6 millones en el caso de la Sociedad B. Como consecuencia, es preciso que la Sociedad B realice un pago compensatorio neto a la Sociedad A de 2 millones (es decir, 4.5 millones de la Sociedad A a la Sociedad B menos 2.5 millones de la Sociedad B a la Sociedad A) con el fin de incrementar la contribución de la Sociedad A a 12 millones (75% de las contribuciones totales) y reducir la contribución de la Sociedad B a 4 millones (25% del total).

C.6. Definición con precisión de la operación real

8.39 Como se indica en el párrafo 8.9, los atributos económicos fundamentales del acuerdo identificados en virtud de las pautas recogidas en la Sección D del Capítulo I podrían indicar que la operación real no responde a los términos del ARC supuestamente convenido por los participantes. Por ejemplo, uno o varios de los supuestos participantes podría no tener una expectativa razonable de beneficiarse de la actividad del ARC. Aunque, en principio, la escasa cuantía de la cuota proporcional de un participante en los beneficios esperados no es causa excluyente, si se prevé que uno de los participantes que lleva a cabo todas las actividades de que se trata sólo reciba una pequeña fracción de los beneficios esperados globales, cabe preguntarse si para esa parte la finalidad real del acuerdo es aportar recursos y compartir riesgos o si se ha fabricado esa apariencia de participación en los beneficios mutuos para obtener unos resultados fiscales más favorables. La existencia de pagos compensatorios sustanciales como consecuencia de diferencias significativas entre las cuotas proporcionales de las partes en las contribuciones y beneficios también puede llevar a cuestionar si existen beneficios mutuos o si los acuerdos deberían ser definidos con precisión, teniendo en cuenta todos los atributos económicos fundamentales, como una operación de financiación.

8.40 Como se indica en el párrafo 8.33, las pautas del Capítulo VI sobre intangibles de difícil valoración podrían ser también aplicables a los casos que presenten ARC. Así será cuando el objetivo del ARC sea desarrollar un intangible que es difícil valorar al inicio del proyecto de desarrollo, y también al valorar las contribuciones que conllevan intangibles preexistentes. Cuando los acuerdos tomados en su totalidad carecen de lógica comercial de conformidad con los criterios establecidos en la Sección D.2 del Capítulo I, puede ignorarse el ARC.

C.7. Tratamiento fiscal de las contribuciones y los pagos de compensación

8.41 Las contribuciones, incluidos los pagos compensatorios, de un participante a un ARC han de recibir el mismo trato fiscal que el que establecen las normas generales de los sistemas tributarios aplicables a dicho participante para el supuesto de que las contribuciones se hubieran realizado al margen de un ARC a fin de llevar a cabo las actividades objeto del ARC. La índole de la contribución dependerá de la naturaleza de la actividad ejercida al amparo del ARC, y determinará cómo se reconoce a efectos fiscales.

8.42 En los ARC de servicios, la contribución de un participante al ARC frecuentemente producirá beneficios en forma de ahorros de costes (en cuyo caso es posible que no haya ingresos generados directamente por las actividades del ARC). En los ARC de desarrollo, cabe que los beneficios esperados por los participantes no se materialicen hasta algún tiempo después de realizarse las contribuciones, por lo que los participantes no reconocerán los ingresos derivados de tales contribuciones inmediatamente en el momento en que las efectúen.

8.43 Todo pago compensatorio deberá ser considerado un incremento de la contribución del pagador y una reducción de la contribución del destinatario del pago. Al igual que en el caso de las contribuciones en general, la naturaleza y el tratamiento fiscal de los pagos compensatorios se determinarán de conformidad con la legislación nacional, incluidos los convenios fiscales aplicables.

D. Adhesión, salida o terminación de un ARC

8.44 Los cambios en los integrantes de un ARC darán lugar, por lo general, a una revisión de las cuotas proporcionales de las contribuciones y los beneficios esperados de los participantes. Una entidad que se adhiere como participante a un ARC ya activo puede adquirir un derecho sobre los resultados de las actividades previas del ARC, como por ejemplo los activos tangibles o intangibles, terminados o en curso. En estos casos, los participantes anteriores transmiten realmente al nuevo entrante parte de sus respectivos derechos en los resultados de las actividades previas del ARC. Con arreglo al principio de plena competencia, esa transmisión de activos tangibles o intangibles ha de ser retribuida sobre la base del valor de plena competencia del derecho transmitido. En este capítulo, dicha retribución se denominará “pago de adhesión”.

8.45 La cuantía de un pago de adhesión se fijará en función del valor (es decir, el precio de plena competencia) del derecho adquirido en los activos tangibles o intangibles por el nuevo entrante, teniendo en cuenta la cuota proporcional del nuevo entrante en los beneficios globales que se espera recibir en virtud del ARC. También pueden darse casos en los que un nuevo participante aporte activos tangibles o intangibles ya existentes al ARC, de tal suerte que sea oportuno que los otros participantes efectúen pagos compensatorios para reconocer esta contribución. Los pagos compensatorios al nuevo entrante pueden compensarse con los pagos de adhesión requeridos, aunque a efectos fiscales deben contabilizarse adecuadamente los importes íntegros de los diferentes pagos.

8.46 Pueden surgir problemas similares cuando un participante desiste de un ARC. En particular, un participante que desiste de un ARC puede ceder sus derechos en los resultados, si los hubiere, de las actividades pretéritas del ARC (incluidos los trabajos en curso) a los demás participantes. Esa cesión deberá retribuirse conforme al principio de plena competencia. En este capítulo, dicha retribución se denominará “pago de salida”.

8.47 Los criterios contenidos en los capítulos I-III y VI son plenamente aplicables a la determinación del importe de plena competencia de los pagos compensatorios, los pagos de adhesión o los pagos de salida requeridos. Es posible que en muchos casos el principio de plena competencia no exija dichos pagos. Por ejemplo, un ARC para compartir servicios administrativos por lo general sólo aportará a los participantes beneficios inmediatos, en lugar de resultados valiosos sostenidos.

8.48 Los pagos de adhesión y de salida deben recibir el mismo trato fiscal que el que establecen las normas generales de los sistemas tributarios (incluidos los convenios para evitar la doble imposición) aplicables a los respectivos participantes para el supuesto de que los pagos se hubieran realizado al margen de un ARC, como contraprestación por la adquisición o transmisión de los derechos en los resultados de las actividades previas del ARC.

8.49 Cuando un ARC se extingue, el principio de plena competencia exige que cada participante conserve un derecho en los resultados, si los hubiere, de las actividades del ARC que se corresponda con su cuota proporcional en las contribuciones al ARC durante toda la vigencia de éste (introduciendo los ajustes oportunos por cualesquiera pagos compensatorios efectivamente realizados, incluidos los derivados de la terminación), o que sea debidamente remunerado por cualquier transmisión de dichos derechos al resto de participantes.

E. Recomendaciones para estructurar y documentar un ARC

8.50 En general, un ARC entre partes vinculadas ha de cumplir los siguientes requisitos:

a) Entre los participantes deben figurar únicamente empresas que esperen obtener beneficios mutuos y proporcionales de las actividades del ARC en sí mismas (y no simplemente por realizar la totalidad o parte de esas actividades). Véase el párrafo 8.14.

b) El acuerdo ha de especificar la naturaleza y el alcance de los derechos de cada participante en los resultados de las actividades del ARC, así como su respectiva cuota en los beneficios esperados.

c) Con excepción de las contribuciones al ARC, los oportunos pagos compensatorios y los pagos de adhesión, no se efectuará pago alguno por los derechos específicos en servicios o activos tangibles o intangibles obtenidos mediante el ARC.

d) El valor de las contribuciones de los participantes se determinará de conformidad con estas Directrices y, si fuera necesario, deberán realizarse pagos compensatorios para garantizar que las cuotas proporcionales en las contribuciones se correspondan con las cuotas proporcionales en los beneficios esperados del acuerdo.

e) El acuerdo debe establecer por anticipado pagos compensatorios y/o modificaciones en la asignación de las contribuciones con objeto de reflejar, una vez transcurrido un plazo razonable, los cambios significativos de las cuotas proporcionales de los participantes en los beneficios esperados.

f) Deberán introducirse los ajustes necesarios (en particular, la posibilidad de los pagos de adhesión y de salida) con ocasión de la adhesión o la salida de un participante y con motivo de la terminación del ARC.

8.51 La norma de documentación sobre precios de transferencia que se establece en el Capítulo V exige la presentación en la documentación del grupo de los principales acuerdos de prestación de servicios y principales acuerdos referidos a intangibles, incluyendo los

ARC. La documentación local requiere información sobre las operaciones, entre las que se incluye la descripción de la operación, la cuantía de los pagos y cobros, la identificación de las empresas asociadas que participan, la copia de los acuerdos significativos entre sociedades del grupo e información sobre precios, incluida la descripción de los motivos para concluir que las operaciones han sido remuneradas conforme al principio de plena competencia. Cabría esperar que, con objeto de cumplir estos requisitos de documentación, los participantes de cualquier ARC prepararan u obtuvieran documentación sobre la naturaleza de las actividades objeto del acuerdo, los términos del acuerdo y su conformidad con el principio de plena competencia. Para ello es preciso que cada participante tenga acceso pleno a los pormenores de las actividades que se lleven a cabo conforme al ARC, la identidad y ubicación de las demás partes que intervienen en el ARC, las proyecciones acerca de las contribuciones que hay que realizar y los beneficios esperados, así como los gastos presupuestados y reales de las actividades del ARC, con un grado de detalle proporcionado a la complejidad e importancia del ARC para el contribuyente. Toda esta información podría resultar relevante y útil para las administraciones tributarias en el contexto de un ARC y, si no se ha incluido en la documentación del grupo o la documentación local, los contribuyentes deberían estar preparados para aportarla previa petición. La información relevante para un ARC concreto dependerá de los hechos y circunstancias. Hay que destacar que la información descrita en esta lista no representa un nivel mínimo de cumplimiento ni una enumeración exhaustiva de la información que las administraciones tributarias pueden estar facultadas a solicitar.

8.52 La siguiente información resultará relevante y útil en relación con las condiciones iniciales del ARC:

a) una lista de participantes

b) una lista de cualesquiera otras empresas asociadas que intervendrán en las actividades del ARC o que se prevé que utilicen o exploten los resultados de la actividad de que se trate

c) el alcance de las actividades y los proyectos específicos que son objeto del ARC, así como la forma en que se gestionarán y se controlarán sus actividades

d) la duración del acuerdo

e) el modo en que se miden las cuotas proporcionales de los participantes en los beneficios esperados, así como cualesquiera estimaciones utilizadas para esa medición

f) la forma en que se prevé explotar los beneficios futuros (como los intangibles)

g) la forma y el valor de las contribuciones iniciales de cada participante, así como una descripción detallada del método para calcular el valor de las contribuciones iniciales y subsiguientes (incluidos los ajustes presupuestados frente a los efectivos) y el modo en que se aplican los principios de contabilidad uniformemente a todos los participantes para determinar los gastos y el valor de las contribuciones

h) la asignación anticipada de responsabilidades y tareas, así como los mecanismos para gestionar y controlar dichas responsabilidades y tareas, en particular, las que tienen por objeto el desarrollo, la mejora, el mantenimiento, la protección o la explotación de los activos tangibles o intangibles usados en las actividades del ARC

i) los procedimientos para que un participante se adhiera al ARC o salga del mismo, así como para la terminación del ARC, y las consecuencias de estas tres situaciones

j) cualesquiera disposiciones relativas a pagos compensatorios o al ajuste de las condiciones del acuerdo para reflejar cualquier cambio en las circunstancias económicas.

8.53 Durante la vigencia del ARC, puede ser útil la siguiente información:

a) cualquier modificación del acuerdo (por ejemplo, de sus condiciones, participantes, actividades) y las consecuencias de tal modificación

b) una comparación de las proyecciones utilizadas para determinar los beneficios esperados de las actividades del ARC con los resultados reales en términos de beneficios (si bien es preciso tener en cuenta el párrafo 3.74)

c) los gastos anuales incurridos en la ejecución de las actividades del ARC, la forma y el valor de las contribuciones aportadas por cada participante durante la vigencia del ARC y una descripción detallada de la forma de determinar el valor de las contribuciones.

Anexo al Capítulo VIII – Ejemplos ilustrativos de las Directrices sobre acuerdos de reparto de costes

Ejemplo 1

1. Mediante el Ejemplo 1 se ilustra el principio general según el cual las contribuciones deben evaluarse por su valor (es decir, sobre la base de los precios de plena competencia), con el fin de obtener resultados conformes con el principio de plena competencia.

2. La Sociedad A y la Sociedad B pertenecen a un grupo multinacional y deciden celebrar un ARC. La Sociedad A presta el Servicio 1 y la Sociedad B presta el Servicio 2. Tanto la Sociedad A como la Sociedad B "consumen" ambos servicios (es decir, la Sociedad A recibe un beneficio del Servicio 2 prestado por la Sociedad B, y la Sociedad B recibe un beneficio del Servicio 1 prestado por la Sociedad A).

3. Supongamos que el coste y el valor de los servicios son los siguientes:

Coste de prestación del Servicio 1 (coste incurrido por la Sociedad A)	100 por unidad
Valor del Servicio 1 (esto es, precio de plena competencia que la Sociedad A cargaría a la Sociedad B por la prestación del Servicio 1)	120 por unidad
Coste de prestación del Servicio 2 (coste incurrido por la Sociedad B)	100 por unidad
Valor del Servicio 2 (esto es, precio de plena competencia que la Sociedad B cargaría a la Sociedad A por la prestación del Servicio 2)	105 por unidad

4. En el Año 1 y en los años siguientes, la Sociedad A proporciona al grupo 30 unidades del Servicio 1 y la Sociedad B proporciona al grupo 20 unidades del Servicio 2. Con arreglo al ARC, el cálculo de los costes y beneficios es el siguiente:

Coste de prestación de servicios incurrido por la Sociedad A (30 unidades * 100 por unidad)	3 000	(60% del coste total)
Coste de prestación de servicios incurrido por la Sociedad B (20 unidades * 100 por unidad)	2 000	(40% del coste total)
Coste total incurrido por el grupo	5 000	

Valor de la contribución de la Sociedad A (30 unidades * 120 por unidad)	3 600	(63% de las contribuciones totales)
Valor de la contribución de la Sociedad B (20 unidades * 105 por unidad)	2 100	(37% de las contribuciones totales)
Valor total de las contribuciones realizadas en virtud del ARC	5 700	

La Sociedad A y la Sociedad B consumen cada una de ellas 15 unidades del servicio 1 y 10 unidades del Servicio 2:		
Beneficio para la Sociedad A:		
Servicio 1: 15 unidades * 120 por unidad	1 800	
Servicio 2: 10 unidades * 105 por unidad	1 050	
Total	2 850	(50% de un valor total de 5 700)

Beneficio para la Sociedad B		
Servicio 1: 15 unidades * 120 por unidad	1 800	
Servicio 2: 10 unidades * 105 por unidad	1 050	
Total	2 850	(50% de un valor total de 5 700)

5. Con arreglo al ARC, el valor de las contribuciones de la Sociedad A y de la Sociedad B debe corresponderse con sus respectivas cuotas proporcionales en los beneficios esperados, es decir, un 50%. Dado que el valor total de las contribuciones realizadas con arreglo al ARC es 5 700, cada parte deberá aportar 2 850. El valor de la contribución en especie de la Sociedad A es 3 600 y el valor de la contribución en especie de la Sociedad B es 2 100. En consecuencia, la Sociedad B deberá efectuar un pago compensatorio a la Sociedad A por un importe de 750. Este pago tiene el efecto de 'complementar' la contribución de la Sociedad B elevándola hasta 2 850, y compensa la contribución de la Sociedad A al mismo importe.

6. Si las contribuciones se valoran al coste en lugar de por su valor, dado que las Sociedades A y B perciben cada una el 50% de los beneficios totales, deberían haber contribuido en un 50% a los costes totales, es decir 2 500 cada una; así pues, la Sociedad B debería abonar a A un pago compensatorio de 500 (en lugar de 750).

7. De no existir el ARC, la Sociedad A habría adquirido 10 unidades del Servicio 2 por el precio de plena competencia de 1 050 y la Sociedad B habría adquirido 15 unidades del Servicio 1 por el precio de plena competencia de 1 800. El resultado neto sería un pago por importe de 750 de la Sociedad B a la Sociedad A. Como cabe apreciar más arriba, sólo se consigue este resultado de plena competencia respecto del ARC cuando las contribuciones se miden por su valor.

Ejemplo 1A

8. Los hechos son los mismos que en el Ejemplo 1. Según la pauta del párrafo 8.27, un modo alternativo de alcanzar el mismo resultado en el Ejemplo 1 es aplicando un proceso de dos pasos según se describe a continuación.

9. Paso 1 (contribuciones valoradas al coste): La Sociedad A debe soportar el 50% de un coste total de 5 000, es decir 2 500. El coste de las contribuciones en especie de la Sociedad A es 3 000. La Sociedad B debe soportar el 50% del coste total (2 500). El coste de las contribuciones en especie de la Sociedad B es 2 000. Así pues, la Sociedad B tiene que efectuar un pago complementario a la Sociedad A de 500. Esto refleja un pago compensatorio asociado a las contribuciones inmediatas.

10. Paso 2 (contabilización de contribuciones complementarias de valor al ARC): La Sociedad A produce 20 de valor por encima del coste unitario. La Sociedad B produce 5 de valor por encima del coste unitario. La Sociedad A consume 10 unidades del servicio 2 (50 de valor por encima del coste), y la Sociedad B consume 15 unidades del servicio 1 (300 de valor por encima del coste). Por consiguiente, la Sociedad A debería recibir 250 por los 250 adicionales de valor que aporta al ARC. Esto refleja un pago compensatorio asociado a las contribuciones preexistentes.

11. El método de dos pasos ofrece un reparto del coste más otro pago complementario por separado para el participante que realiza la contribución adicional de valor para el acuerdo. En general, la contribución adicional de valor podría reflejar contribuciones preexistentes, como intangibles que son propiedad de uno de los participantes, que son relevantes para el objeto del ARC. Por eso, el método de dos pasos podría ser el que se aplicara con mayor utilidad a los ARC de desarrollo.

Ejemplo 2

12. Los hechos son los mismos que en el Ejemplo 1, con la salvedad de que el Servicio 1 tiene un valor unitario de 103 (es decir, tanto el Servicio 1 como el Servicio 2 son servicios de bajo valor añadido). Supongamos, por tanto, que el cálculo del coste y del valor de los servicios es el siguiente:

Coste de prestación de servicios incurrido por la Sociedad A (30 unidades * 100 por unidad)	3 000	(60% del coste total)
Coste de prestación de servicios incurrido por la Sociedad B (20 unidades * 100 por unidad)	2 000	(40% del coste total)
Coste total incurrido por el grupo	5 000	

Valor de la contribución de la Sociedad A (30 unidades * 103 por unidad)	3 090	(59.5% de las contribuciones totales)
Valor de la contribución de la Sociedad B (20 unidades * 105 por unidad)	2 100	(40.5% de las contribuciones totales)
Valor total de las contribuciones realizadas en virtud del ARC	5 190	

La Sociedad A y la Sociedad B consumen cada una 15 unidades del Servicio 1 y 10 unidades del Servicio 2:		
Beneficio para la Sociedad A:		
Servicio 1: 15 unidades * 103 por unidad	1 545	
Servicio 2: 10 unidades * 105 por unidad	1 050	
Total	2 595	(50% de un valor total de 5 190)

Beneficio para la Sociedad B		
Servicio 1: 15 unidades * 103 por unidad	1 545	
Servicio 2: 10 unidades * 105 por unidad	1 050	
Total	2 595	(50% de un valor total de 5 190)

13. Con arreglo al ARC, el valor de las contribuciones de la Sociedad A y de la Sociedad B debe corresponderse con sus respectivas cuotas proporcionales en los beneficios esperados, es decir, un 50%. Dado que el valor total de las contribuciones realizadas con arreglo al ARC es 5 190, cada parte deberá aportar 2 595. El valor de las contribuciones en especie de la Sociedad A es 3 090. El valor de las contribuciones en especie de la Sociedad B es 2 100. En consecuencia, la Sociedad B deberá efectuar un pago compensatorio a la Sociedad A por un importe de 495. Este pago tiene el efecto de 'complementar' la contribución de la Sociedad B elevándola hasta 2 595, y compensa la contribución de la Sociedad A al mismo importe.

14. En este ejemplo, puesto que todas las contribuciones al ARC son servicios de bajo valor añadido, pueden valorarse a coste, por razones prácticas, ya que se conseguirán así unos resultados conformes en líneas generales con el principio de plena competencia. Conforme a este enfoque práctico, el coste de la contribución en especie de la Sociedad A es 3 000, el coste de la contribución en especie de la Sociedad B es 2 000, y cada participante debe soportar el 50% de los costes relacionados con el coste total de las contribuciones (2 500). En consecuencia, la Sociedad B deberá efectuar un pago compensatorio a la Sociedad A por un importe de 500.

Ejemplo 3

15. Los hechos son los mismos que en el Ejemplo 1, con la salvedad de que el Servicio 2 tiene un valor unitario de 120 (es decir, el Servicio 1 y el Servicio 2 tienen un valor equiparable y no son servicios de bajo valor añadido).

Coste de prestación de servicios incurrido por la Sociedad A (30 unidades * 100 por unidad)	3 000	(60% del coste total)
Coste de prestación de servicios incurrido por la Sociedad B (20 unidades * 100 por unidad)	2 000	(40% del coste total)
Coste total incurrido por el grupo	5 000	

Valor de la contribución de la Sociedad A (30 unidades * 120 por unidad)	3 600	(60% de las contribuciones totales)
Valor de la contribución de la Sociedad B (20 unidades * 120 por unidad)	2 400	(40% de las contribuciones totales)
Valor total de las contribuciones realizadas en virtud del ARC	6 000	

La Sociedad A y la Sociedad B consume cada una 15 unidades del Servicio 1 y 10 unidades del Servicio 2:		
Beneficio para la Sociedad A:		
Servicio 1: 15 unidades * 120 por unidad	1 800	
Servicio 2: 10 unidades * 120 por unidad	1 200	
Total	3 000	(50% de un valor total de 6 000)

Beneficio para la Sociedad B		
Servicio 1: 15 unidades * 120 por unidad	1 800	
Servicio 2: 10 unidades * 120 por unidad	1 200	
Total	3 000	(50% de un valor total de 6 000)

16. Con arreglo al ARC, el valor de las contribuciones de la Sociedad A y de la Sociedad B debe corresponderse con sus respectivas cuotas proporcionales en los beneficios esperados, es decir, un 50%. Dado que el valor total de las contribuciones realizadas con arreglo al ARC es 6 000, cada parte deberá aportar 3 000. El valor de las contribuciones en especie de la Sociedad A es 3 600. El valor de las contribuciones en especie de la Sociedad B es 2 400. En consecuencia, la Sociedad B deberá efectuar un pago compensatorio a la Sociedad A por un importe de 600. Este pago tiene el efecto de 'complementar' la contribución de la Sociedad B elevándola hasta 3 000, y compensa la contribución de la Sociedad A al mismo importe. El Ejemplo 3 pone de manifiesto que, en general, valorar las contribuciones al coste no producirá un resultado de plena competencia incluso en las situaciones en las que sea idéntico el margen de plena competencia sobre el coste de las contribuciones.

Ejemplo 4

17. La Sociedad A y la Sociedad B pertenecen a un grupo multinacional y deciden iniciar el desarrollo de un intangible en virtud de un ARC. Se prevé que el intangible sea muy rentable a juzgar por los intangibles, la trayectoria y el personal experimentado de investigación y desarrollo que ya posee la Sociedad B. La Sociedad A lleva a cabo, con su propio personal, todas las funciones que cabe esperar de una entidad que participa en un ARC de desarrollo a cambio de la obtención de un derecho a explotar el intangible resultante, lo que incluye las funciones necesarias para el ejercicio del control de los riesgos que asume contractualmente de acuerdo con los principios señalados en los párrafos 8.14 a 8.18. Se prevé que el intangible de este ejemplo requerirá cinco años de desarrollo antes de que pueda explotarse comercialmente y, si tiene éxito, se estima que mantenga su valor durante los diez años siguientes a la explotación inicial.

18. En virtud del ARC, la Sociedad A contribuirá aportando fondos destinados al desarrollo del intangible (se prevé que su parte de los gastos de desarrollo será 100 millones de dólares al año durante cinco años). La Sociedad B contribuirá aportando los derechos de desarrollo que van aparejados con sus intangibles existentes, a los cuales conseguirá derecho la Sociedad A en virtud del ARC con independencia del resultado de los objetivos

del ARC, y realizará todas las actividades relacionadas con el desarrollo, mantenimiento y explotación del intangible. El valor de las contribuciones de la Sociedad B (que engloba la realización de actividades y el uso de intangibles preexistentes) tendría que calcularse de conformidad con las pautas incluidas en el Capítulo VI y probablemente se basaría en el valor previsto de los intangibles que se espera producir en virtud del ARC, menos el valor de los fondos aportados por la Sociedad A.

19. Una vez desarrollado, se prevé que el intangible genere beneficios globales de 550 millones de dólares al año (Años 6 a 15). En el ARC se estipula que la Sociedad B tendrá derechos exclusivos a explotar el intangible resultante en el País B (estimándose que genere unos beneficios de 220 millones de dólares al año de los años 6 al 15) y la Sociedad A tendrá derechos exclusivos para explotar el intangible en el resto del mundo (estimándose que genere unos beneficios de 330 millones al año).

20. Habida cuenta de las alternativas realistas de la Sociedad A y de la Sociedad B, se decide que el valor de la contribución de la Sociedad A es equivalente al rendimiento ajustado al riesgo de su compromiso de aportación de fondos para I+D. Supongamos que se cifra en 110 millones de dólares al año (para los Años 6 a 15).[23] Sin embargo, en virtud del ARC, se prevé que la Sociedad A obtenga unos beneficios de 330 millones de dólares al año durante los años 6 a 15 (en lugar de 110 millones de dólares). Este valor estimado adicional en los derechos que obtiene la Sociedad A (es decir, el valor que se espera que exceda del valor de la inversión financiera realizada por la Sociedad A) refleja la contribución de las contribuciones de intangibles preexistentes y el compromiso de I+D de la Sociedad B en el ARC. La Sociedad A tiene que pagar por este valor adicional que está recibiendo. Consecuentemente, la Sociedad A tendrá que efectuar pagos compensatorios a la Sociedad B para dar cuenta de la diferencia. De hecho, la Sociedad A tendría que efectuar un pago compensatorio por tales contribuciones a la Sociedad B equivalente a un valor actual, teniendo en cuenta el riesgo asociado a sus beneficios futuros, de 220 millones de dólares por año previsto durante los Años 6 a 15.

Ejemplo 5

21. Los hechos son los mismos que en el Ejemplo 4 con la salvedad de que el análisis funcional indica que la Sociedad A carece de capacidad para tomar la decisión de asumir o declinar la oportunidad, no exenta de riesgos, que representa participar en el ARC, ni para tomar la decisión de responder o cómo debe ser la respuesta a los riesgos asociados a la oportunidad. También carece de capacidad para mitigar los riesgos o evaluar y decidir las actividades de mitigación de riesgos que otra parte realiza por ella.

22. Al definir con precisión las operaciones asociadas al ARC, el análisis funcional indica en este caso que la Sociedad A no controla sus riesgos específicos en virtud del ARC de acuerdo con las pautas del párrafo 8.15 y, por consiguiente, no tiene derecho a una parte de los resultados que se pretenden conseguir con el ARC.

Referencias

Naciones Unidas (2011), *Convención modelo de las Naciones Unidas sobre la doble tributación entre países desarrollados y países en desarrollo*, www.un.org/esa/ffd/wp-content/uploads/2014/09/UN_Model_2011_UpdateSp.pdf.

OCDE (2016), *Abordar los desafíos fiscales de la economía digital, Acción 1 – Informe final 2015*, Proyecto de la OCDE y del G-20 sobre la Erosión de la Base Imponible y el Traslado de Beneficios, OCDE Publishing, París.

OCDE (2014), *Reports to G20 Development Working Group on the Impact of BEPS in Low Income Countries*, OCDE, París, www.oecd.org/tax/tax-global/report-to-g20-dwg-on-the-impact-of-beps-in-low-income-countries.pdf.

OCDE (2014), *Model Tax Convention on Income and on Capital: Condensed Version 2014*, OCDE Publishing, París, http://dx.doi.org/10.1787/mtc_cond-2014-en.

OCDE (2013), *Directrices de la OCDE aplicables en materia de precios de transferencia a empresas multinacionales y administraciones tributarias 2010,* Instituto de Estudios Fiscales, Madrid, http://dx.doi.org/10.1787/9789264202191-es.

OCDE (2013), *Plan de acción contra la erosión de la base imponible y el traslado de beneficios*, OCDE Publishing, París, http://dx.doi.org/10.1787/9789264207813-es.

OCDE (2010), *Report on the Attribution of Profits to Permanent Establishments*, OCDE, París, www.oecd.org/ctp/transfer-pricing/45689524.pdf.

Notas

1. El Derecho interno brasileño adopta un enfoque basado en los márgenes fijos extraídos de las prácticas sectoriales en cuanto se considera conforme con el *principio de plena competencia.* Brasil seguirá aplicando este enfoque y se remitirá a las directrices en este ámbito recogidas en este informe. Una vez los convenios fiscales celebrados por Brasil incorporen el apartado 1 del artículo 9 de los Modelos de Convenio de la OCDE y de las Naciones Unidas (MC OCDE y MC ONU, respectivamente) y ante un supuesto caso de doble imposición en virtud de dicha disposición del convenio, Brasil aplicará un procedimiento amistoso para la supresión de la doble imposición atendiendo al estándar básico contemplado por la Acción 14.

2. Las directrices de este capítulo y de esta sección sobre el riesgo en particular no son específicas de ningún sector de actividad económica en concreto. Mientras el concepto básico de que una parte que asume los riesgos debe poder gestionarlos de forma efectiva se aplica al sector de los seguros, la banca y otros servicios financieros, estos sectores regulados tienen que seguir normas que prescriben los acuerdos sobre riesgos, y el modo en que los riesgos se reconocen, se valoran y se desglosan. Debe tenerse en cuenta el enfoque normativo para la asignación de riesgos en entidades reguladas y hacerse las referencias oportunas a las directrices de precios de transferencia específicas del sector de los servicios financieros en el *Informe sobre la asignación de beneficios a establecimientos permanentes* (OCDE, 2010).

3. Se facilitarán más orientaciones sobre las características económicamente relevantes para determinar las condiciones de plena competencia de las transacciones financieras. Esta tarea se emprenderá en 2016 y 2017.

4. En teoría, a la Sociedad A podría corresponderle un rendimiento inferior al rendimiento libre de riesgo si, por ejemplo, la operación fuera ignorada a tenor de lo expuesto en la Sección D.2.

5. A juzgar por las diferencias en las legislaciones locales, algunos países consideran que una medida concertada deliberada siempre constituye una operación, mientras que otros no. Sin embargo, todos coinciden en que, en cualquier escenario, una medida concertada deliberada implica que una empresa asociada realice funciones, utilice activos o asuma riesgos en beneficio de una o varias empresas asociadas, de forma que es preciso que haya una contraprestación de plena competencia. Véase, a modo ilustrativo, el Ejemplo 5 en los párrafos 1.170-1.173.

6. No debe interpretarse que el Ejemplo 2 ofrece pautas exhaustivas en materia de precios de transferencia de comisiones de garantía con respecto a operaciones financieras. Se facilitarán más directrices sobre precios de transferencia para operaciones financieras, incluida la identificación de las características económicamente relevantes para determinar las condiciones de plena competencia. Esta tarea se emprenderá en 2016 y 2017.

7. OCDE (2014), *Reports to G20 Development Working Group on the Impact of BEPS in Low Income Countries*, www.oecd.org/tax/tax-global/report-to-g20-dwg-on-the-impact-of-beps-in-low-income-countries.pdf.

8. OCDE (2015), *Abordar los desafíos fiscales de la economía digital, Acción 1 – Informe final 2015*, Capítulo VI, párrafo 231.

9. Ver nota 7.

10. Véase la sección sobre intangibles de este informe, párrafo 6.57.

11. Ibíd, párrafos 6.148-6.152

12. Véase la Sección D.8 del Capítulo I en el punto Pautas para la aplicación del principio de plena competencia de este informe.

13. La asunción de riesgos se refiere al resultado de la determinación de qué empresa asociada asume un riesgo específico en virtud de las pautas recogidas en la Sección D.1.2.1 del Capítulo I, teniendo en cuenta el control del riesgo y la capacidad financiera para asumirlo. La asunción contractual del riesgo se refiere a la asignación del riesgo en contratos entre las partes.

14. Tal y como se utiliza en este párrafo, un activo financiero es cualquier activo que sea dinero en efectivo, un instrumento patrimonial, un derecho o una obligación contractual de percibir efectivo u otro activo financiero o de canjear activos o pasivos financieros, o un derivado. Entre los ejemplos estarían las obligaciones, los depósitos bancarios, las acciones, las participaciones, los contratos a plazo, los futuros y las permutas financieras.

15. Tal y como se utiliza en este documento, la explotación de un intangible incluye tanto la transmisión del intangible o sus derechos inherentes como el uso del intangible en operaciones comerciales.

16. Tal y como se utiliza en esta Sección B, el uso de activos incluye la aportación de fondos o capital al desarrollo, mejora, mantenimiento, protección o explotación de activos intangibles. Véase el párrafo 6.59.

17. Se facilitarán más directrices sobre los tributos económicos fundamentales para determinar las condiciones de plena competencia de las transacciones financieras, incluidos los casos en que los fondos se utilizan para financiar proyectos, sobre todo inversiones en el desarrollo de activos intangibles. Esta tarea se emprenderá en 2016 y 2017.

18. Es probable que se revisen los párrafos 6.148 a 6.152 para reflejar las conclusiones del trabajo sobre la aplicación del método de la distribución del resultado establecido en la Acción 10 del Plan de Acción BEPS. Esta tarea se emprenderá en 2016 y 2017.

19. En el caso de una valoración financiera basada en proyecciones, el análisis a menudo se basará en las proyecciones de los flujos de efectivo. Las valoraciones de ingresos basadas en devengos, como las determinadas a efectos contables o fiscales, podría no reflejar adecuadamente el momento en que se producirán los flujos de efectivo, lo que podrá crear una diferencia en el resultado según un criterio basado en ingresos y otro basado en flujos de efectivo. Sin embargo, a la luz de diversas consideraciones, el uso de proyecciones de ingresos en lugar de proyecciones de flujos de efectivo podría dar, en algunos casos, un resultado más fiable en un contexto de precios de transferencia en la práctica. Aún así, se debe tener cuidado y asegurar que las mediciones ya sean de ingresos o de flujos de efectivo se aplican con uniformidad y en las circunstancias adecuadas. Las referencias a los flujos de efectivo en este documento deberían leerse, así pues, en un sentido amplio de forma que incluyan tanto valoraciones de flujos de efectivo como de ingresos, adecuadamente aplicadas.

20. En algunos sectores económicos no es extraño que un intangible se transmita con una cláusula contingente referida a un segundo o posterior uso. Con respecto al tipo de intangible con el que sucede esto, el período de tiempo comienza otra vez con la nueva comercialización.

21. A efectos de este ejemplo, no es necesario derivar estos resultados. En el ejemplo se presupone que realizar una "inversión" financiera de 100 millones de dólares al año durante 5 años en un proyecto con este nivel de riesgo debería ser retribuido, en condiciones de plena competencia, con unos beneficios estimados de 110 millones de dólares al año durante los 10 años siguientes. Esto corresponde a un rendimiento del 11% sobre la financiación.

22. La Sección D es la única parte de las directrices que se refleja en este capítulo que debería ser considerada parte de los resultados a efectos de precios de transferencia de las Acciones 8-10 del Plan de Acción BEPS tal y como han sido refrendados por todos los Países Asociados del Plan BEPS.

23. A efectos de este ejemplo, no es necesario derivar estos resultados. En el ejemplo se presupone que realizar una "inversión" financiera de 100 millones de dólares al año durante cinco años en un proyecto con este nivel de riesgo debería ser retribuido, en condiciones de plena competencia, con unos beneficios estimados de 110 millones de dólares al año durante los diez años siguientes. Los resultados utilizados en este ejercicio se incluyen sólo para demostrar los principios ilustrados en este ejemplo y no debe inferirse que constituyen directriz alguna en cuanto al nivel de remuneración de plena competencia que tendrían los participantes en un ARC.

ORGANIZACIÓN DE COOPERACIÓN Y DE DESARROLLO ECONÓMICOS (OCDE)

La OCDE constituye un foro único en su género, donde los gobiernos trabajan conjuntamente para afrontar los retos económicos, sociales y medioambientales que plantea la globalización. La OCDE está a la vanguardia de los esfuerzos emprendidos para ayudar a los gobiernos a entender y responder a los cambios preocupaciones del mundo actual, como el gobierno corporativo, la economía de la información y los retos que genera el envejecimiento de la población. La Organización ofrece a los gobiernos un marco en el que pueden comparar sus experiencias políticas, buscar respuestas a problemas comunes, identificar buenas prácticas y trabajar en la coordinación de políticas nacionales e internacionales.

Los países miembros de la OCDE son: Alemania, Australia, Austria, Bélgica, Canadá, Chile, Corea, Dinamarca, Eslovenia, España, Estados Unidos de América, Estonia, Finlandia, Francia, Grecia, Hungría, Irlanda, Islandia, Israel, Italia, Japón, Luxemburgo, México, Noruega, Nueva Zelanda, Países Bajos, Polonia, Portugal, Reino Unido, República Checa, República Eslovaca, Suecia, Suiza y Turquía. La Comisión Europea participa en el trabajo de la OCDE.

Las publicaciones de la OCDE aseguran una amplia difusión de los trabajos de la Organización. Éstos incluyen los resultados de la compilación de estadísticas, los trabajos de investigación sobre temas económicos, sociales y medioambientales, así como las convenciones, directrices y los modelos desarrollados por los países miembros.

OECD PUBLISHING, 2, rue André-Pascal, 75775 PARIS CEDEX 16
(23 2015 35 4 P) ISBN 978-92-64-25827-3 – 2016

www.ingramcontent.com/pod-product-compliance
Lightning Source LLC
LaVergne TN
LVHW080653011026
849160LV00014B/1410